우리 신,
우리 괴물 1

신과 인간의 이야기, 神話

우리 신, 우리 괴물

김혜정 지음 · 홍선주 그림

1

신과 인간의 이야기, 神話

페이퍼 타이거
papertiger

일러두기

1. 옛 문헌과 근현대 자료는 현대의 맞춤법과 띄어쓰기에 맞추어 실었습니다.
2. 옛이야기는 원문을 그대로 옮기기보다 작가가 다듬어 정리했습니다.
3. 굿·설화·영화·TV 프로그램·그림 제목에는 〈 〉, 논문·기사 제목에는 「 」, 책·학술지 제목에는 『 』를 사용했습니다.
4. 본문에 필요한 보충 설명은 주석으로 달았습니다.
5. 각편 인용은 인용문 끝에 〈작품명〉을 표기하고, 출처는 참고문헌 '인용 자료'에 정리했습니다. 여러 각편의 공통 줄거리를 인용한 경우 본문에 작품(유형)을 적고, 참고문헌 '단행본'과 '논문'에 출처를 밝혔습니다.

작가의 말

"한국에도 신(神)에 얽힌 재미난 이야기가 있을까요?"
"어릴 때 배운 단군이나 주몽 신화 말고 또 다른 신화가 있다고요?"
"에이, 미신 아니에요? 그런 것도 신화예요?"

한국 신화를 주제로 강의할 때마다 학생들에게 받는 질문들입니다. 그럴 때마다 저는 이렇게 답하곤 합니다.
"그럼요! 지금은 낯설어도 한번 들어보면 어딘가 익숙할 거예요. 저만 믿고 따라오세요."
저는 이야기꾼이라기보단 우리 신화의 매력을 이미 잘 알고 있는 사람입니다. 그래서 늘 확신을 갖고 말할 수 있죠. 몰랐던 이야기를 알게 되는 기쁨은 누구에게나 유효하기도 하고요.
이 책은 이런 질문과 대답이 강의실 울타리를 넘어 누구에게나 닿아야 한다는 생각에서 태어났습니다. 편견과 오해를 풀고, 우리 이야기를 새롭게 들려주고 싶었죠.
이런 결심 위에 자연스럽게 몇 가지 바람이 보태졌습니다. 신의 이름을 나열하거나 줄거리를 훑는 데서 멈추지 않고, 이야기가 생겨난 이유와 그것을 만든 사람들의 마음을 함께 전하자고요. 이야기에 담긴 옛사람들의 소망을 오늘의 삶과 나란히 놓아 보면서, 한국인의 정체성과 가치관, 정서를 차근히 이야기해 보자고요.

단군, 주몽, 바리데기, 천지신, 일월신……. 요즘은 이름 몇 개만 검색해도 수많은 정보가 쏟아지는 시대입니다. 게다가 전 세계 자료를 단숨에 모으고 아이디어까지 얻을 수 있지요. 그렇다 보니 '굳이 책까지 필요한가?' 하고 묻는 분들도 계실 겁니다. 하지만 이야기는 맥락 속에서 이해될 때 디테일이라는 힘을 갖습니다. 인터넷에 떠도는 자료의 근거와 출처를 확인해 주는 것도 이 책이 해낼 몫입니다.

그래서 구비문학을 전공하며 20년 넘게 읽어온 원전과 해설서를 다시 펼쳤습니다. 그런데 이거 원, 작정하고 정리하다 보니 제가 알고 있던 것보다 훨씬 많은 신이 우리 곁에 있더군요. 마음 같아서는 모두 소개하고 싶었지만 현실적으로는 어려웠습니다. '신들의 고향'이라는 제주도만 해도 일만 팔천 신을 모신다고 하니 말입니다. 그래서 한국 신화를 신앙의 성격에 따라 세 갈래로 나누고, 그중 특징적인 신들을 골라 보여드리려 합니다.

첫째, 마을과 가정에서 모셔지는 민간의 신.
둘째, 무당을 통해 굿판에서 모셔지는 신.
셋째, 불교와 도교의 영향을 받았지만 한국에서 독자적으로 자리 잡은 신.

신화란 본디 인간이 감당하기 힘든 문제 앞에서 찾게 되는 신들의 이야기이니 그 바탕에 깔린 신앙심을 빼놓을 수 없지요. 다만 두 가지를 미리 말씀드려야 할 것 같습니다.

신화를 곧장 종교로 받아들일 필요는 없습니다. 신화는 어디까지나 문학이자 문화입니다. 종교·역사·사실과 닮았지만 일정한 거리를 두고 있으며, 그 사이에는 옛사람들의 소망과 상상력이 담겨 있지요. 그러니 독자 여러분도 그 지점에 주목해 주시길 바랍니다.

또 한 가지, 이 책의 분류는 절대적인 기준이 아닙니다. 한국 신화의 세계는 훨씬 넓습니다. 혈액형이나 MBTI가 완벽하진 않아도 사람을 이해하는 데 쓰이듯, 우리의 분류도 한국 신화를 바라보는 하나의 길잡이로만 받아들여 주시면 됩니다.

말을 맺으며 이 긴 나날을 함께한 분들을 떠올립니다. 원고를 쓰는 동안 제 삶에도 크고 작은 고비가 있었고 그로 인해 작업이 더뎌지기도 했습니다. 그럼에도 끝까지 다독이며 곁을 지켜준 송소라 교수와 출판사 김은선 대표님께 진심으로 감사드립니다.

제 삶의 뿌리인 부모님과 가족, 그리고 늘 든든한 버팀목 같은 남편에게도 깊은 감사와 사랑을 전합니다. 이름을 다 적지 못했지만 소중한 인연들 역시 제 마음속에 새겨 두었습니다.

한국 콘텐츠는 전 세계에서 사랑받고 있습니다. 그 열기는 앞으로도 다른 장르로 뻗어 나가겠지요. 독자 여러분이 그 흐름 속에서 새로운 이야기를 만들어 낸다면 얼마나 멋질까요? 물론 책장을 넘기며 이야기 자체를 즐기거나, 때때로 위로와 삶의 지혜를 얻어 가신다면 그것만으로도 충분합니다.

이제, 우리 신들의 세계로 함께 들어가 보겠습니다.

차례

작가의 말 · 5

1장   우리 신의 세계에 온 여러분께

1   신비로운 이야기, 신화神話 **14**
신화를 읽기 전에 알아둘 것들 · 15 | 한국 신화의 현주소 · 17

2   한국 신화의 특징 19
현실성과 낭만이 공존하는 이야기 · 20

3   우리 옛이야기의 여러 갈래 24
신화, 전설, 민담은 무엇일까? · 25
한국 신화, 이렇게 나누면 길이 보인다 · 27

2장   비나이다, 비나이다 – 일상을 함께하는 민간신

1   민간신은 몰라도 천지신명은 알지 32
어떤 신이 민간신일까? · 33

2   하늘과 바람과 별과 자연신 36
어떤 자연신이 있을까 · 37 | 일월신이 된 궁산선비와 명월각시 · 38
오빠는 해가 되시우, 나는 달이 되어 비출 테니 · 43
바람신 영등할머니의 딸과 며느리 · 45
바람신이 이 세상에 잠깐 머무는 시간, 영등굿 · 47
왜 호랑이는 떠나고 곰만 남았을까 · 52
세력 대결에서 패배한 신은 어떻게 기억되는가 · 55
곡식을 따라 바다를 건너온 뱀신 · 58
환경 변화 앞에 스러진 뱀신의 위력 · 61

칼럼 ❶ 한국 신화 속 숫자에 숨은 상징 · 65

3 우리 집 지키는 가신家神 70

고작 문지방 좀 밟았다고 복이 달아나다니! · 71
성주신이 머무는 집에는 복이 한가득 · 73
가정을 지탱하는 두 기둥, 성주신과 터주신 · 75
한 가족과 한 악녀가 가신이 되기까지 · 78
한국에서 가장 유명한 문신門神 처용 · 83
춤과 노래 뒤에 감춰진 관용의 참뜻 · 88
쌀 한 톨에서 시작된 삼신의 운명 · 90
제주도 삼승할망, 소원 하나 더 들어줍서예 · 95

4 다 같이 잘살게 해주는 우리 마을신 102

밥벌이부터 대소사까지, 마을신의 손길 · 103
금기를 어긴 며느리를 서낭신으로 섬기는 까닭은 · 106
퉤! 신을 향한 선물 증정식 · 109
살아서는 장군, 죽어서는 조기의 신 임경업 · 114
마을신이 이어질 수 있는 단 하나의 조건 · 121

5 세상을 빚고 질서를 세우는 창조신 124

하늘과 땅, 사람이 생겨날 적에 할미신이 있었다 · 125
과연 신이라 불릴 만한 마고할미 · 127
제주를 만든 거인 설문대할망 · 132
창조 여신은 왜 웃음거리가 되었나 · 135

6 권력과 혈통의 뿌리: 건국신과 시조신 141

범부凡夫는 나라를 세울 수 없다 · 142
주몽이 신이라면 이 정도는 기본 · 143
이 모든 징조는 신을 위한 연출 · 147
제주도 삼성 신화의 '셋이 함께 사는' 이야기 · 150

칼럼 ❷ 이 패턴만 알면 나도 신화를 쓸 수 있다! · 155

3장   울고 웃는 굿판에서 모시는 신

굿 한판이 벌어지기까지 · 168

1   죽은 자와 산 자를 함께 위로하는 망자굿   172

저승으로 가는 길은 이승에서 만든다 · 173
버려진 아이, 죽은 이를 돌보는 존재가 되다 · 175
왕위를 버리고 택한 무당의 길 · 178
재회를 위해 '이것'까지 해본 여인 · 182
소망으로 시작해 현실로 돌아오는 길, 굿 · 184
밥 한 끼에 목숨을 번 장자 · 186
굿판, 유교와 불교가 스며든 자리 · 189

2   고통을 걷어내는 병病굿의 신   193

때로는 굿이 약이다 · 194 | 손님은 올 때보다 갈 때 더 반갑다 · 198
미워할 수도, 그렇다고 곁에 둘 수도 없는 천연두신 · 201
굿이 세상을 다시 보게 할 때 · 203 | 심청굿은 못 참지! · 206

3   행운의 또 다른 이름, 재수굿   210

복이여 들어오소서 · 211 | 아기를 기다리며 꺾는 꽃 · 213
서천꽃밭의 관리자 할락궁이 · 216
누구 복에 사냐고 물으시거든 · 219
인생의 판을 다시 짜는 여신 감은장애기 · 223

4   온 마을이 신을 부를 때   228

신이 오시면 마을이 들썩인다 · 229
뱅인영감이 굴러간 자리에 남은 것 · 230
신의 비위를 맞추면 큰 복이 온다 · 233
마을 수호신으로 거듭난 남이 장군 · 236
마을굿이 살아남은 비결은 '신들린 융화력' · 238

칼럼 ❸   무당은 어떻게 신의 뜻을 전하는가 · 243

4장   한국에 뿌리내린 불교·도교의 신

1   저승을 설계한 불교의 신 258

불교와 도교가 스며든 한국 신화의 풍경 · 259
저승을 지배하는 열 명의 재판관, 시왕 · 260
이승의 도덕을 묻는 저승의 판결 · 266
내 잘못까지도 품어줄 것 같은 신 · 270
인간 편에 선 마지막 희망, 지장보살 · 273

칼럼 ❹   저세상 말단 공무원, 저승차사 · 278

2   자연을 품은 도교의 신 283

도교와 한국 민간 신앙의 접점 · 284
하늘을 다스리는 천신 옥황상제 · 285
별의 흐름으로 운명을 다스리는 북두칠성신 · 288
다른 종교에도 스며든 칠성신 신앙 · 292
모든 물길의 통치자 용왕 · 294
물길 따라 흐르는 소망: 용왕 풍습의 의미 · 298

칼럼 ❺   한국 신화, 어디서부터 공부해야 할까요? · 304

주 · 312
굿도 보고 떡도 먹는 전국 굿판 정보 · 322
편집자의 말 · 333

1장

우리 신의 세계에 온 여러분께

1
신비로운 이야기,
신화^{神話}

이 책을 선택한 독자 여러분은 평소 우리의 옛이야기에 관심이 많았으리라 생각합니다. 한국 신화에 관해 어느 정도 기본 지식이 있을 수도, 또는 자세하게는 잘 모르니 이참에 더 알고 싶다고 할 수도 있겠지요. 어느 쪽이라도 괜찮습니다. 각자 이 책을 펼친 목적을 이룰 수 있도록 다양한 이야기와 지식을 소개하되, 초보자도 이해할 수 있을 만큼 쉽게 풀어서 설명할 테니까요.

1장은 이 책의 이론적 배경입니다. 뼈대가 되는 정보이니 가장 먼저 살펴보는 것을 권하지만 나머지 분량을 읽은 이후에 다시 처음으로 돌아와도 좋습니다.

신화를 읽기 전에 알아둘 것들

신화는 사람들이 궁금해하지만 답을 알기 어려운 문제에 관해 이야기합니다.

'언제부터 하늘과 땅이 나뉘었지?'
'태초의 인간은 누구일까?'
'해와 달은 왜 저기 떠 있어?'

물론 누군가는 '원래부터 그랬겠지, 뭐 누군가가 만들었겠지.' 하며 대수롭지 않게 웃어넘기겠지만, 한편에서는 '원래라는 게 어딨어? 나는 그 시초가 알고 싶다고!'라며 눈에 불을 켜는 사람들이 있었던 것이죠. 신화는 이런 사람들이 생각하고 만들어 낸 이야기라고 이해하면 되겠습니다. 우리를 둘러싼 만물의 근원과 역사에 대해 여러 가지 탐색과 상상을 보태서요.

그러다 보니 신화에는 사람들이 직접 겪거나 선험적으로 알고 있는 정보가 반영되기도 하지만, 때로는 허구가 추가되어 있다는 것을 기억하면 좋겠습니다. 여기서 허구란 가짜라기보다는 소망에 가깝습니다. 실제로는 그렇지 않지만 만약 이뤄진다면 어떨까 하는 바람이죠. 이는 이야기를 지어낸 어느 개인의 전유물이 아닌, 집단과 민족의 생각을 반영합니다. 그래서 신화는 수많은 사람의 공감 속에서 오랜 세월 동안 전해올 수 있었습니다.

그럼에도 신화가 다소 어렵게 느껴지는 이유는 상징적인 언어로 표현된 경우가 많아서입니다. 신화는 인간과 구별되는 '신'의 이야기이기에 특별히 제단을 차린 곳에서 종교 지도자에 의해 전파되기도 했습니다. 일종의 경전 역할이니 누구나 쉽게 해석할 수 있다면 그 신비함이 떨어지겠지요? 그래서 상징적인 묘사를 통해 신에게 경외심을 갖도록 한 것입니다.

신화 읽기가 만만치 않겠다고요? 하지만 다행히도 그 안에는 패턴이 숨어 있습니다. 예를 들어 한국 신화에서 왕을 의미할 때는 '태양, 알, 자줏빛 기운' 같은 표현이 자주 등장하는데, 이 단어를 보는 순간 '새로운 왕이 나타나겠구나'하고 쉽게 짐작할 수 있습니다. 이러한 상징어는 마치 한 집단의 은어처럼 같은 민족끼리의 유대감을 만들어내기도 합니다. 신화는 한 집단의 역사와 민족성을 토대로 만들었기 때문에 여러 이야기라도 그 안에 공통점이 보이고, 반복되는 상징어 덕에 오히려 빠르게 다른 신화를 이해하는 길이 나타납니다.

한국 신화의 현주소

한국 문화콘텐츠 성공 사례가 많아지면서 세계적으로 우리 문화에 관심이 많아졌음을 실감합니다. 한국 신화와 고전문학에 대한 자문 의뢰가 늘고, 외국인 대상의 한국어 수업에 전통문화 교육도 추가했으면 좋겠다는 이야기를 자주 들으니 말이지요.

하지만 이런 현상이 무색하게도 정작 우리 신은 학교에서 배운 단군·환웅·주몽 이야기만 간단히 알고 있는 경우가 많은 것 같습니다. 유럽 신화의 신들은 어릴 때부터 애니메이션으로, 그림책으로 자주 접해서 잘 알고 있는데도요.

제우스, 헤라, 포세이돈, 아테나, 아폴론, 헤르메스, 아프로디테, 디오니소스…

위의 이름들은 그리스 신화의 올림포스 12신에 속한 인물입니다. 신의 이름이라는 고급스럽고 환상적인 이미지 덕에 여러 곳에 차용되기도 하는데요. '헤르메스'는 값비싼 명품 브랜드, '디오니소스'는 K-pop 그룹의 노래 제목으로도 익숙합니다. 게다가 이들이 누구인지, 어떤 역할을 하는지 확실히 알고 있다면 그만큼 일상 곳곳에서 다양한 경로로 접했을 확률이 높습니다.

이제 우리 신화에 등장하는 이름들을 읊어 보겠습니다.

천지왕, 대별왕, 소별왕, 바리공주, 당금애기, 오늘이, 할락궁이, 마고할미, 설문대할망…

이 중에서 인간들을 어떤 능력으로 어떻게 도왔는지 이야기할 수 있는 신은 얼마나 되나요? 대부분은 이름조차 낯설거나, 이름은 들어보았더라도 그들의 자세한 서사까지는 잘 알지 못할 겁니다.

그러나 위축된 마음보다는 새로운 세계를 알게 된다는 기대와 열정을 품길 부탁드립니다. 앞에서 이야기했듯이 이 책에서는 한국 신화에 대해 찬찬히 살펴보기로 했으니까요. 지금은 알고 있는 이름이 얼마 없더라도 책장을 덮을 때쯤이면 우리 신들의 이야기에서 재미도, 인류애도, 아늑함도 느낄 수 있을 겁니다.

2
한국 신화의 특징

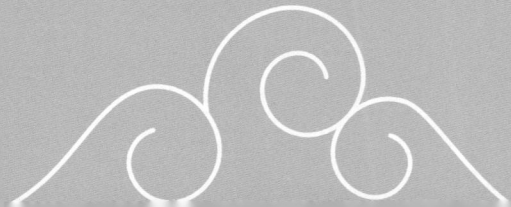

🔥 현실성과 낭만이 공존하는 이야기

신이한 존재의 이야기를 상징적 언어로 풀어간다는 건 우리를 비롯한 다른 여러 나라 신화의 공통점입니다. 그런데 몇몇 부분에서 한국 신화의 특수성이 나타나는데요. 첫 번째는 인간 중심의 현실성 강한 이야기라는 점입니다.

한국 신화에서 신과 인간은 완벽히 분리되지 않습니다. 오히려 두 세계는 밀착되어 있으며, 신과 인간은 서로 소통하고 영향을 주고받는 관계로 그려집니다. 인간이 소망을 이루기 위해 신의 도움을 구하듯, 신 또한 인간 곁에 있을 때 비로소 존재가 돋보이기 때문입니다. '팬이 있어야 스타가 있다'는 말처럼, 신의 능력과 위엄은 그것을 받아들이는 이들의 믿음 속에서 비로소 빛을 발합니다.

그래서 신은 처음부터 특별한 임무를 띠고 인간 세상에 내려오기도 하고, 반대로 평범한 인간이 혹독한 과정을 거쳐 신이 되기도 합니다. 〈단군신화〉의 환웅은 천신(天神)의 아들로 태어나 인간 세상을 다스리겠다는 뜻을 품고 하늘에서 내려왔습니다. 한편 〈원천강본풀이〉에서는 부모 없이 자란 '오늘이'가 원천강에 다녀온 뒤 사람들의 운명을 바꿔주는 신으로 좌정합니다.

또한 신은 완벽하고 무결하게 그려지지 않습니다. 제주 무속

신화 〈차사본풀이〉는 수명을 연장해주는 신의 이야기인데, 이야기 말미에는 '사람은 꼭 태어난 순서대로 죽지 않는 법이 생겨났다'는 뜻밖의 내용이 덧붙습니다.

오래 살고 싶다는 인간의 염원이 만들어낸 판타지이지만 동시에 삶과 죽음의 질서가 이상적이지도, 절대적이지도 않다는 인식을 드러냅니다.

까마귀는 인간 세상에 날아와,
"아이 갈 데 어른 가십시오. 어른 갈 데 아이 가십시오. 부모 갈 데 자식 가십시오. 자손 갈 데 조상 가십시오. 조상 갈 데 자손 가십시오."
이렇게 말해 버리니 순서 없이 누구나 죽어 가게 된 것이다.…중략…
저승 초군문이 아이 어른 할 것 없이 가득하고 보니.
최판관이 "어째서 차례차례 오라고 했는데 아이 어른이 다 왔느냐?"
강림이에게 문초를 하니 강림이는 까마귀를 잡아 문초를 하는데, 인간 수명이 적힌 적패지를 잃어버렸다고 한다.

〈체수본풀이〉

적패지에는 인간의 수명이 적혀 있었습니다. 그런데 이 중요한 문서를 까마귀가 잃어버린 바람에 죽음의 순서가 뒤바뀌고 말지요. 수명이 다한 이의 대문에 적패지를 붙이고 이름을 크게 세 번 불러 저승으로 데려가는 건 원래 저승차사 강림의 일이었는데 자신의 임무를 까마귀에게 맡긴 탓에 혼란이 생겼습니다. 이때부터 '날 때는 순서가 있어도 갈 때는 순서가 없다'는 말이 생기게 되었다고 합니다.

신은 인간에게 공경받을 만한 능력자이지만, 우리 사는 세상이 권선징악의 논리로만 운영되지 않듯 신 역시 도덕책과는 거리가 먼 모습을 보이기도 하고 실수를 하기도 합니다.

그렇다고 한국 신화에 현실주의만 가득하지는 않습니다. 죽은 이를 되살리고 치마폭에 흙을 날라 산을 만들어 내는 이야기는 환상 그 자체이지요. 그렇지만 인간 세상의 법칙을 무시하는 허무맹랑한 이야기보다는 어느 정도는 납득 가능한 이야기로 마무리하는 경향이 짙습니다.

두 번째로, 한국 신화는 복합적인 성격을 지닌 신이 많습니다. 민간 신앙과 외래 종교가 혼합되었기 때문인데 그 선후 관계를 온전히 밝히기 힘들 만큼 긴밀하게 얽혀 있기도 합니다.

아이러니하게도 이러한 혼합의 배경에는 우리 신앙을 유지하기 위한 자구책이 작동하고 있었습니다. 새로운 종교의 신이 어떤 일이건 만능으로 소원을 들어준다는데, 전부터 우리가 믿던 신에게는 그런 능력이 없다고 느껴지면 자연히 신자가 이탈할 수밖에 없지 않겠어요? 그렇게 믿음이 흔들리는 상황에서 사람들은 원래 믿던 신과 외래 신을 결합하거나 이름을 바꿔 부르며 신앙을 이어가려 했습니다. 물론 여기에는 배타적이기보다는 포용적으로 작동해 온 한국 신화의 특성도 영향을 미쳤을 것이고요.

세 번째로, 한국 신화는 다신(多神) 신앙을 바탕으로 합니다. 전지전능한 유일신이 모든 역할을 맡는 종교와 달리 한국 신화의 신들은 저마다 특수한 능력을 지니고 있죠. 예컨대 재물이 늘기를 바랄 때는 업신, 이사나 집수리 때는 가택을 지키는 성주신을 찾습니다. 신의 필요는 상황에 따라 달라졌고 그에 맞는 신이 소환되었습니다.

능력이 겹치는 여러 신(천신, 제석신, 옥황상제)이 보이기도 하고, 같은 이름인데 정반대 능력을 가진 신(병을 주기도 하고 낫게도 하는 마고할미)도 있습니다. 외국 신화는 '최고의 신 제우스', '파괴의 신 시바'처럼 신마다 역할이 고정되어 있지만 한국 신화는 그렇지 않죠.

그래서 모순되는 내용이 공존할 때도 있고, 전승이 단편적으로 흩어져 있는 경우도 많습니다. 이를 두고 한국 신화는 체계가 없다고 판단하기 쉽지만 이는 한국 신화의 특징을 미처 살피지 못하고 성급히 내린 결론입니다.

한국 신화는 누군가에 의해 정제되거나 잘 짜인 경전은 아니지만 수많은 사람이 신에게 바라고 빌었던 모습들이 녹아들어 있습니다. 그렇기에 백성과 관(官), 남성과 여성, 부자와 평민 등 각계각층의 소망을 함께 살필 수 있지요. 우리 곁에 이처럼 다양한 신이 있었다는 건 그만큼 인간들의 꿈이 다채로웠다는 뜻입니다. 그러니 우리 신의 모습을 살피는 작업은 한국인의 민족성을 이해하려는 시도라고 봐도 좋겠습니다.

3

우리 옛이야기의 여러 갈래

🔥 신화, 전설, 민담은 무엇일까?

앞에서 줄곧 '신화'라고 이야기해 온 것은 학계의 약속이기 때문입니다. 손주를 무릎에 앉히고 '자, 오늘은 일월 기원 신화를 구연해 보마'라는 할머니 할아버지는 아마 없겠죠. 교과서가 아닌 실제 생활에서는 그저 옛날이야기, 전설, 넓게는 야담으로 더 많이 불렸을 겁니다.

학자들은 연구를 위해 옛이야기의 가장 큰 덩어리에 '설화(說話)'라는 이름을 붙였습니다. 설화란 특정 민족이나 집단 사이에 예로부터 전승되어 오는 이야기 전부를 뜻합니다. 그리고 이 설화 안에는 성격이 조금씩 다른 이야기가 섞여 있는데, 학자들은 이를 크게 세 덩어리로 쪼개어 신화, 전설, 민담으로 분류합니다. 각 유형의 특징을 한번 살펴볼까요?

민담은 이야기하는 사람조차 허구임을 알고 있기 때문에 '-카더라'식의 흥미 위주로 전해집니다. 반면 신화와 전설은 기원과 유래를 설명해야 하기에 어느 정도의 진실성이나 구체적인 증거를 요구하는 경향이 강합니다.

신화와 전설은 이야기의 규모와 전승 방식에서 차이를 보입니다. 신화는 신이나 초월적 존재가 주인공이며, 세계의 질서나 민족의 기원을 긍정적으로 설명하는 경우가 많아 대체로 해피엔딩

	신화	전설	민담
이야기꾼의 태도	진실하고 신성한 이야기라고 믿음	사실이라고 믿음	허구라고 믿음
시간과 장소	태초, 신성한 장소	구체적	막연하고 모호함
증거	포괄적이지만 자세함 (국가, 민족, 하늘, 땅)	구체적 (자연물, 특정 인물)	불필요
주인공	신적인 존재의 창조 행위, 자연과 인간의 기원	비범한 인물의 영웅담 혹은 실패담, 자연물·사물·제도의 기원	보통 사람의 위기 극복담
전승 범위	국가와 민족	마을, 전국	대체로 개인
목적	집단의 단결	애향심, 역사의식	흥미, 교훈

을 맞죠. 이에 비해 전설은 비범한 능력을 지닌 인물이라도 신의 경지에는 이르지 못하고, 좌절하거나 희생되는 비극적 결말로 끝나는 경우가 많습니다.

　다만 이야기에 따라 이러한 구분은 달라질 수 있다고 이해하면 좋겠습니다. 세 갈래의 특성을 모두 아우른 이야기도 있고, 각 기준을 명확하게 구분하기 힘든 경우도 있거든요.

　따라서 우리 책에서는 신화로 알려진 작품은 물론, 전설과 민담 중에서도 신화적 속성을 띠는 이야기를 아울러 살피려 합니다. 예를 들면 〈해와 달이 된 오누이〉가 그렇습니다. 평범한 오누이가 호랑이를 만나 위기를 극복하는 줄거리이니 민담으로 분류되지만, 이들이 해와 달이 되었다는 결말은 자연물의 기원을 밝히는 신화의 성격을 지니며 이야기의 증거물이 매우 구체적이라는 점에서 전설의 성격도 공존합니다.

🔥 한국 신화, 이렇게 나누면 길이 보인다

한국 신화를 분류하는 기준은 여러 가지입니다. 먼저 전승 형태에 따라서는 말로 전해지는 구비[1] 신화와 글로 기록된 문헌 신화로 나눌 수 있고, 이 문헌 신화가 기록된 시기에 따라서는 고대(고조선) 신화, 삼국 신화, 고려 신화, 조선 신화 등으로 나눕니다. 우리가 잘 아는 〈단군신화〉와 〈주몽신화〉는 『삼국유사』, 『제왕운기』 같은 책에 쓰여 있으니 모두 문헌 신화이지만, 시기로 보면 각각 고조선 신화, 고구려 신화이지요. 단, 구비 신화는 이야기가 시작된 시점을 명확하게 밝히기 어려우므로 시기로 구분하지 않습니다.

그런데 책에 실린 신화는 기록하고 편집하는 사람들의 입장에 따라 선별된 것이기에 민간의 모든 신화를 담았다고 보기는 힘듭니다. 따라서 한국 신화를 제대로 살펴보겠다고 마음먹었다면 구비 신화도 함께 살펴야 합니다. 입에서 입으로 전달되는 신화를 직접 듣기란 쉽지 않지만, 다행히도 글로 기록된 자료[2]가 있으니 비교적 편리하게 볼 수 있습니다.

이외에도 주제에 따라 우주발생신화, 인간탄생신화, 문명기원신화 등으로 나누기도 하고, 신화를 전하고 공유하는 집단의 범위에 따라 건국신, 성씨 시조신, 마을신, 종교신, 그 밖의 민간신으로 분류하기도 합니다.

관점에 따라 기준은 얼마든지 더 생겨날 수 있습니다. 어느 하나를 절대 진리로 여기기보다 이런 기준, 저런 기준에서 한국 신화를 다각도로 살펴볼 필요도 있고요. 다만 무엇이든 기반을 닦아 놓아야 응용이 가능하니 이제 어느 하나를 선택해야겠지요? 이 책에서는 신화의 전제 조건인 신앙을 기준으로 삼으려 합니다. 민간과 굿판에서 모시던 신, 불교와 도교의 영향을 받은 우리 신으로 나누어 이야기하되 이러한 구분이 명확하지 않을 때는 한 신화 안에서 각 종교의 특성이 어떻게 녹아들어 있는지 하나씩 풀어가 보겠습니다. 까다롭지 않겠냐고요? 전혀요. 우리 신화 속으로 한 걸음씩 걸어 들어가는 길은 유쾌하고도 뭉클할 겁니다. 우리 신들이 지켜봐 주실 테니까요.

【 참고문헌 】

인용 자료

〈체스본풀이〉, 현용준, 『(개정판)제주도무속자료사전』, 각, 2007.

단행본

강등학 외, 『한국 구비문학의 이해』, 도서출판 월인, 2002.
김열규, 『한국의 신화』, 일조각, 1976.
김익두, 『이야기 한국신화』, 한국문화사, 2007.
김현룡, 『한국 문헌 설화』 1-7, 건국대학교 출판부, 2000.
서대석, 『한국신화의 연구』, 집문당, 2004.
장덕순, 『한국설화문학연구』, 박이정, 1995.
장덕순 외, 『구비문학개설』, 일조각, 1971.
장주근, 『풀어쓴 한국의 신화』, 집문당, 1998.
조희웅, 『한국설화의 유형』, 일조각, 1996.

2장 비나이다, 비나이다

― 일상을 함께하는 민간신

1

민간신은 몰라도 천지신명은 알지

🔥 어떤 신이 민간신일까?

'민간신'이라는 말이 낯설게 느껴지는 분도 천지신명이나 신령님이라는 말은 들어보지 않았을까 싶습니다. 사극에서 여인들이 장독대 위에 물을 떠 놓고 손을 비비며 기도하는 장면이 자연스레 연상되기도 할 텐데요. 바로 그 천지신명이 민간에서 모시는 신, 민간신이라 할 수 있습니다.

이 용어가 생소한 이유는 학계에서 쓰는 단어이기 때문입니다. 이야기가 전해지는 실제 현장에서는 잘 쓰지 않지요. 그런데 매번 '이 신은 민중들이 종교의 제의 절차나 사제가 없이도 오랜 시간 일상생활 속에서 믿고 따랐어. 외래 종교의 영향을 받은 신과는 구별되지.'라고 풀어 말하기엔 너무 번잡하니 앞으로는 학계 용어를 따라 민간신이라 부르기로 합시다. 지금은 좀 껄끄러워도 자주 보면 익숙해질 거예요.

옛사람들은 하늘과 땅, 산과 바다, 돌과 나무, 마을과 집 곳곳에 신이 필요할 때마다 소환하며 소원을 빌었습니다. '만물에 신이 깃들어 있다'는 믿음으로 여러 신에게 의지했죠. 천신(天神), 산신(山神)처럼 신이 머무는 공간에 '-신'자만 붙여서 부를 때가 많았고, 마치 사람처럼 영등할미, 웅녀, 개양할미 같은 이름을 붙이

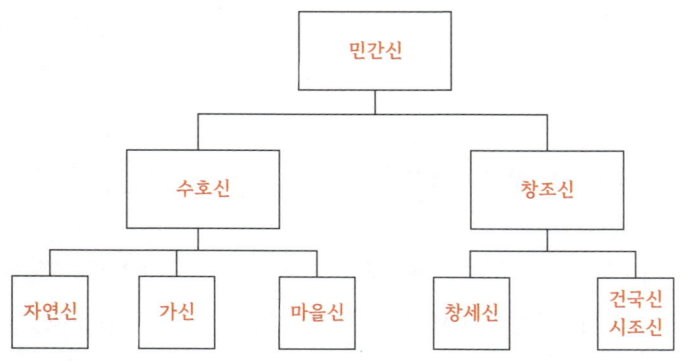

기도 했습니다.

만물에 신이 깃들어 있으니 그 숫자가 얼마나 많겠습니까? 그러니 이 신들을 비슷한 역할끼리 한 번 묶어 볼까요?

민간신 중 수호신은 '어느 공간에 머물며 그곳에 속한 만물을 보호하는 신'입니다. 그리고 이 수호신은 자연물에 존재하면서 사람들에게 영향을 미치는 자연신, 집안 곳곳에서 그 공간과 가족을 지키는 가신, 마을 입구나 당산, 서낭당에서 마을을 지키는 마을신으로 나눌 수 있습니다.

한편 수호신과 다른 갈래로는 창조신이 있습니다. 창조신은 '인간을 비롯한 우주 만물을 창조하는 신'입니다. 무엇을 창조하였는지에 따라 자연물을 만든 창세신과 나라를 만든 건국신·성씨의 시조신으로 다시 나눌 수 있지요.

이렇게 보니 우리가 살아가는 모든 순간, 가깝고 먼 곳 어디에라도 신이 있다고 믿었던 옛사람들의 신앙심이 느껴집니다. 일생을 혼자만의 힘으로는 살아갈 수 없음을 느낀 이들이 생활하는 곳곳에 자신을 도와주는 초자연적인 힘, 즉 신이 있기를 바란 결과라 하겠습니다.

2
하늘과 바람과 별과 자연신

🔥 어떤 자연신이 있을까

푸른 하늘과 하얀 구름을 보았네
밝게 축복받은 낮과 어둡고 신성한 밤이여
그리고 생각하네, 이 얼마나 멋진 세상인가!

루이 암스트롱, 〈What a wonderful world〉

우리는 자연으로부터 대가 없이 많은 선물을 받습니다. 물과 공기, 여러 자원, 휴식과 영감… 재즈 가수 루이 암스트롱이 즐거운 목소리로 이 얼마나 멋진 세상인지 노래했던 것처럼 무척이나 고맙고 소중하죠. 그러나 자연은 인간의 힘으로 통제할 수 없기에 때로는 무섭게도 여겨집니다.

여러 자연신의 신화에는 이러한 특성이 잘 녹아들어 있습니다. 사람들은 언제나 자연신에게 경외심을 품고 최대한 혜택을 받으며 살아가기를 원했습니다. 계절이 바뀌고 비가 내리며 바람이 부는 일조차 하늘의 의지이며 신의 감정에서 비롯된 일이라 생각했죠. 비가 제때 오지 않거나, 천둥이 잦고 물길이 범람하면 이는 곧 신이 진노한 결과라고 해석했습니다. 그래서 자연신은 대체로 '달래야 하는 존재'였고, 정성껏 예를 올렸습니다.

이러한 자연신은 지역과 공동체의 특성에 따라 조금씩 다른 모습으로 모셔졌습니다. 바다에 인접한 마을에서는 해신과 수신을 중심으로 한 제의가 활발했고, 내륙 지역에서는 산신이나 천신에 대한 신앙이 두드러졌습니다.

또한 천신은 하늘에서 내려오는 기운이나 명령을 전하는 '하늘의 대행자'로 인식되며, 공동체 전체의 길흉화복을 좌우한다고 받아들여졌습니다. 바람과 비를 움직여 인간 세상의 균형을 조율한다고도 믿었지요. 그래서 입춘이나 정월대보름 같은 주요 절기나 명절에는 꼭 하늘을 향해 제를 올렸습니다. 자연의 흐름을 거스르지 않고 조화롭게 살아가고자 했던 사람들의 마음이 그대로 드러나는 장면입니다.

결국 자연신들을 어떻게 모시느냐는 곧 옛사람들이 자연과 관계 맺고 살아가는 방식이었습니다. 경외와 공경, 두려움과 소망이 한데 뒤섞인 채로요.

🔥 일월신이 된 궁산선비와 명월각시

우리는 연속적으로 흘러가는 시간을 쪼개어 '새해', '정월대보름', '한가위' 같은 이름을 붙이고, 이런 날에는 해돋이 명소를 찾아가거나 때를 기다려 만난 보름달에 소원을 빕니다. 매일 뜨고 지는 해와 달이건만 정성스레 찍은 사진에 '바라는 모든 일 다 이루세요', '항상 건강하세요' 같은 덕담을 보태 지인들에게 공유하기도 하고요. 이런 것이 사회생활인가 하는 마음이 들다가도, 또 오랜만에 듣는 그리운 이들의 소식에 마음이 누그러지며 슬며시 웃음이 나는 건 밝게 빛나는 해와 달의 축복이 아닌가 합니다.

왜 그런지, 언제부터인지 정확히 답할 수는 없어도 우리에게 해와 달은 소원을 들어주는 존재로 인식됩니다. 이는 해와 달을 오래전부터 신으로 모시던 관습이 여전히 우리 생활에 남아있다는 방증입니다.

오늘날의 해와 달이 '무슨 소원이든 들어주는 만능신'에 가깝다면 예전에는 '부부 금슬을 좋게 하는 신', '풍농(豊農)을 돕는 신'이라는 역할이 강했습니다. 신이 어느 방면에 특화되어 있다는 것은 그만큼 강력한 특기이고 오래도록 숭배될 가능성이 높은데요. 평안도의 서사무가 〈일월노리푸념〉을 보면 그 이유를 이해할 수 있습니다.

이 이야기는 어느 부부가 함께 일월신이 된 유래를 설명합니다. 태양신을 단독으로 표현할 때는 특별히 남성성을 강조하지 않지만, 〈일월노리푸념〉에서처럼 일월신을 한 쌍으로 함께 표현할 때는 해를 남성으로, 달을 여성으로 상징하는 경우가 많습니다. 만약 어느 한쪽만 있다면 인간 세계에 부조화가 일어나리라는 음양(陰陽)의 이치를 반영한 것입니다. 해와 달로 인해 낮과 밤이 구별되고 덕분에 사람들이 혼란을 겪지 않고 살 수 있지요. 게

다가 출중한 능력을 갖춘 해와 달이 서로 힘을 합친다면 더 큰 시너지를 발휘할 것이라는 믿음이 깔려 있습니다.

가난한 궁산선비는 아름다운 명월각시에게 반해 삼 년을 공들여 결국 혼인한다. 땔감이 없는데도 부인 얼굴만 들여다보고 있자 명월각시는 초상화를 그려 남편에게 준다. 궁산선비가 부인의 초상화를 보며 나무를 하던 중, 바람에 그림이 날아가 배선비네 집에 떨어진다. 그림 속 명월각시의 미모에 반한 배선비는 배에 금을 싣고 궁산선비를 찾아가 내기 장기를 제안한다. 궁산선비가 이기면 금을 갖고, 배선비가 이기면 명월각시를 갖겠다는 조건이었다. 그러나 궁산선비는 내기에 지고 부인을 잃게 될 위기에 시름시름 앓는다.
사정을 들은 명월각시가 옷을 바꿔 입고 몸종인 체 하지만 배선비는 속지 않았고 부부는 이별을 맞이한다. 배선비는 섬에 궁산선비만 버려둔 채 명월각시를 데리고 떠나는데, 궁산선비는 부인이 옷 속에 숨겨둔 육포를 꺼내 먹고 명주실과 바늘로 낚시를 하며 목숨을 이어간다.
이후 궁산선비는 새끼 학을 구해준 인연으로 어미 학의 도움을 받아 섬에서 탈출하고 명월각시가 연 거지 잔치에 참석한다. 명월각시는 사람들 앞에 구슬옷을 던지며 이 옷의 깃을 잡아 반듯하게 입을 수 있는 사람이 자기 남편이라고 선언한다. 아무도 그 옷을 입을 수조차 없는데, 궁산선비는 구슬옷을 갖춰 입고 하늘로 올라갔다가 내려온다. 배선비도 구슬옷을 입고 승천하지만, 내려오지 못하고 죽어서 솔개가 되었다. 다시 만난 궁산선비와 명월각시는 백년해로하다가 죽어서 일월신이 되었다.

〈일월노리푸념〉

이야기 초반에는 부인 명월각시의 활약이 두드러집니다. 명월각시는 남편의 무모한 행동으로 다른 사람에게 끌려갈 신세가 되었지만 좌절하지 않고 대비책을 세웁니다. 남편 옷 속에 육포와 낚싯대를 숨겨두어 먹고 살 문제를 해결하고, 결국 자신을 찾아올 수 있도록 거지 잔치를 벌인 것 역시 명월각시의 선견지명이었습니다. 그러고 보니 '밝은 달(明月)'이라는 뜻의 이름에 이미 힌트가 다 있었네요! 명월각시는 어두운 한밤중에도 홀로 빛나 만물을 밝히는 달처럼 앞으로 어떤 일이 일어날지, 무엇을 미리 준비해야 하는지를 모두 알고 실행하는 능력자입니다.

한편 궁산선비는 위기를 자초하는 인물입니다. 가난한 형편에 일도 하지 않으려 하고, 어렵게 맺어진 부인을 걸고 노름을 하다니 신의 위엄은커녕 보는 이의 속을 답답하게 하죠. 이런 설정을 본 초기 연구자들은 탁월한 능력을 지닌 부인이 가정의 위기를 도맡아 해결하는 구조는 민속·무속 신앙의 주요 신도인 여성들의 바람을 반영한 결과일 것이라고 해석했습니다. 그렇지만 이런 해석만으로는 궁산선비가 명월각시와 함께 신격화되어 숭배되었다는 사실을 온전히 설명하기는 어렵습니다.

궁산선비는 섬에 홀로 떨어진 후 자신만의 성장 스토리를 써 나가기 시작합니다. 여러모로 부족한 인물이었지만 적응은 빨랐으며 성과는 눈부십니다. 그 첫째는 도구를 사용하는 능력입니다. 궁산선비는 부인이 몰래 준비해 준 실과 바늘로 낚싯대를 만들어 살아갑니다. '구슬이 서 말이어도 꿰어야 보배'라는 말처럼 이리저리 조합해서 도구를 만들고 사용하는 법을 터득했지요. 둘째는 생명을 살리는 능력입니다. 어미와 떨어져 곧 죽게 된 새끼 학에게 물고기를 잡아 주는 장면에서는 그의 자애로움과 생명을 잇는 존재로서의 면모를 볼 수 있습니다.

셋째는 자신조차도 몰랐던 능력입니다. 거지 잔치에 많은 이가 초대됐지만 아무도 구슬옷을 입지 못했고, 배선비 역시 입는 데에는 성공했지만 벗을 줄을 몰라 솔개가 되었던 데 반해 궁산선비는 그것을 입고 하늘로 올라갔다 내려오기까지 했죠.

결국 〈일월노리푸넘〉에서 명월각시와 궁산선비가 함께 일월신이 될 수 있었던 이유는 각자의 능력뿐만 아니라 위기 속에서도 서로를 신뢰하고 가정을 회복하려 한 노력 덕분이었습니다. 일월신을 모시면 이들 부부처럼 금슬 좋게 살 수 있을 것이라는 옛사람들의 믿음과 기대가 이 신화를 오래도록 전해지게 한 배경이 되었겠지요.[2]

🔥 오빠는 해가 되시우, 나는 달이 되어 비출 테니

일월신이 된 남매의 이야기도 있습니다. 바로 〈해와 달이 된 오누이〉 설화입니다. "떡 하나 주면 안 잡아먹지"라고 하면 내용이 기억나실까요? 떡 한 광주리를 먹어 치운 호랑이가 다음에는 어머니, 마지막으로 오누이까지 잡아먹으려고 하죠. 오누이는 나무에 올라가서 살려달라고 기도를 올립니다. 하늘의 응답으로 동아줄이 내려오고, 오누이는 이를 타고 올라가 각각 해와 달이 되었다는 이야기입니다.

간혹 여동생이 밤에 혼자 있기 무서우니 낮에 뜨는 해가 되고 오빠가 달이 되었다는 결말도 전승되는데 그보다는 오빠는 해, 여동생이 달이 되었다는 각편[3]이 더 널리 퍼져 있습니다.

해와 달이 부부에서 남매로 바뀌었어도 남성과 여성이라는 점에서는 변함이 없습니다. 음(달, 땅, 여성, 밤)과 양(해, 하늘, 남성, 낮)으로 이루어진 세상이 조화롭게 어우러져야 한다는 음양 사상은 이 이야기에서도 확인할 수 있습니다. 어느 무엇이 더 우위에 있지도 않고, 서로 보완하며 공존할 때 비로소 세상의 질서가 유지된다는 믿음이 담겨 있지요.

인간은 이러한 음양의 조화를 고대하면서 일월신을 모셨습니다. 특히 구성원 대부분이 농사를 짓는 사회에서는 가뭄이나 장마처럼 극단적인 기후가 참 마뜩잖았겠지요. 농부들은 "봄비가 넉넉히 내리게 해주세요", "여름에 비바람이 적게 불게 해주세요" 같은 소원을 일월신에게로 띄웠습니다. 계절마다 농사에 딱 맞는 조건을 바란 것이지요. 이들에게 일월신은 곧 생업을 돕는 풍농신이었습니다.

이러한 믿음은 국가를 이끌어가는 왕도 다를 바가 없었습니다. 경복궁 근정전의 〈일월오봉도〉, 창덕궁 인정전의 〈일월오악도〉는 왕이 앉는 용상 뒤에 자리잡고 있습니다. 음양오행을 상징하는 해와 달, 자연물 그림을 배경에 두어 왕은 '일월신의 보호를 받는 자'이자 '일월신의 능력을 위임받은 자'라는 의미를 전달하기 위함이지요. 또한 매년 새해 첫날, 왕과 모든 신하가 일월신에게 경배하는 풍습도 있었습니다. 새해에도 일월신의 가호 아래 한 해가 무탈하기를 바라는 의식입니다.

> (신라에서는) 매년 정월 아침에 서로 하례하는데, 왕은 이날 연회를 베풀어 뭇 관원의 노고를 치하한다. 또 이날에는 일신과 월신에게 제를 올린다.
>
> 『수서』 권81 「열전」 46 신라

언뜻 생각하면 해와 달이 하나씩 더 있어도 좋지 않았을까요? 인간에게 이로운 면만 가득하니 말입니다. 그러나 선조들은 과유불급의 미덕을 이미 알고 있었던 것 같습니다.

한 하늘에 해도 둘, 달도 둘인 시절이었다.

인간들이 밤에는 얼어서 죽고, 낮에는 더위에 말라 죽는 것이 아닌가.

천지왕의 아들 첫째 대별왕과 둘째 소별왕이 이를 보고는

화살과 활을 만들어 해와 달 하나씩을 쏴 맞췄다.

그때부터 인간 세상에는 해도 하나, 달도 하나가 되었다.

〈천지왕본풀이〉

천지왕의 내력을 노래하는 제주도 신화 〈천지왕본풀이〉에는 천지가 개벽하고 만물이 생겨날 때의 일이 담겨 있는데요. 이 신화에서 해도 둘, 달도 둘이었던 태초의 세계는 혼돈으로 묘사됩니다. 사람들 역시 두 개의 해와 달에 고마움을 느끼기는커녕 고통스러운 이 상황을 원망할 따름이지요. 우리는 흔히 무엇이든 많으면 생활이 안정되고 여유 있을 거라 생각하지만 실상 과한 욕심은 비극을 초래한다는 교훈을 남깁니다. 이처럼 일월신은 모자라지도, 넘치지도 않으며 어느 한쪽에 치우치지도 않는 중용과 조화를 상징하는 신으로도 인정받았습니다.

🔥 바람신 영등할머니의 딸과 며느리

무대나 레드카펫에 선 연예인이 더 멋지게 보이도록 강풍기로

바람을 쏘는 장면을 본 적이 있나요? 옷자락과 머리카락이 아름답게 휘날리며 극적인 장면이 연출된 덕에 '인생샷'으로 기억되기도 하고, 어떨 때는 그 바람이 잘 정돈된 모습을 엉망으로 흩트려 놓는 통에 '레전드 방송사고'로 남기도 합니다.

뜬금없이 이런 에피소드를 꺼내는 이유는 지금 함께 보려는 바람신 영등할머니 이야기와 여러 부분 맞닿은 점이 많기 때문입니다. 우리는 종종 과도한 의욕 때문에 원하는 결과를 얻지 못할 수도 있고, 남 보기에 재미있는 상황이 일어나기도 하죠.

바람을 다스리는 신 영등할머니는 보통 혼자 다니지 않고 식솔을 데리고 다닌다. 그녀가 누구를 데리고 오는지에 따라 바람의 강도는 천차만별이다. 영등할머니가 딸과 함께 올 때는 잔잔한 바람을 일으키는데, 딸의 다홍치마가 바람에 살짝 나부끼는 모습이 좋게 보이기 위함이다. 그런데 며느리와 함께 올 때는 강한 비바람을 몰고 오는데, 며느리의 검정치마가 비에 젖어 얼룩진 모습이 흉하게 보이게 하기 위함이다. 그런데 농사를 지을 때는 적절한 비가 필요하므로 사람들은 오히려 영등할머니가 며느리를 데리고 올 때 더 반겼다고 한다.

〈영등할머니〉

며느리보다는 딸이 더 좋고, 이왕이면 딸이 사람들에게 더 예쁘게 보이기를 바라다니, 인간적인 모습에 친근감도 들지만 우리가 생각하는 '인품 넉넉한 신'의 모습은 아닌 듯합니다.

그런데 이런 의도가 무색하게도 영등할머니를 믿고 따르는 사람들은 이 신이 며느리와 함께 오기를 바랄 때가 많았습니다. 이들 대부분이 농부와 어부였기 때문입니다. 풍농과 풍어에는 적절한 비바람이 필수조건인데, 그저 잔잔한 바람만 불어서는 별 도움이 되지 않으니까요.

지역에 따라서는 영등할머니가 며느리와 같이 올 때는 물영등, 딸과 같이 올 때는 바람영등이라고 구분하여 불렀는데 물영등을 훨씬 반겼던 것이죠. 영등할머니의 야심이 정반대의 결과를 가져온 셈입니다. 영등할머니 입장에서는 어쩌면 억울했을지도 모르겠습니다. 하지만 바람신 이야기를 어느 집 고부지간처럼 해학적으로 풀어낸 상상력이 이 이야기의 백미입니다.

🔥 바람신이 이 세상에 잠깐 머무는 시간, 영등굿

영등할망, 이월손님, 이월할머니, 바람할매, 바람제석…

바람신을 일컫는 이름이 이처럼 많은 이유는 전국 각 지역, 특히 바닷가를 중심으로 신앙이 널리 퍼져 있기 때문입니다. 대체로 음력 2월의 변화무쌍한 바람이 생업과 직결된 곳이죠. 호칭은 제각각이지만 바람신에 관한 속담이나 풍습은 거의 유사합니다.

2월 1일에 그를 맞이하고 20일에 보내는데, 이날 부녀자들은 정결하고 경건하게 목욕재계하고 기도를 한다. 이날 바람이 불면 바람영등이라 하고, 비가 오면 비영등이라 한다. 그 풍속은 100여 년 전부터 영남에서 비롯되었는데, 영남과 경계를 이룬 호남, 호서, 관동 등지에서 모두 그 풍속을 본받고 있다.

『매천집』 권2 영등신

영등할머니는 음력 2월 초하룻날 인간 세상에 내려와 2주에서 3주가량 지내다가 원래 살던 곳으로 돌아간다고 여겨졌습니다. 바람의 속성이 그러하듯이 한 곳에 머물지 않고 끊임없이 돌아다니는 신이지만 이 기간[4]만큼은 영등제, 또는 영등굿이라 하는 제의로 한 곳에서 융숭하게 대접받습니다. 간단히 정화수를 올리거나 가정마다 개인적으로 제의를 지내는 내륙지방에 비해 제주도의 영등굿은 매우 성대합니다. 선주와 해녀들이 무당을 초빙해서 단체로 굿을 치르기도 하고, 제주도 권역별로 나눠서 여러 날 동안 진행하기도 하는데요. 제주칠머리당영등굿은 2009년 유네스코 인류무형문화유산으로 등재될 정도이니 그 역사와 규모를 짐작할 수 있습니다.

2월 1일, 귀덕·금녕 등지에서는 나무 장대 열둘을 세우고 신을 맞아 제사지낸다. 애월포에 사는 자는 말머리같이 생긴 나무 등걸을 구해서 채색 비단으로 꾸미고, 말이 뛰는 놀이(약마희: 영등굿이 끝난 뒤 짚으로 만든 작은 배에 제물을 실어 떼배 위에 띄워 보내는 놀이. 가장 먼저 도착한 배의 주인이 풍어를 맞는다고 한다.)를 하여 신을 즐겁게 한다. 이 행사는 보름날이 되면 끝나는데 이것을 연등(燃燈)이라고 한다. 이 달에는 배 타는 것을 금한다.

『신증동국여지승람』 권38 전라도 제주목

제주도의 신앙이 내륙보다 강한 이유는 어디에 있을까요? '삼다도(三多島: 바람·돌·여자가 많은 섬)'라는 제주도의 별칭을 떠올려보면 그 근거가 보입니다. 바람의 영향을 크게 받는 섬이기에 영등 신앙 역시 갈수록 견고해졌을 테죠. 전해지는 여러 속설을 정리해보면 영등할머니의 입체적인 성격을 확인할 수 있습니다.

영등할망은 매년 음력 2월 초하루가 되면 외지(외눈박이섬 혹은 강남천자국)에서 제주도로 넘어와 보름 동안 제주도 전역을 도는 바람신이다. 보통 제주도 서쪽에 있는 비양도로 들어왔다가 동쪽 우도로 빠져 나간다.

영등할망이 제주도에 올 때면 항상 바닷가를 돌며 보말(고둥)을 빼먹어서, 이 기간에 제주도 보말은 속이 빈 것이 많다.

영등할망은 보름 동안 제주도 전역을 돌며 들에는 오곡 씨를 뿌리고, 바다에는 해산물 씨를 뿌리고 다녀서 그녀가 다녀간 뒤에

〈제주칠머리당영등굿〉 중 송별제 전경. 2018.

는 사람들이 많은 식량을 얻을 수 있었다.

옛 제주 사람들은 영등할머니가 초봄의 칼바람을 몰고 온다고 생각했습니다. 영등할머니가 동쪽 우도로 빠져나가야 비로소 매서운 바람이 멎고 봄이 찾아오지요. 그렇지만 이 신은 여전히 변덕스럽습니다. 바닷가를 돌며 보말을 쏙 빼먹는 것처럼요. 한편으로는 오곡과 해산물의 씨앗을 제주도 전역에 뿌려서 식량을 마련하게도 합니다. 제주도의 날씨와 한 해 수확이 영등할머니에게 달렸다고 해도 과언이 아닙니다. 게다가 제주 사람들이 영등할머니를 믿고 따르게 된 계기가 하나 더 있습니다.

영등할망이 여느 때처럼 제주도 곳곳을 돌아다니던 중 표류하던 어선 하나가 외눈박이섬으로 들어가는 것을 보았다. 영등할망은 어부들에게 계속 관음보살을 읊으면 외눈박이 괴물에게 잡아먹히지 않을 것이라고 알려주지만, 어부들이 방심한 순간 배가 외눈박이섬으로 빨려 들어간다. 영등할망이 탈출을 도운 덕분에 어부들은 목숨을 건진다. 한편 전후 사정을 알게 된 외눈박이섬 괴물은 영등할망을 세 토막 내며 분풀이를 하고 머리는 우도, 사지는 한림읍 한수리, 몸통은 성산읍 성산리에 버렸다. 이때부터 사람들은 영등할망의 혼을 위로하고 은공을 갚기 위해 2월 초하루부터 보름 동안 세 지역을 돌며 영등제로 대접했다.

〈영등할망〉

앞에서 보았듯 영등할머니는 여러 변수를 만들어내지만 인간을 지키고 풍요롭게도 합니다. 그러니 이 신을 더욱 융숭히 모시고 기분 좋게 보내드려야 할 필요가 있습니다. 제주도 영등굿에서 신을 떠나보내는 송신(送神) 과정을 제일 성대하게 치르는 것도 이런 연유에서입니다.

제가 영등굿을 조사하러 내려갔을 때, 일주일 이상 다른 일정을 물리고 제주도에만 있기가 벅차다고 하자 "이왕이면 처음부터 끝까지 다 보면 좋겠지만 여의치 않으면 영등송별제만이라도 보러 오세요."라던 관계자의 말이 떠오릅니다. 신을 부르고, 노래와 음식으로 즐겁게 해드리고, 보내는 과정을 각각 청신(請神), 오신(娛神), 송신(送神)이라고 하는데 특히 마지막 기간을 중시한 데서 나온 조언임을 짐작할 수 있었습니다. 앞의 기간이 의미가 덜하다는 것이 아니라, 신을 실컷 대접해 드리고도 마지막이 마음에 들지 않아서 또 해코지를 놓으면 안 되니 최대한 정성을 보인다는 뜻입니다. 영등할머니가 기쁜 마음을 안고 가셔야 다음에 또 우리에게 비바람과 풍작의 씨앗을 시기적절하게 가져다 주실 테니까요.

왜 호랑이는 떠나고 곰만 남았을까

우리나라에서 열린 두 번의 올림픽에서 호랑이와 곰이 공식

마스코트 역할을 멋지게 수행했습니다. 이름도 생김새도 귀여운 '호돌이와 곰두리', '수호랑과 반다비'죠. 전 세계에 '지금의 한국'을 보여줄 중요한 잔치를 이끈 이 두 동물은 아주 오래전부터 우리와 잘 알고 지낸 기분이 듭니다.

이 익숙함과 친밀함은 〈단군신화〉 속 호랑이와 곰 이야기로부터 시작됩니다. 두 동물은 어떤 의미이며 왜 곰만 인간이 될 수 있었는지, 웅녀는 누구인지 하는 질문이 잇따라 생겨나는데요. 『삼국유사』 속 단군 이야기를 함께 읽으며 핵심에 가까이 가보겠습니다.

곰 한 마리와 범 한 마리가 같은 굴에 살았는데, 둘은 항상 환웅에게 사람이 되고 싶다고 빌었다. 한번은 환웅이 신령스러운 쑥한 심지와 마늘 스무 개를 주면서 말했다.
"너희들이 이것을 먹고 백 일 동안 햇빛을 보지 않으면 사람이 될 것이다."
곰은 금기를 지킨 지 삼칠일 만에 여자의 몸이 되었으나, 범은 금기를 지키지 못하여 사람이 되지 못하였다. 웅녀는 자기와 혼인할 이가 없어 항상 신단수 아래서 축원하였다. 이에 환웅이 잠깐 사람으로 변하여 웅녀와 결혼하니, 웅녀가 임신하여 아들을 낳았다. 그 이름을 단군 왕검이라 하였다.

『삼국유사』 권1 고조선 왕검조선

이 이야기의 호랑이와 곰이 바로 자연신 중에서도 '동물신'입니다. 토테미즘의 연장선에서 볼 때, 이미 환웅이라는 인간 형상의 신이 출현하는 시기이므로 이야기 속 호랑이와 곰은 동물신 자체라기 보다는 동물신을 숭배하는 집단으로 이해하는 것이 더 적합합니다.[5]

호랑이신과 곰신을 숭배하는 사람들은 이 동물신의 능력 안에서 보호받고 있다고 느끼며 살고 있었습니다. 그런데 천신(天神) 계통의 새 세력, 유용한 기술과 자재에 무리까지 거느리고 나타난 환웅이 급부상하자 '이 강력한 세력과 결합할 집단은 누가 될지' 경쟁할 수밖에 없었습니다. 그리고 이 대결의 결론은 여러분도 잘 알다시피 곰신을 숭배하는 집단의 승리입니다.

그런데 이 두 집단의 대결 방식이 좀 의아합니다. 힘과 능력을 겨루는 것이 아니라 환웅이 준 미션을 누가 잘 수행하는지를 따지고 있죠. 이는 환웅이라는 사내가 부인을 맞아들인다는 개념이라기보다는 고조선을 대표할 최초의 여성, 그리고 새 왕조의 첫 번째 왕을 창조할 이를 선발하는 과정이기 때문입니다.

이러한 관점에서라면 '백 일 동안 쑥과 마늘만 먹고, 햇빛을 보지 말라'는 다소 의아한 내용을 이해할 수 있습니다. 모체와 아이의 건강을 위해 삼가는 음식(닭, 오리, 토끼, 돼지, 개, 게 등)도 있지만, 이야기에서처럼 특별히 챙겨 먹는 음식도 있었던 것입니다. 쑥과 마늘은 부정을 퇴치하고 정화하는 의미로 민간에서 자주 쓰이는 재료입니다. 또한 백일이라는 관념적인 숫자만큼 오랜 시간 힘든 상황을 인내할 수 있는지, 최대한 외부와의 접촉을 줄이고 몸과 마음을 수련할 수 있는지를 묻고 있지요.

곰은 이 과제들을 모두 완수했기에 환웅의 옆자리에 설 자격을 얻었습니다. '곰이 인간이 되었다'는 문장은 그 자체로만 보면 허구로 느껴지지만, 배경을 알고 보면 많은 의미를 함축한 문학적 수사임을 알 수 있습니다.

호랑이와 곰, 두 세력 모두 용맹함을 뽐내는 데는 우열을 가릴 수 없지만 당시 사람들이 간절히 바랐던 것은 힘든 상황을 인내하는 능력을 갖춘 여성이었습니다. 천신과 함께 새 국가를 세우는 데 일조하고 건국신의 어머니가 될 믿음직하고 현명한 사람이죠. 〈단군신화〉는 단군과 고조선의 시작을 알리는 신화이기도 하지만, 곰신의 능력을 숭배하고 도움을 받고자 했던 사람들의 바람이 녹아든 이야기입니다.

🔥 세력 대결에서 패배한 신은 어떻게 기억되는가

'영원한 권력은 없다'는 말은 신에게도 적용됩니다. 사람들의 생활환경이 바뀌고 원하는 바가 달라지면 자연스레 다른 신을 찾게 되죠. 숭고하게 여겼던 옛 신은 어느새 관심 밖의 존재, 심하게는 퇴출해야 할 대상으로 치부되기도 합니다. 이는 새로운 신과 그를 따르는 사람들이 영역을 차지하며 벌어지는 자연스러운 현상입니다. 하늘에 두 개의 태양이 동시에 뜰 수는 없기 때문이 지요.

세월이 가고, 어느덧 곰신 숭배가 사라진 자리에 다른 곰 이야기가 남아 있어 비교해 보면 좋을 듯합니다. 충남 공주시 웅진동에 전해지는 〈곰나루전설〉입니다.

옛날 금강 근처 연미산의 큰 굴에 암곰 한 마리가 살았다. 곰은 어느 나무꾼을 물어다 동굴에 가두고 함께 지냈다. 나무꾼은 틈을 봐 도망치려 했지만, 곰은 의심이 많아 항상 동굴 입구를 바위로 막고 외출했다.

그렇게 수년이 지나며 나무꾼은 곰과 정을 나누고 새끼도 둘 낳았다. 곰은 점차 나무꾼을 신뢰하게 되었다. 어느 날 곰이 사냥을 나가면서는 굴 입구를 막지 않았다. 자식이 둘이나 있는데 설마 도망가겠냐는 마음이었다.

한창 사냥하던 곰은 강을 건너 도망가는 나무꾼을 발견했다. 곰은 돌아오라고 애타게 부르짖었지만, 나무꾼이 끝내 돌아오지 않자 새끼 둘을 품에 안고 강물에 몸을 던져 죽고 말았다.

그 뒤로 흉년이 들고 물결이 거세져 배가 전복되는 일이 자주 일어났다. 마을 사람들이 곰의 원혼을 달래기 위해 사당을 세운 뒤로는 그런 일이 사라졌다. 이후로 나무꾼이 건넌 강은 '곰나루'라 불렸고, 지금도 소나무 숲 사이에는 곰신을 모신 곰사당이 남아 있다.

〈곰나루전설〉

이 이야기에서도 곰은 인간을 만나 가정을 이루고 자식을 낳습니다. 하지만 〈단군신화〉의 웅녀와는 사뭇 다른 이미지이지요. 곰이 나무꾼과 억지로 부부의 연을 맺고 동굴을 큰 바위로 막은 후에야 사냥을 나가는 강압적인 모습에서는 앞서 살핀 곰신 웅녀와 같은 위엄을 전혀 찾아볼 수 없습니다. 끝내 인간에게 미련을 버리지 못하고 귀한 목숨을 셋이나 저버리다니, 나약하고도 어리석은 모습으로 그려질 따름입니다.

재미있는 건 지구 반대편 유럽에서도 비슷한 상황이 벌어졌다는 사실입니다. 유럽 토착 종교의 숭배 대상 중 하나였던 곰은 가톨릭이 유입되고 세를 불리면서 점차 악의 이미지를 덮어쓰게 됩니다. 기독교 포교가 한창 진행되던 4세기~10세기 사이에는 곰과 그리스도의 경쟁이 심화되며 실제로 곰을 학살하기 위한 대규모 군사 작전까지 펼쳐집니다. 현대의 기독교는 가장 신도가 많은 종교로 자리잡은 반면, 곰은 예전만큼의 강력하고 신성한 이미지를 되찾지 못했습니다. 한때 용맹한 전사들의 방패와 갑옷, 가문의 문장에 새겨졌던 곰은 이제는 어린이의 머리맡, 또는 가방 한구석의 귀여운 장난감일 뿐이죠.

자, 다시 곰나루로 돌아와 봅시다. 안타깝고도 비극적인 결말을 통해 이미 이 시기에는 사람들이 곰을 신성시하고 숭배하는 마음이 퇴색되었음을 짐작할 수 있습니다. 그렇지만 여전히 곰신을 추앙하는 세력은 적게나마 남아있다는 것을 확인할 수 있는데요. 이야기 끝부분의 곰사당이 그 증거입니다. 어느새 혐오의 대상으로 바뀌었지만, 곰신을 대하는 사람들의 태도가 한순간에 모두 돌아서지는 않았던 것이지요. 한 나라를 대표하는 최초의 여성, 지혜로운 어머니로서의 곰신 이미지는 옅어졌지만 여전히 누군가에게는 믿음의 대상으로 명맥을 이어가고 있습니다.

곡식을 따라 바다를 건너온 뱀신

동물신 중에는 원래의 동물이 타고난 습성에 근거하여 숭배되는 신도 있습니다. 뱀신이 그 대표적인 예인데, 뱀은 곡물을 갉아먹는 쥐의 천적이기 때문입니다. 집에 갑자기 뱀이 들어온다면 깜짝 놀라서 내쫓을 것 같지만, 의외로 옛사람들은 뱀을 '재물을 가져다주는 귀한 신'으로 인식하고 고이 모셨다는 이야기가 전해집니다. 왜일까요? 〈나주 기민창 조상본풀이〉를 보면 뱀신의 유래가 밝혀집니다.

제주 조천의 안씨는 배를 여러 척 가진 부자였다. 어느 해, 제주에 칠 년 가뭄이 들어 백성이 굶어 죽게 되자 제주 목사는 안씨의 재산으로 구휼할 것을 부탁했다. 안씨는 배에 돈을 가득 싣고 송씨, 박씨와 함께 곡식을 사러 떠났다. 팔도강산을 다 돌다가 나주 기민창에서 곡식을 사서 돌아가려는데 댕기머리 처녀가 배에 함께 오르는 것이 아닌가? 무슨 일인가 싶어서 이리저리 찾았지만 처녀는 보이지 않고, 시간이 되어 그대로 배를 띄웠다. 도중 돌풍이 일고 배 밑이 터져 곡식이 물에 잠기게 되자 이들은 하늘에 빌었다. 침몰하던 배가 더 이상 가라앉지 않고 물에 둥둥 뜨기에 살펴보니 큰 뱀이 똬리를 틀고 배 밑구멍을 막아주고 있었다. 안씨는 이 뱀이 조상님이 분명하다고 여기고 조천에 무사히 배가 닿자 향불을 피우고 뱀에게 집으로 돌아가시도록 빌었다.

한밤중 안씨의 꿈에 뱀이 나타나 '나는 나주 기민창의 곡식을 지키던 조상인데 기민창고가 텅 비니 갈 곳이 없어져 곡식을 따라 왔다'고 밝히고, 안씨가 상단골, 송씨가 중단골, 박씨가 하단골이 되어 세 명절(임금 탄신일, 정월 초하루, 동지)과 기제사, 매년 계절이 바뀔 때마다 큰굿을 행하면 부자가 되게 해주겠다고 했다. 그리고 단골[6]들의 울타리 안에는 몸을 감출만한 곳이 없어서 새콧알(조천)로 간다고 했다. 꿈을 깨고 보니 뱀은 새콧알 구멍으로 들어갔고, 이후로 뱀신은 자신을 모시며 정성을 올리는 단골들을 부자로 만드는 조상신으로 대접받았다.

〈나주 기민창 조상본〉

요즘은 대부분 공동 주택 생활을 하니 집에서 쥐를 볼 일이 거의 없지만 예전만 하더라도 심심치 않게 마주치곤 했습니다. 마당에서 개가 사납게 짖는 곳을 따라가 보면 수세에 몰린 쥐 한 마리가 있기 마련이고, 그때부터는 온 가족이 법석을 피우며 발을 구르고 소리를 질러서 쥐를 내몰았습니다. 창고라도 헤집어놓진 않을지 걱정됐거든요. 흑백 TV 보던 시절의 이야기냐고요? 아닙니다. 90년대 중반 서울 어느 단독주택의 실화입니다.

〈나주 기민창 조상본풀이〉에서처럼 배에 돈을 싣고 팔도를 헤맬 만큼 곡식을 소중하게 여겼던 옛사람들에게는 쥐의 공포가 더욱 크고 분명하게 느껴졌을 테지요. 그렇기에 쥐를 잡아먹어 없애는 뱀은 내 식량과 재산을 지키는 조력자이자, 나아가서는 재물신과 부신(富神)으로 자연스레 자리매김할 수 있었습니다. 비슷한 습성을 가진 구렁이와 족제비를 모두 재물신으로 인식한 것도 모두 같은 이유에서입니다.[7] 이들 동물신은 '업신'으로도 불렸는데, 이는 집안의 재물을 지키고, 대접을 잘 하면 재물을 불려주기도 하는 신이라는 의미가 있습니다.

이 신화에서는 뱀의 행동 양식이 하나 더 포착됩니다. '구렁이 담 넘듯' 쉽고 빠르게 이동하는 모습입니다. 처녀가 배에 탔나 싶었지만 찾을 수 없고, 어느새 뱀이 되어 배에 난 구멍을 막고 있지요. 새콧알 구멍으로 스르륵 들어가 사라지는 결말까지도 그렇습니다. 이러한 뱀의 특징은 만약 사람들이 자신을 꺼리거나 소홀히 대하면 언제든지 다른 곳으로 이동할 수 있다는 믿음으로 이어져 높은 충성도를 이끌어냈습니다. 이 믿음은 대물림되어 아들이 장가를 가면 며느리로 하여금 뱀신에게 정성을 바치도록 했고, 제주도 표선면 토산리에서는 딸이 시집을 가면 뱀신이 따라간다고도 생각했습니다. 이때 뱀신을 잘 대접하지 않으면 집안이 망하거나 식구가 병에 걸린다는 인식 탓에 한때는 이 지역 여성들이 결혼하기 힘들었다는 우스갯소리도 전해집니다.

뱀 신앙은 한국 전역에 널리 퍼져있습니다. 〈나주 기민창 조상 본풀이〉는 제주도의 신화지만, 제주도가 유독 뱀 신앙이 강할 뿐 이런 이야기가 제주에만 남아있는 건 아닙니다.

🔥 환경 변화 앞에 스러진 뱀신의 위력

충청남도 태안군 안면읍 황도리에서도 업신이자 풍어신으로 뱀신을 모시고 있었는데, 신앙에 반감을 갖는 사람들이 늘어나면서 한때 마을에 여러 위기가 닥쳐왔다고 전해옵니다. 뱀신을 배신하면 어떤 일을 당하는지 보여주는 이 이야기는 한편으로는 뱀신의 강한 위력을 상징합니다.

황도리 마을 주민들은 뱀을 신으로 모시기에 뱀의 천적인 돼지를 기르지도 먹지도 않는다. 일제 강점기 시절 일본으로 유학을 갔다 온 마을 청년들이 이는 미신이라고 주장했으나 마을 노인들은 청년들의 말을 듣지 않고 당제를 유지하며 뱀을 숭상하였다. 이에 청년들은 우리만이라도 미신을 버려야 한다며 돼지를 기르고 먹게 된다. 이후 청년들의 집에 계속 우환이 생기자, 마을 주민들은 이 모든 우환이 뱀신을 배신하고 모시지 않아 벌을 받은 것이라 생각하게 되었다.

뱀신을 미신이라 여긴 한 청년이 사당의 뱀신 그림을 불살라 없 앴다. 이후 이 청년은 불의의 사고를 당했고, 이 사건을 본 마을 사람들은 이제 아무도 뱀신의 위력을 의심하지 않았다. 하지만 다시 뱀신 그림을 그리려고 하니 본뜰 만한 형상이 없어, 마을 사람들은 뱀신을 모시되 장군신의 형상으로 그림을 그려 제의를 올렸다.

신을 극진히 대접하여 복을 받은 이야기뿐만 아니라 신을 무시하거나 제대로 대접하지 않아서 화를 당한 이야기도 많이 전해지는데, 학계에서는 이 둘을 모두 영험담이라고 합니다. 마치 오늘날 기독교 신도들이 간증으로 신앙심을 표현하고 유대감을 강화하듯이, 민간 신앙에도 영험담이 있어 오래도록 전승될 수 있었습니다.

하지만 다양한 영험담을 만들어내며 명맥을 유지하던 뱀신도 점차 힘을 잃습니다. 한국의 가옥 형태가 한옥에서 양옥으로, 아파트로 점차 변해갔기 때문입니다. 이제는 더 이상 곳간에 쌀과 귀중품을 보관하지 않고, 1970년에 시작된 '전국 쥐잡기 운동'이 10여 년이나 대대적으로 일어나 쥐 개체수가 눈에 띄게 줄어든 것도 뱀신 신화 전승에 영향을 미쳤습니다.

일상생활과 너무나도 밀접하게 맞닿아있는 민간 신앙의 신, 그중에서도 특히 동물신은 본래 동물의 자연적 습성도 반영되어 있습니다. 그런데 일상의 모습이 달라지고 생태계도 뒤바뀌어 버리니 믿음을 이어갈 명분이 약해졌지요. 쥐는 더 이상 두렵지 않게 되었고, 뱀신에게 곡식을 지켜달라고 기원하고 의지하는 마음 또한 작아지고 맙니다. 이제는 영험담도 통하지 않는 시대가 도래했습니다.

환경이 바뀌면 인간들이 신에게 요구하는 바도 달라집니다. 그러니 신의 영향력이 자연스레 줄다가, 결국에는 완전히 단절되는 시기가 오겠죠. 아, 물론 새롭게 생겨나는 신도 있을 터입니다. '지름-신', '마감-신'처럼, 현대인의 생활 패턴에서 유래한 단어에 '신'자가 붙는 것도 비슷한 맥락이겠고요. 말장난 같다고요? 하지만 이 역시 믿는 사람 입장에서는 신봉의 대상이 될 수 있을 듯합니다.

 ## 쥐와의 전쟁

1970년 1월 26일, 대한민국 정부는 '전국 쥐잡기 운동'을 선포하고 전 국민의 참여를 강력하게 독려합니다.

당시 농림부가 추산한 쥐 개체수는 약 9천만 마리였습니다. 70년대 대한민국 인구가 약 3천만 명이었으니, 사람 한 명당 쥐 세 마리꼴로 함께 살아가는 형국이죠. 농림부는 '쥐는 연간 곡식 총생산량의 8%를 소비한다'는 결론까지 도출합니다. 개발도상국을 벗어나고 경제성장을 이뤄야 하는 기로에서 이 수치는 크고 무겁게 다가왔을 것입니다. 그래서 생산량을 늘리는 것만큼이나 새어 나가는 곡식을 막는 것이 중요하다고 생각한 듯한데요. 그 결과 제1회 전국 쥐잡기 운동은 대성공이었습니다. 쥐는 모두 4천여만 마리가 잡혔다고 하는데, 쥐 꼬리를 관공서에 제출하면 청소년에게는 학용품을, 성인에게는 복권을 주는 유인책 덕분에 그 숫자를 파악할 수 있었습니다. 이후 몇 번의 쥐잡기 운동을 더 펼쳤고, 경제와 건강까지 위협하던 이 유해 조수는 점차 종적을 감추게 됩니다.

칼럼 ❶

〚　한국 신화 속 숫자에 숨은 상징　〛

◆

1

　1은 홀수이자 양의 기운을 지닌 수, 즉 양수(陽數)입니다. 이때 양의 기운이란 '밖으로 드러나는 것, 활동성, 견고함'을 상징하기에 하늘, 해, 남성, 낮, 여름, 홀수 등이 이에 해당합니다.

　전통적으로 우리나라에서는 양수를 길하게 생각해서 이 숫자가 반복되는 날짜에 주요 세시풍속을 지냈습니다. 음력 1월 1일은 설날, 3월 3일은 삼짇날, 5월 5일은 단오, 7월 7일은 칠석, 9월 9일은 중양절이 그 예입니다. 정월 초하루는 양수의 반복은 물론 한 해의 시작과 출발이라는 의미까지 더하여 무척 중요한 순간이지요. 이외에도 숫자 1은 특수한, 유일한, 으뜸, 맏이라는 뜻도 내포합니다.

2

　2는 짝수이자 음의 기운을 지닌 수, 즉 음수(陰數)입니다. 이때 음의 기운이란 '조용하고 차분한 것, 어둠, 부드러움'을 상징하기에 땅, 달, 여성, 밤, 겨울, 짝수 등이 이에 해당합니다.

　숫자 2는 부부와 남매처럼 짝, 한 쌍을 이루는 무리로 표현되며 안정감을 추구합니다.

3

3은 양수 1과 음수 2의 결합으로 만들어졌기에 어느 쪽에도 치우침 없는 균형과 완성을 상징합니다.

이 숫자는 신성성을 나타내는 수단으로도 쓰입니다. 〈단군신화〉에서 환인-환웅-단군 3대로 이어지는 핏줄, 왕의 지위를 나타내는 세 개의 도장, 단군과 함께 내려온 세 신하(풍백, 우사, 운사)와 3천 명의 무리가 그렇습니다. 이 밖에도 여러 신화에서 숫자 3을 쉽게 찾을 수 있는데 제주도 〈삼성신화〉의 세 시조와 그들이 태어난 삼성혈, 생명수를 얻기 위해 각 3년씩 물 긷고, 나무하고, 불 때는 고난을 겪은 〈바리공주〉의 이야기가 있지요.

그리고 〈여우누이〉와 〈내 복에 산다〉에서처럼 평소에 주목받지 못했던 이가 새 세상을 개척하는 인물로 거듭나는 경우가 있는데 이들은 대부분 집안의 셋째 자식입니다.

5

5는 동양 철학의 음양오행에서 유래한 숫자입니다. 이 개념은 세상 만물은 서로 대립하면서도 조화를 이루는 두 가지 힘(음양)과 다섯 가지 기본 요소(오행)로 이루어져 있다고 설명합니다. 나무(木), 불(火), 흙(土), 금속(金), 물(水) 중 하나라도 빠지면 세계가 성립할 수 없기에 5는 완성과 균형, 조화를 상징합니다.

그림에서는 각 방위와 계절, 색상과 오행을 연결지은 것을 볼 수 있

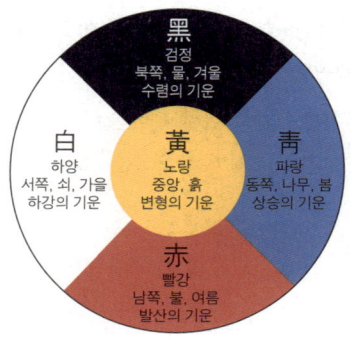

습니다. 오방색의 조화로움을 담은 음식으로는 비빔밥과 영조의 탕평책에서 이름을 딴 탕평채가 있습니다.

7

홀수이자 양수가 겹치는 날을 길일로 여기는 전통은 음력 7월 7일인 칠석에서도 확인할 수 있습니다. 칠석에는 견우와 직녀가 일 년에 하루 오작교에서 만난다는 설화가 전해지고 이때는 칠성신에게 무병장수를 기원하곤 하지요.

민간에서는 아이가 태어나면 '삼칠일'이라 하여 출생일로부터 7일·14일·21일째 되는 날에 삼신께 밥과 미역국을 올렸습니다. 7이라는 숫자가 길하다는 믿음 아래, 이 기간에는 금줄을 쳐놓고 외부인의 출입을 통제하여 위험한 요소를 미리 막기도 했습니다.

한편 숫자 7은 부정적으로 언급될 때도 있습니다. 〈바리공주〉에서 오구대왕은 첫째, 둘째 딸이 태어날 때만 해도 기뻐했지만 일곱 번째까지 딸이 태어나자 크게 분노하며 아이를 내다 버립니다. 〈칠성풀이〉에서는 부인이 일곱 명의 아들을 한꺼번에 낳자 칠성님은 기뻐하기는커녕 마치 짐승 같다며 부인을 버리고 하늘로 올라가지요. 이때의 7은 너무 많은 것, 일반적이지 않은 것을 의미합니다.

9

9는 한 자릿수 중 가장 큰 숫자이자 양수이기에 많다, 크다는 뜻을 지닙니다. '손 없는 날'이라 하여 끝자리가 9 또는 0이 되는 날에 이사·개업처럼 중요한 일을 치르는 것을 볼 수 있는데, 이는 9가 양기가 가득한 날로 인식되기 때문입니다.

다만 나이를 셀 때의 9는 '아홉수'라 하여 경계해야 할 숫자로 간주되기도 합니다. 9는 결국 10으로 가기 위한 마지막 단계로, 완성 직전 경거망동하지 말고 겸손해야 한다는 교훈을 줍니다.

이런 이야기도 있습니다. 제주도를 창조한 여신 설문대할망을 위해 사람들이 명주를 99통이나 써서 치마를 만들었으나 그녀가 워낙 거대한 탓에 속살이 보이게 되고 이에 분노한 설문대할망은 제주도와 육지를 잇는 다리 짓기를 멈췄다고 하죠. "양반 아흔아홉 잡아묵고 네 하나 더 먹으면 등천한다"는 〈동래야류〉의 영노, 사람 간 아흔아홉 개를 먹었지만 하나를 더 못 먹어서 실패한 구미호를 보면 문학 작품 속 9는 미숙과 미완, 또는 그만큼이나 가지고도 마지막 하나를 더 원한다는 의미에서 욕망으로도 나타납니다.

10, 100

10과 100은 9와 99의 의미를 이겨내고 만든 인내와 완성의 숫자입니다. 〈단군신화〉에서 곰과 호랑이에게 주어진 100일은 사람이 되기 위해 견뎌야 하는 기간이었죠. 의료 기술의 부족으로 영아 사망률이 높던 때, 태어난 지 백일을 넘긴 아기에게 열어주는 잔치 역시 이 기간을 잘 통과해 왔다는 축하의 의미가 있습니다. 이 밖에도 숫자 10·100과 연관된 개념은 우리 문화에 단단히 자리하고 있습니다. 아주 충분하다는 뜻으로 부사 '십분'을 사용하여 '십분 이해합니다'처럼 표현하기도 하고요. 소원을 이루고자 백일 동안 신에게 치성을 드리고, 부부가 한 평생을 사이좋게 지내자는 언약으로 백년해로를 다짐하기도 합니다.

15

15는 보름날에 그 의미가 두드러집니다. 보름달의 충만함과 맞물려 길일로 받아들여지죠. 마을 제의는 매월 음력 1일과 3일, 또는 보름에 지내는 경우가 많은데 이들 모두 양수라는 특징이 있습니다. 음기를 피해 귀신을 물리치고 길일에 중요한 신을 모셔서 소원을 빌기 위함입니다.

보름날이면 여인들은 정화수를 떠놓고 달을 바라보며 기도했습니다. 그 안에는 가정에도 보름달처럼 충만한 행복이 깃들기를 바라는 소망이 담겨 있었습니다.

3
우리 집 지키는
가신 家神

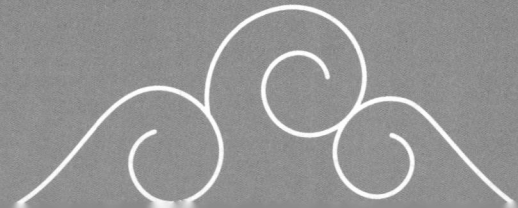

🔥 고작 문지방 좀 밟았다고 복이 달아나다니!

마당 있는 집이 아파트로 바뀌며 부뚜막과 장독대가 사라지고, 식습관이 바뀌고, 농부의 자녀들이 하나둘씩 상경하면서 우리 삶 곳곳에 널리 퍼져있던 다양한 신들도 점차 잊히게 되었습니다. 하지만 신앙은 이어지지 않을지라도 한때 가신을 모셨던 흔적은 아직도 우리 곁에 남아있는데요.

'문지방을 밟으면 복이 달아난다', '이사할 때는 쌀부터 들여야 한다' 같은 이야기를 한 번쯤은 들어봤을 겁니다. 이런 이야기를 전하는 이도, 듣는 이도 왜 그래야 하는지는 정확히 모르지만 가볍게 무시할 만하다고 생각하지도 않는 듯합니다. 신상에 나쁘다는 걸 굳이 해야 할 이유가 없으니 사람들 대부분은 속설을 따르려는 경향이 있고, 남에게 권하기도 하지요.

이런 속설은 마당·안방·부엌·대문 같은 우리 집안 곳곳에서 식구들을 지켜주는 가신 신앙에서 비롯되었습니다. 옛사람들은 수많은 가신에 둘러싸여 보호받고 기도하며 살아갔습니다. 긴 이야기를 시작하기 전에 전통 가옥의 생김새를 먼저 눈으로 한번 훑어볼까요?

우리 전통 가옥은 담장과 대문으로 안과 밖을 명확히 구분합니다. 집안 식구들을 외부의 불길한 존재로부터 지키기 위해서이죠. 또한 집터와 가옥 자체를 보호하는 신도 있지만, 한 구역씩 세분화하여 안채, 사랑채, 대들보, 마루, 부엌, 화장실, 장독대, 외양간 등 맡은 구역을 담당하는 신이 따로 있는 것도 볼 수 있습니다. 물론 이 신들의 공통된 목표는 집안 식구들의 건강과 행복을 지키는 것이지만, 각 공간의 쓰임새에 따라 신의 세부 역할도 조금씩 다릅니다.

🔥 성주신이 머무는 집에는 복이 한가득

수많은 가신들 가운데 맨 윗자리를 차지한 신은 바로 성주신입니다. 우환, 질병, 악인 같은 외부의 침입자로부터 집안 식구들을 보호하는 능력을 갖추었지요. 영화 〈신과 함께-인과 연〉(2018)에서 배우 마동석 씨가 맡은 '성주' 캐릭터를 떠올려보면 뚝심 있고 재주 많은 이 신의 역량이 눈앞에 잘 그려집니다.

옛사람들은 성주신이 대들보나 마룻대, 혹은 장독대에 머문다고 여겼습니다. 그래서 성주신의 몸이라고 생각되는 햅쌀을 단지나 보자기, 종이에 싸서 이 장소에 고이 보관하고 늘 깨끗하도록 해마다 교체합니다. 정성껏 청소하는 건 물론이고요.

워낙 중요한 신이다 보니 무당을 불러 성주신만을 위한 굿을 여는데, 이 성주굿은 아무 때나 할 수는 없고 몇 가지 조건이 있습니다.

① 결혼 또는 가장의 사망으로 새 가족이 구성되었을 때,
가장[8]의 나이 끝자리에 7자가 들어가는 해
② 성주를 새로 모셔온 지 3년 되는 해
③ 집을 새로 짓거나 이사했을 때

이유는 이렇습니다. 첫째, 일정 기간이 지나면 혹여나 성주신이 집을 나가서 우환이 생길까 두려워하는 마음이 컸기 때문입니다. 그래서 주기적인 굿으로 다시 성주신을 불러들이는 것이죠. 둘째, 집과 관련한 변화가 있을 때 동티[9]가 나지 않게 막기 위함입니다. 이사하거나 집을 지을 때는 수많은 인부와 짐, 자재가 들고 나는 통에 어수선하기만 한데요. 이 과정에서 지신(地神)의 심기를 거슬러 벌을 받지는 않을지 걱정하며 그 재앙으로부터 가족을 보호해 줄 성주신을 염원했습니다.

가택신 중에서도 으뜸 가는 신, 가족을 돌보는 신으로서 전국 어디에나 그의 이야기가 전해옵니다. 현재까지 채록된 무가(巫歌) 〈성주풀이〉는 황해도부터 제주까지 모두 77편에 이르며, 지역에 따라 조금씩 다른 내용을 품고 있습니다.[10] 이를테면 부산 동래에서는 서천국 왕자로 태어난 '안심국 성조씨', 경기도 남부에서는 천하궁에서 태어난 '황우양씨'로 등장합니다. 같은 경기도 안에

서도 각편에 따라 그의 출생지를 '안동 제비원'으로 전하는 경우도 있지요. 그러나 이들이 어떤 이름이든, 어디서 태어났든 공통된 모습은 하나입니다. 모두 집을 짓는 신이라는 점입니다.

> 네 귀퉁이 주춧돌을 올려놓고 …중략…
> 대들보를 올려놓고 열두 갈래 서까래를 잡아
> 지붕으로 기왓장을 올려 큰 기와집을 이루어 놓고
> 아들을 낳으면 효자를 낳고 말을 먹이면 용마가 되고
> 개를 먹이면 사슴이 되고 닭을 먹이면 봉황이 되고
> 늘어나는 명당 불어나는 명당
>
> 〈성주거리〉

성주신이 지은 집은 그야말로 특별합니다. 단순히 벽을 세우고 지붕을 얹은 공간이 아니라 자손과 재물이 번창하는 복의 터전으로 바뀌기 때문이죠. 심지어 이 집에서는 가축까지도 신성하게 거듭납니다. 이처럼 집안의 모든 재수를 굽어살피는 성주신은 오랫동안 가정 신앙의 중심에 있었습니다.

🔥 가정을 지탱하는 두 기둥, 성주신과 터주신

그런데 신화에서는 성주신이 연장을 잘 다루는 능력을 원래부

터 타고났다고 이야기하기도 하지만, 그의 부인이 도운 덕분으로 임무를 완수할 수 있었다는 점에 주목하면 좋겠습니다. 이뿐만 아니라 꽤 많은 부분에서 성주신의 부인을 비중 있게 다루는데요. 성주신에 대해서만 이야기해도 충분할 텐데 그의 부인까지 신화에 포함하는 것은 왜일까요?

가정을 이루고 살다 보면 평화를 깨트리는 여러 사건 사고가 생기기 일쑤입니다. 뜻밖의 훼방꾼도 나타나고요. 그런데 이런 문제를 해결할 수 있는 건 오직 부부뿐입니다. 남편과 아내 누구 하나의 능력이 아닌 둘의 합심과 조화가 중요하죠.

어느 날 돌풍에 천하궁이 무너지자 궁을 재건할 적임자로 황우양이 뽑힌다. 그는 제대로 된 연장이 없어 걱정하지만, 부인이 천하궁과 지하궁에 소원을 빌어 가루쇠·조각쇠·뭉치쇠를 각각 닷 말씩 얻어온다. 부인은 밤새 연장을 만들고 남편이 천하궁에 입고 갈 옷도 준비한다.
집을 떠나는 황우양에게 부인은 아무와도 말하지 말라고 당부하지만 그는 이를 잊고 도중에 소진랑과 옷을 바꾸어 입는다. 소진랑은 황우뜰로 가 남편 행세를 하는데 부인은 곧 그가 남편이 아님을 알아차린다. 아직 남편이 돌아올 때가 아니었고, 무엇보다 땀냄새가 달랐기 때문이다. 소진랑에게 납치된 부인은 여러 핑계로 혼례를 미루고 남편을 기다린다.
한편 황우양은 부인이 일러준 방법대로 천하궁을 빠르게 완공하고 돌아온다. 집 주춧돌에서 부인이 다급히 남긴 혈서를 찾아내고 소진랑을 찾아가 응징한다. 소진랑은 장승으로 만들어져 여러 사람의 눈총을 받는 신세가 되었고, 황우양과 그의 아내는 금슬 좋게 지내다가 훗날 집안이 잘되도록 보살펴 주는 성주신과 지신이 되었다.

〈성주본가〉

남편 황우양과 아내11의 능력이 마치 밸런스 게임처럼 묘사됩니다. 남편이 집 짓는 능력이 탁월하다고 해도 부인이 만든 연장이 없었다면 천하궁에 갈 수 없었을 테고, 부인이 미래를 내다보며 지혜를 발휘한다고 해도 믿고 따라주는 남편이 없었다면 가정을 다시 이루기 어려웠을 테죠.

새로 짓거나 이사한 집에서 성주신뿐만 아니라 터주신 개념의 지신도 함께 부르는 이유가 여기에 있습니다. 잘 지은 집이 튼튼한 터가 받쳐줘야 하듯, 한 가정이 행복하게 자리잡으려면 부부가 서로의 수고를 알아차리고 부족한 부분을 채워주어야 함을 보여주기 위해서이죠.

이런 이유로 성주굿을 할 때는 집안의 가장인 '대주'와 그 배우자인 '기주'가 함께 정성을 들여야 평안하다고 합니다. 물론 지금은 한옥보다는 양옥과 아파트에서 살아가는 이들이 많아지면서 성주신에 대한 관심과 굿의 비중은 줄어들었습니다. 그럼에도 여전히 성주신을 가신 중 으뜸이라 여기며 모시는 풍습이 이어지는 까닭은 그가 집과 가정을 보호하고 평화를 지향하는 신으로 인식되고 있기 때문입니다.

한 가족과 한 악녀가 가신이 되기까지

앞문, 안방부터 부엌과 화장실에 이르기까지 사람 사는 집에 가신이 자리 잡지 않은 곳은 없습니다. 그런데 알고 보면 가신도 저마다의 공간에 배치된 까닭이 다 있는데요, 제주도 신화 〈문전본풀이〉는 어느 가족과 악녀가 얽히며 차례로 신이 된 연유를 밝힙니다.

주년국 남선고을에 남선비와 여산부인이 부부로 살며 일곱 아들을 낳고 사이좋게 지냈다. 남선비는 돈을 벌기 위해 오동나라 오동고을로 떠났고, 그곳 주막집 딸 노일저대에게 유혹당해 재산을 모두 탕진한다. 이후 노일저대를 첩으로 삼고, 간신히 끼니를 이어가다 눈까지 멀었다.

한편 여산부인은 남편의 소식이 끊기자 아들들이 만들어 준 배를 타고 남선비를 찾으러 나선다. 여산부인은 남편을 찾아 집으로 데려가려 하지만, 노일저대는 여산부인을 형님이라 부르며 따라나선 뒤 오천강 연못에 이르러 그녀를 물에 밀어 빠뜨린다. 노일저대는 여산부인인 척 꾸미고 눈먼 남선비를 앞세워 남선고을로 돌아온다.

이때 막내아들 녹두생이가 노일저대의 정체를 눈치채고, 그녀의 말에 속아 일곱 아들의 간을 빼내려는 남선비를 막는다. 노일저대는 흉계가 들통나자 뒷간 문기둥에 목을 매 죽고, 남선비도 달아나다 정낭[12]에 목이 걸려 죽는다. 일곱 아들은 오천강 연못가에서 어머니 여산부인의 시신을 건져 환생꽃으로 되살린 뒤 함께 행복하게 살아간다.

이후 옥황상제는 오랫동안 차가운 물속에 있었던 여산부인을 따뜻한 부엌에서 살도록 조왕신으로 정하고, 남선비는 주목지신으로, 녹두생이는 앞문을 지키는 신으로, 나머지 여섯 아들은 동서남북과 중앙, 뒷문을 맡는 신으로 정한다. 노일저대는 측신(뒷간신)으로 정하여, 여산부인이 지키는 부엌과는 멀리 떨어져 있도록 했다.

〈문전본풀이〉

앞에서도 잠시 이야기했지만, 한국 신화는 일가족이 신이 되는 환상적인 내용을 전하면서도 현실성 한 조각을 유지합니다. 오랫동안 차가운 연못에 빠져 있던 여산부인은 따뜻한 부엌에 머물게 되고, 그녀를 지킨 일곱 아들들은 집안의 문마다 배치하여 외부의 위협 요소가 집안으로 들어올 수 없도록 하죠. 이들의 사정을 낱낱이 듣고 보니 왜 이 공간의 수호자가 되었는지 금세 고개가 끄덕여지네요.

막내아들 녹두생이는 앞문을, 형들은 뒷문과 오방(伍方: 동·서·남·북·중앙)을 지키는 신이 됩니다. 와해된 가정이 제자리를 찾아가는 이 이야기는 공간의 의미를 상징적으로 구성한 서사이기도 합니다. 특히 '문'은 외부와 내부를 가르는 경계이자 이 집의 성격을 단적으로 보여주는 자리인데요. 그 문을 가정을 지켜낸 막내가 맨 앞에서 맡게 되었다는 설정은, 이 신화가 공간에 대한 깊은 이해와 삶의 질서를 담고 있음을 보여줍니다.

그런데 행복했던 집안에 위기를 불러일으킨 노일저대의 결말은 이치에 닿지 않는다며 반문하는 분도 있을 것 같습니다. 악당은 벌을 받아야 마땅한데 오히려 신이 되었으니 말입니다. 그런데 신은 착한 신만 있지 않다는 것을 알고 나면 곧 수긍이 갑니다. 평생 못된 짓만 하다가 죽은 노일저대는 사납고 무서운 신이 되었음을 짐작할 수 있지요.

옛사람들 역시 그렇게 생각했던 것 같습니다. '뒷간에 들어갈 때 헛기침을 하지 않으면 괴팍한 측신이 노해서 사람에게 해코지 한다'는 속신이 전해오니 말입니다. 혹여 실수로 변소에 빠지기라도 하면 측신에게 살을 맞았다고 여겨 간략하게 고사를 지내기도 했습니다.

뒷간은 집안에 속하기는 하지만 외딴 구역에 따로 두었습니다. 이야기에서 주된 갈등 관계인 여산부인 조왕신이 머무는 부엌과도 멀찍이 떨어져 있지요. 본처와 첩이 가까이 있어서 좋을 리도 없지만, 청결을 최우선으로 해야 할 부엌과 위생상 가장 취

약한 뒷간은 멀리 두어야만 하는 과학적 근거가 있습니다.
  가족의 건강과 안전을 지키기 위한 필연적인 공간 배치는 신화에도 그대로 녹아들었습니다.

'왜 부엌과 뒷간은 멀리 떨어져 있을까?'
'그러면 부엌신과 뒷간신은 어떤 사이일까?'
'둘 사이에 무슨 일이 있었길래?'

  부엌과 뒷간을 놓고 이야기가 시작되자 조왕신과 뒷간신의 관계가 본처와 첩으로 설정되고, 서로 최대한 떨어져 지내는 사정이 생겨났습니다. 뒷간을 지키는 신을 첩으로 설정하는 부분에서 옛사람들의 상상력이 유달리 재치 있게 느껴지면서도 촘촘한 디테일이 현실성 있게 다가옵니다. 사납고 무서운 신까지도 내 영역 안에 둠으로써 위기를 통제하고 싶었던 마음도 엿보이고요.
  사람이 생활하는 공간이 곧 신의 공간이라는 것, 그래서 우리 집은 나를 보호해주는 신으로 둘러싸인 가장 안전한 곳이라는 믿음을 가진 신앙에서 확인할 수 있습니다.

묵묵히 자리를 지키는 가신들

외양간을 지키는 우마신, 장독대를 지키는 철륭신, 집터를 지키는 터주 이야기는 짤막한 구전 설화 형태로 남겨져 있습니다.

집안의 큰 재산이었던 소와 말은 그만큼 귀하게 다뤄졌고, 이를 지키는 가신이 따로 있다고도 믿었다. 그 신이 바로 우마신이다. 마구간에 우마신이 특히 좋아하는 붉은 팥떡을 차려놓고 소와 말의 건강을 빌었는데, 특히 정월이나 시월의 축일(丑日), 오일(午日)에 이런 고사를 많이 지냈다.

철륭신이 모셔져 있는 공간은 신성한 공간이기에 장독대에 침을 뱉거나 소변을 보면 그 사람에게 큰 탈이 생긴다.

철륭은 보통 집 뒷마당 큰 나무 밑에 모시는 경우가 많은데, 특별한 보고 없이 함부로 그 나무를 베면 집에 우환이 생긴다.

터주항아리에 있는 곡식은 1년에 한 번씩 갈아줘야 하는데, 안에 있던 곡식은 절대 집 밖으로 내보내지 말고 반드시 식구끼리 밥이나 떡으로 해 먹어야 한다.

이 가신들은 인간과 어우러져 살아가면서도 평소에는 큰 역할을 하지 않다가, 자신을 제대로 대접하지 않으면 불현듯 능력을 뽐내며 다시금 존재를 각인시킵니다.

🔥 한국에서 가장 유명한 문신(門神) 처용

2021년 설 연휴, 광화문에는 황금빛 갑옷을 입은 두 장군 그림이 붙었습니다. 문배도[13]라 하는 이 그림에는 나쁜 기운을 물리치고 복을 비는 의미가 담겨 있는데요. 길게도 이어진 코로나19 탓에 몸과 마음이 지쳐버린 국민을 위로하는 문화재청의 기획이었습니다.

〈광화문 문배도〉, 2022.

옛사람들은 기쁜 일도, 나쁜 일도 모두 문을 통해 들고 난다고 생각했습니다. 앞서 함께 본 〈문전본풀이〉에서도 지혜로운 막내아들 녹두생이가 앞문을 지키는 신이 되고, 다른 아들들 또한 뒷문과 다섯 방위의 신으로 좌정하여 집안을 수호하게 되지요. 그런 인식을 떠올려보면 광화문에 장군 그림을 붙인 까닭도 이해됩니다. 우리에게 필요한 건 바로 이런 굳센 기운일 테니까요.

문 앞의 금줄이나 글귀 역시 우리에게는 낯설지 않습니다. 산모와 갓난아이를 감염에서 보호하려는 뜻으로 문 앞에 금줄을 드리워 외부인의 출입을 막았고, 새봄을 맞아 복을 기원하며 입춘대길(立春大吉)이나 건양다경(建陽多慶) 같은 글귀를 붙이기도 했지요.

한국 민간 신앙에서 제일 잘 알려진 문신(門神)이 있습니다. 그럼에도 그 풍습은 자세히 전해지지 않아 아쉬움으로 남지요. 바로 '처용'입니다. 교과서에서 본 향가 한 구절이 떠오르실까요? 『삼국유사』에 기록된 이 오래된 이야기는 처용이 문신으로 인식된 연원을 보여줍니다.

신라 제49대 헌강왕은 동해 개운포에 행차했다가 자욱한 안개 탓에 그만 길을 잃었습니다. 동해 용의 심술임을 알아챈 왕이 그를 위해 절을 한 채 지어주기로 약속하자, 곧 날씨는 다시 맑게 개었지요. 기분이 좋아진 용은 일곱 아들을 데리고 헌강왕 앞에 나타나 감사를 표하고, 그중 한 아들이 수도까지 따라와 왕을 보좌하게 되었는데 그가 처용이었습니다. 왕은 처용에게 벼슬을 내리고 아름다운 여인과 결혼도 시켜주었습니다. 그러던 어느 날, 처용이 집을 비우자 그의 아내를 탐한 역병 귀신이 사람의 모습으로 변해 함께 밤을 보냅니다. 처용이 모든 상황을 알고도 의연히 물러나자 역병 귀신은 이렇게 맹세합니다.

> 역신이 형체를 드러내어 처용 앞에 무릎을 꿇고 말하기를, "제가 공의 아내를 탐내어 오늘 밤 그녀를 범했습니다. 그런데도 공이 노여운 기색 하나 없으시니 깊이 감복했습니다. 맹세코 이제부터는 공의 얼굴을 그려 붙인 것만 보아도 그 문에 들어가지 않겠습니다"라고 하였다. 이로 인해 백성들이 처용의 형상을 문에 붙여서 사악한 귀신을 물리치고 경사를 맞이하게 되었다.
>
> 『삼국유사』 권2 처용랑 망해사

처용의 형상을 대문에 걸어두는 풍습은 신라 시대에서 시작되어 조선 시대까지 이어져 왔습니다. 성현(1439-1504)이 지은 『용재총화』에도 정월 아침의 광경이 묘사되어 있지요.

> 이른 새벽에는 그림을 대문간에 붙이는데 그림은 처용, 뿔 난 귀신, 종규[14], 두건을 쓴 관인, 갑옷을 입은 개주장군, 진귀한 보물을 든 경진보부인, 닭, 호랑이 따위였다.
>
> 『용재총화』 권2

각양각색의 그림으로 대문을 치장하며 한 해의 소원을 비는 장면이 눈앞에 그려지는 듯합니다. 그렇다면 사람들이 걸어두었다는 처용의 형상은 어떠했을까요?『악학궤범』에 상세하게 묘사된 모습을 보자면 그는 턱이 나와 있고, 코는 우뚝 솟아 있으며, 얼굴은 붉고, 치아는 희며 숙어진 어깨에 우그러진 귀를 가지고 있다고 합니다.

그런데 그림 속 처용의 얼굴은 어쩐지 우리 생각과는 달라 보입니다. 역신을 스스로 물러나게 할 만큼 강한 신 같지도 않고, 문배도의 장군처럼 험상궂은 표정을 짓고 있지도 않으니까요. 눈을 휘며 인자하게 웃고 있는 처용은 금세 노래 한 소절에 덩실덩실 춤을 출 것만 같습니다. 눈썰미 좋은 분이라면 그의 외형이 보통 한국인의 생김새와는 다소 다르다는 점도 발견하셨을 겁니다.

처용을 연구한 초기 자료에서는 특이한 외모에 주목하여 그의 정체를 아라비아 상인, 또는 동해 용의 아들로 표현된 설화를 토대로 지방 호족의 아들일 것이라 해석했습니다. 또 어느 학자는 처용이 춤과 노래로서 역신을 쫓는 것으로 보아 무당일 것이라고도 했습니다. 물론 그가 어디에서 온 인물이고, 원래 정체가 무엇이었는지 밝히는 과정은 중요합니다. 하지만 그의 배경보다도 더 주목할 것은 그가 어떤 생각으로 역신을 맞았는가 하는 점입니다. 그 지점에서 처용의 진짜 매력이 드러나지요.

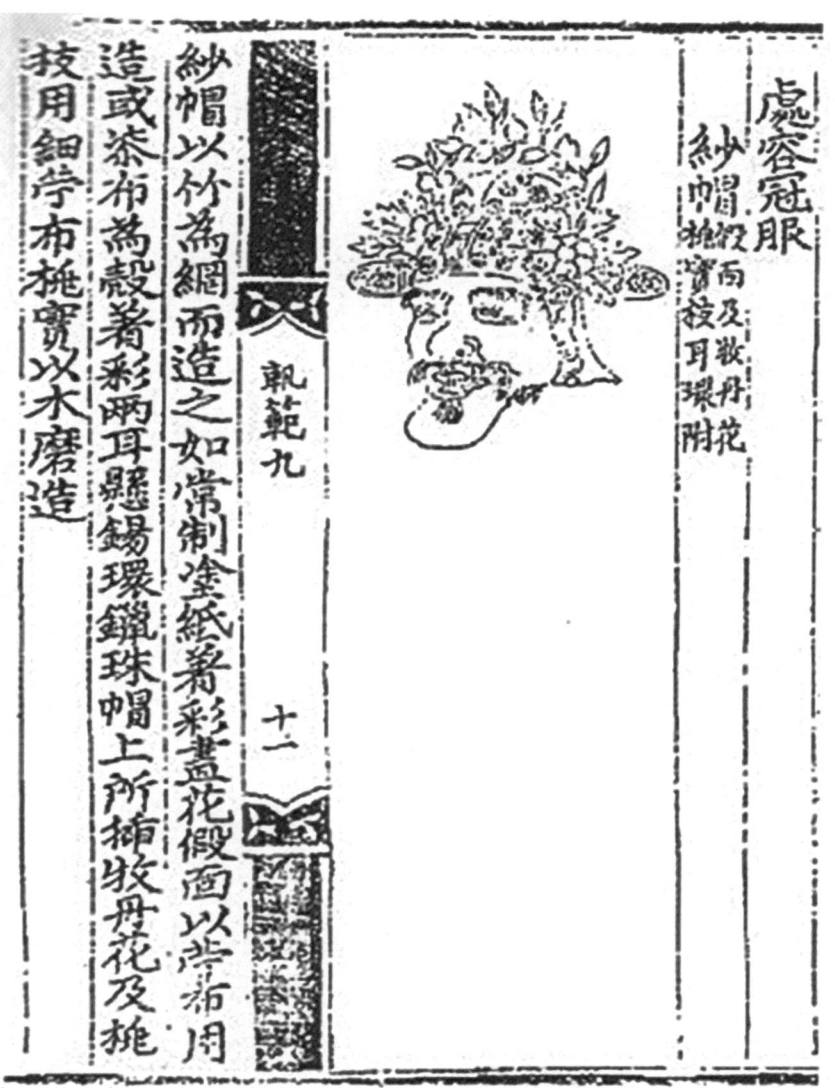

악학궤범에 묘사된 처용

🔥 춤과 노래 뒤에 감춰진 관용의 참뜻

우리가 교과서에서 처용에 대해 배울 때 가장 많이 언급하는 개념은 '관용'이죠. 이 단어를 사전에서는 '남의 잘못 따위를 너그럽게 받아들이거나 용서함'으로 정의합니다. 아내 곁에 다른 남자가 누워있는데, 화를 내기는커녕 춤을 추고 노래를 부르는 처용의 모습은 좀처럼 이해하기 어렵습니다. 어떻게 그런 관용을 베풀 수 있었을까요? 너무 당황한 나머지 이성의 끈을 놓기라도 한 걸까요? 그 마음을 다 헤아릴 수는 없겠지만, 이야기를 잘 살펴서 처용의 속내를 좀 더 정교하게 따져 볼 필요가 있습니다.

> 처용이 밤늦게 집에 돌아와 보니 잠자리에 두 사람이 함께 있는 것이 아닌가. 그는 춤을 추며 이렇게 노래했다.
> "동경 밝은 달에 밤 깊도록 노닐다가
> 들어와 자리를 보니 다리가 넷이러라
> 둘은 내 것인데 둘은 뉘 것인고
> 본디는 내 것이었지만 앗은 것을 어찌할꼬"
>
> 『삼국유사』 권2 처용랑 망해사

지금 처용은 충격적인 상황에도 감정에 동요되지 않고 맡은 일을 묵묵히 수행하는 중이라고 하면 이 장면이 다르게 와닿습니다. 역병 귀신과 동침한 아내를 보고 자포자기하는 심정이라거나 쿨하게 용서한 후 춤추며 노래하는 유희의 의미가 결코 아니며, 문신으로서 본인이 할 수 있는 일을 최선을 다해 행한다고 이해하는 것이 적합하다는 뜻입니다.

처용의 춤과 노래는 문신이 악한 기운을 내쫓는 제의의 형태와 동일합니다. 마치 무당이 굿판에서 춤과 노래를 곁들이는 모습과 같지요. 이런 제의를 거쳤기 때문에 역신은 스스로 물러났습니다. 처용이 눈을 부라리며 윽박질러서 역신을 순간적으로 내쫓는 것이 아니라, 역신이 진심으로 처용의 태도에 눌려 영원히 돌아오지 않으리라 다짐하는 결말을 통해 처용이 문신으로서 얼마나 위대한 능력을 가진 자인지 증명합니다.

요컨대 처용이 우리에게 전달하는 메시지를 관용 한 가지로만 정의하기는 부족합니다. 코로나19라는 예상치 못한 전염병으로 대혼란에 휩싸여 있을 때 우리를 북돋운 메시지는 명확했습니다. 당황하지 않고 제 몫을 다하는 것이야말로 처용 정신의 현대적 모습이었죠. 의료진부터 일반인까지 맡은 일을 놓지 않고 각자 영역에서 최고의 방법을 찾아 나섰기에 위기에도 무너지지 않고 현재를 살 수 있었습니다.

큰일이 생길 때마다 처용 얼굴이 그려진 부채를 나눠주고 대문에 부적을 붙이자는 얘기가 아닙니다. 시대가 변하고, 신에 대한 믿음도 희미해진 이 시점에 처용의 껍데기를 복원한다고 해서 우리가 그 신에 다시 매료될 확률은 희박합니다. 그럼에도 문신 처용은 여전히 유효한 캐릭터입니다. 가정을 침범한 나쁜 기운을 받아들이고 자신이 해결할 수 있는 일을 하나씩 해나갔죠. 그 올곧은 정신이 위기를 극복할 수 있다는 귀감을 전합니다.

쌀 한 톨에서 시작된 삼신의 운명

여러분은 돌잔치 때 무엇을 잡았다고 하나요? 제가 어릴 때만 해도 어른들은 연필이나 판사봉을 잡는 걸 좋아했는데 요즘은 현금이나 골프공 잡기를 바란다고 하더군요. 아기가 어떤 직업을 가지면 좋겠다는 부모들의 소망이야 시대마다 달라질지라도 무탈하고 건강하게 자라길 바라는 마음만은 모두 같을 겁니다.

아, 변하지 않는 것이 하나 더 있습니다. 상차림입니다. 어떤 돌잔치 사진이든 함박웃음을 짓는 아기 앞에는 쌀밥과 미역국·백설기·수수팥떡이 빠지지 않는데요. 생각해 보면 치아가 예닐곱 개나 났을까 싶은 아기가 좋아할 리도, 먹을 수도 없는 음식이니 이 돌상을 받을 분은 따로 있는 듯합니다.

사실 이 음식은 아기가 지금껏 잘 클 수 있게 애쓴 삼신을 위한 차림입니다. 백설기의 '백'자는 숫자 100(百), 흴 백(白)과 음이 같습니다. '신성함, 완전함, 맑음, 순수'라는 뜻에서 아기가 깨끗한 몸과 마음으로 튼튼하게 자라라는 기원이 담겨 있고, 붉은색의 수수팥떡은 악한 것을 쫓고 액운을 막는 의미를 담아 삼신께 대접하고 그의 은혜를 받으려 했지요.

삼신의 이름에 대해서는 여러 이견[15]이 있지만 자녀를 점지하고 출생과 성장을 관장하는 가신이라는 인식은 일치합니다. 우리에게는 삼신할머니라는 이름이 더 익숙한데요. 할머니란 꼭 나이 든 여성을 의미하는 것이 아니라 태초의 어머니, 여신이라는 뜻도 있기에 통칭해서 삼신으로 부르겠습니다.

삼신은 아기의 탄생부터 성장까지 쭉 함께합니다. 아기를 점지하고, 산모가 무사히 출산할 수 있도록 돕고, 아기가 열 살이 될 때까지 건강하게 자랄 수 있도록 지켜준다고 하죠. 따라서 사람들은 삼신에게 감사한 마음을 전하고 앞으로도 계속 보살펴 주십사하는 소망을 담아 삼신상을 차렸습니다.

집안의 미래이기도 한 아기의 운명을 결정짓는 신이기에 삼신이 깃들어 있다고 여겨지는 신체(神體)는 옛사람들에게 매우 소중한 것이었습니다. 이 신체는 함부로 만질 수 없도록 안방 시렁[16] 위에 놓거나 아랫목 위쪽에 높이 매달아 보관했지요. 안방은 가족이 태어나고 죽기도 하는, 삶의 시작과 끝이 머무는 중요한 공간이었기 때문입니다.

삼신의 신체에 꼭 빠지지 않는 것은 쌀입니다. 어떤 집은 쌀이나 실타래, 미역 등을 한지에 싸기도 했고, 또 어떤 집은 단지 안에 쌀만 담아 삼신단지라 칭하며 때마다 햇곡식으로 갈아주는 풍습이 있었습니다.

가옥의 형태가 변하면서 삼신의 신체를 모시는 집을 이제는 찾아보기 어렵지만 삼신을 위한 상차림은 여전히 유지되고 있습

삼신단지, 2009

니다. 예로부터 삼신상에는 보통 쌀밥과 미역국, 정화수를 올렸는데 요즘도 그 풍습을 이어가지요. 앞서 말했듯 이런 잔치는 모두 아기 건강을 지켜준 삼신의 은혜를 되새기는 의미가 크기 때문입니다.

이제 삼신에 대한 궁금증을 조금 더 풀어가 봅시다. 삼신은 어떤 사연으로 아기와 산모를 수호하게 되었을지, 이 신을 모실 때는 왜 쌀이 연관되는지 말입니다. 이 이야기는 무속 신화로 전해오는데 〈당금애기〉[17]라고 불리는 서사무가입니다. 〈당금애기〉는 전국에서 채록된 각편이 60여 편이나 되는데요. 그만큼 삼신 신앙이 오래도록 널리 퍼져 있었다는 방증입니다.

당금애기는 부잣집 고명딸로 태어나 많은 사랑을 받고 자랐다. 어느 날 가족 모두 볼일을 보러 떠나고 당금애기와 시녀, 단 둘만 집에 남았다. 이때 한 스님이 시주를 받으러 왔는데, 시녀를 시켜 시주를 했는데도 스님은 당금애기에게 직접 새 쌀로 받아야겠다며 우긴다. 당금애기가 그 말을 따르지만 스님의 바랑이 찢어져 쌀을 모두 흘렸다. 이번에도 스님은 당금애기가 쌀을 한 알 한 알 손으로 주워 담아야 정성이 되고 부모님이 무사히 돌아올 것이라고 말한다. 쌀을 담다 보니 어느새 밤이 되었고, 스님은 당금애기와 같은 방에서 자겠다고 청한다. 그날 당금애기는 구슬 세 개를 삼키는 꿈을 꾸는데, 이튿날 스님이 돌아가고 얼마 지나지 않아 태기를 느꼈다.

귀가한 가족들이 모든 사실을 알고 당금애기를 토굴에 내다 버렸다. 당금애기는 열악한 환경에서도 혼자 삼 형제를 낳고 길렀다. 삼 형제가 자라서 아비 없는 자식이라고 무시를 당하자 어머니 당금애기에게 아버지의 존재를 묻고, 스님을 찾아 나선다. 스님의 친자 확인 시험[18]을 통과한 삼 형제는 제석신으로, 당금애기는 삼신으로 봉해진다. 이후로 제석신은 사람의 수명을 관장하고 재복을 주는 신으로 모셔지고, 삼신은 아이를 점지하고 보호하는 신으로 대접받는다.

<당금애기>

당금애기는 처음부터 독립적이고 강한 사람이 아니었습니다. 딸이 귀한 집안에서 태어나 부모와 오빠들의 과보호 속에 자란, 말 그대로 금지옥엽이었죠. 그러나 예기치 못한 임신으로 집에서

쫓겨나 토굴에 버려지면서 그녀의 삶은 완전히 바뀝니다. 그때만 해도 모두 그녀가 거기서 끝날 거라 믿었을 겁니다. 당금애기 자신조차도요.

하지만 당금애기는 그 모든 어려움을 견뎌냈습니다. 열악한 환경 속에서도 무사히 출산했고 끝내 혼자 힘으로 아이들을 훌륭하게 키워냈지요. 아이들이 아버지를 찾아 떠나는 그날까지 그녀는 엄마이자 보호자, 생존의 길잡이였습니다.

물론 지역마다 전해지는 이야기에는 조금씩 차이가 있습니다. 하지만 하나만은 분명합니다. 당금애기는 수많은 고비 속에서도 결국 자신과 아이들의 삶을 지켜냈다는 점입니다. 누군가의 보호 아래에만 머물던 인물이 삶의 바깥으로 나와 비로소 성장한 것이죠.

신화를 읽던 눈을 현실로 돌려 보아도 상황은 비슷합니다. 당금애기만큼은 아닐지라도 뭇 여인들이 엄마가 되기 위해서는 저마다의 고난과 맞서 싸워야 하지요. 이로써 자식을 갖고 싶은 여인, 우환으로부터 아이를 보호하고 싶은 여인들은 항상 삼신께 자신들의 염원을 빌곤 했습니다. '당신이 그러했던 것처럼 저도 지금 이 위기를 잘 이겨나갈 수 있도록 힘을 나누어 주세요' 하고 말이지요.

삼신을 모시는 상차림에 늘 쌀이 빠지지 않는 이유는 당금애기가 연약한 소녀에서 어머니로, 보호받는 이에서 책임지는 이로 바뀌는 데 이 곡식이 매개체가 되었기 때문입니다. 쌀을 통해 남자를 만나고, 인내와 정성을 배우고, 마침내 생명을 품게 되니 말입니다. 그렇기에 그녀의 성장과 변화를 상징하는 쌀이 삼신상 위의 한 자리를 맡는 건 무척이나 자연스럽습니다.

🔥 제주도 삼승할망, 소원 하나 더 들어줍서예

한편, 제주도에는 삼승할망이라 불리는 신이 있습니다. 육지의 삼신과 비슷한 이름이죠? 하는 일도 같습니다. 임신·해산·육아에 특화된 신이죠. 그런데 삼승할망 이야기에는 몇 가지 독특한 지점이 있습니다. 원래 삼승할망 노릇을 하던 여신이 있었는데, 더 강한 능력을 가진 또 다른 삼승할망이 나타나 둘 사이에 경쟁이 벌어집니다.

동해용궁 아버지와 서해용궁 어머니 사이에서 태어난 동해용왕 따님애기는 자라면서 불효를 일삼다 끝내 내쫓기게 되었다. 어머니는 딸에게 인간 세상으로 내려가 아이를 낳고 기르는 생불왕(삼승할망)이 되라고 하는데, 해산시키는 방법을 일러주기도 전에 딸은 무쇠 석갑에 갇혀 바다에 던져지고 만다. 한편 자식이 없던 임박사가 우연히 석갑을 발견해 동해용왕따님애기를 구해주고, 그녀는 그 보답으로 임박사의 부인이 잉태할 수 있게 돕는다. 하지만 해산 방법까지는 몰랐기에 부인은 출산하지 못한 채 죽을 지경에 이른다. 이때 옥황상제가 나서서, 현명한 명진국따님애기를 내려보내 문제를 해결하게 한다. 그러나 두 여신은 누가 삼승할망이 될 자격이 있는지를 두고 다투게 되고, 옥황상제는 각자의 꽃밭에 꽃을 피워 승부를 가르라고 한다.

명진국따님애기의 꽃밭에는 사만 오천육백 가지의 번성꽃이 피어난 반면, 동해용왕따님애기의 꽃밭에는 시든 금뉴울꽃 한 송이만 피었다. 결국 삼승할망 자리는 명진국따님애기에게 돌아가고, 동해용왕따님애기는 15세 이전에 죽은 아기들의 영혼을 돌보는 구삼승할망이 되었다. 패배를 받아들이지 못한 구삼승할망은 명진국따님애기가 점지한 아기에게 백일 이내에 12가지 병을 내려 저승으로 데려가려 한다. 그러자 명진국따님애기는 산모가 삼승할망에게 대접할 때 구삼승할망에게도 정성을 바치게 하겠다고 약속하고, 이에 구삼승할망도 마음을 푼다.

〈할망본풀이〉

제주도 무속신화 〈삼승할망본풀이〉의 동해용왕따님애기는 인덕, 능력 모두 기준 미달인 인물입니다. 그녀는 아버지 수염을 뽑고 어머니 젖가슴을 쥐어뜯은 죄로 죽임을 당할 뻔하다가 간신히 인간세계로 쫓겨나 삼승할망으로 살게 되지요. 게다가 잉태만 시킬 뿐 해산시키는 법을 알지 못해서 산모와 아기 모두를 위태롭게 합니다.

이러한 신화는 옛사람들의 경험에 바탕을 두고 만들어졌습니다. 과거의 출산이란 산모와 아기 모두 하늘에 운명을 맡겨야 하는 일이었습니다. 감염과 출혈, 열악한 의료 환경, 부족한 영양은 연약한 두 신체에 치명타로 작용했을 것입니다. 이 같은 이유로 사람들은 더 많은 능력, 그러니까 산모와 아기를 무사히 지키는 능력까지도 삼승할망에게 원하기 시작했습니다. 처음에는 아기만 점지해 줘도 대단하다고 숭배받던 삼승할망이 어느덧 '구(舊)삼승할망'이 되고, 더 많은 역할을 해낼 수 있는 새 삼승할망이 그 자리를 대신 차지하게 되었지요.

이런 기대감을 채워줄 명진국따님애기는 동해용왕따님애기에 비해 여러모로 뛰어납니다. 아기를 점지하는 능력을 상징하는 번성꽃은 사만 오천육백 가지요, 해산도 수월하게 해결하지요. 인품은 또 어떤가요? 그녀는 내기에서 져서 패악을 부리는 동해용왕따님애기를 쫓아내지 않고 잘 달래서 '아기가 태어난 지 백일이 되면 네게도 상을 차려주겠다'고 약속합니다. 요즘의 백일잔치는 아기와 부모를 위한 자리 같지만, 그 원형은 수고한 삼승할망께 감사를 올리고 아기가 저승할망의 훼방으로 턱없이 일찍 세상을 떠나지 않도록 기원하는 의미였음을 이 이야기를 통해 알 수 있습니다.

권위를 잃은 곰신의 흔적이 공주 곰나루터 이야기로 변화되었듯이, 구삼승할망 역시 지위가 낮아지기는 했지만 저승에서 여전히 아기들의 영혼을 지키고 있습니다. 이처럼 기존의 신을 완전히 밀어내지 않고 고유의 능력을 일부 인정하며 독자적 신격으로 계속 모시는 점도 한국 신화의 매력 중 하나입니다.

그런데 사람들이 삼승할망에게 기대하는 모습은 여기서 끝나지 않습니다. 바다는 메워도 사람 욕심은 못 메운다지 않습니까?

삼승할망은 천연두신 대별상 큰마누라를 찾아가 자신이 점지한 아기들을 잘 봐달라고 부탁한다. 그러나 대별상은 앞길을 막았다며 오히려 노여움을 터뜨리고 아기들이 더 심하게 천연두를 앓게 한다. 분노한 삼승할망은 대별상 부인의 해산을 모른 척하고, 부인은 끝내 죽을 지경에 이른다. 결국 대별상은 삼승할망 앞에 무릎을 꿇고 부인의 출산을 도와달라며 간청한다. 삼승할망은 그의 청을 받아들여 해산을 도왔고, 대별상 역시 보답으로 삼승할망이 점지한 아기들이 천연두를 가볍게 앓고 지나가도록 해주었다.

〈마누라본풀이〉

천연두신의 내력을 밝히는 제주도의 〈마누라본풀이〉에는 이 무서운 질병의 신과 삼승할망의 대결이 묘사됩니다. '마누라'란 성별 구분 없이 왕족을 높여 부르는 옛 호칭인데, 천연두가 어찌나 공포스러웠던지 이 신을 극도로 존대하는 별칭으로도 쓰였습니다. 그리고 삼승할망은 천연두신을 상대로 꽤 만족스러운 결과를 이끌어냅니다.

아기를 낳은 기쁨도 잠시, 허무하게 떠나보내야만 하는 일이 잦다 보니 옛사람들은 이제 삼승할망이 질병까지 제어할 수 있기를 바란 것입니다. 삶의 크고 작은 소망들이 점차 하나의 신에게 모여들고 있지요. 한 가지 역할만 하는 신보다는 이왕이면 뭐든 다 해주는 신이 낫다는 생각의 흐름이 엿보입니다.

서천꽃밭 식물도감

서천꽃밭은 인간의 기원에 대한 물음을 품고 창작된 신화 속 정원입니다. 이승과 저승 사이에 있으며, 삼승할망이 하늘에서 받아온 꽃씨로 처음 만들어냈죠. 이후 〈이공본풀이〉, 〈세경본풀이〉, 〈문전본풀이〉등 여러 신화에 공통적으로 등장합니다.

· 생불꽃: 아이를 잉태하게 하는 꽃

삼승할망에게 이 꽃을 받은 여인은 머지않아 아이를 품게 된다.

· 번성꽃: 아이의 운명과 집안의 흥망을 결정

동쪽 푸른 꽃은 사내아이, 서쪽 하얀 꽃은 여자아이, 남쪽 붉은 꽃은 장수, 북쪽 검은 꽃은 단명, 중앙의 노란 꽃은 출세를 점지한다. 부귀꽃, 빈곤꽃, 쇠락을 알리는 금뉴울꽃도 있으니 신중히 선택해야 한다.

· 멸망꽃과 수레멜망악심꽃: 삶을 끊고 대를 멸하는 저주의 꽃

단 한 송이로 원수를 쓰러뜨릴 수 있다. 악인을 벌한 뒤 그 피붙이까지 모두 멸족시킨다.

· 환생꽃: 죽은 자를 되살리는 꽃

뼈살이꽃·살살이꽃·피살이꽃·숨살이꽃·혼살이꽃은 각각 죽은 이의 뼈·살·피·숨·혼을 불러온다. 단, 이 꽃들을 전부 모아야 비로소 망자의 생명이 되돌아온다.

· 감정조절꽃: 인간의 감정을 조작하는 꽃

웃음웃을꽃은 미친 듯 웃게 만들고, 울음울을꽃은 울음을, 싸움싸울꽃은 형제도 원수로 만든다.

· 서천꽃밭 관리자 할락궁이

아버지 사라도령의 대를 이어 꽃감관이 된 자. 서천꽃밭의 모든 꽃은 그의 감독하에 외부로 나갈 수 있다.

4
다 같이 잘살게 해주는 우리 마을신

🔥 밥벌이부터 대소사까지, 마을신의 손길

학창 시절 제 책상 주변에는 좋아하는 연예인 사진이 잔뜩 붙어 있었고 지금은 사랑하는 가족사진이 곳곳에 놓여 있습니다. 보면 기분이 좋아지고, 나를 지켜줄 것 같은 대상을 곁에 두고 싶은 심리는 동서고금을 막론합니다.

그런 의미에서 마을과 그 안에 살아가는 사람들을 수호하는 신, 곧 마을신을 동네 곳곳에 모신 것은 자연스러운 현상이었습니다. 한 번쯤 들어보았을 서낭·장승·솟대가 이 신의 이름입니다. 이들은 모두의 안녕을 위하는 신이기에 마을 안에서만큼은 절대적인 존재로 인식되었습니다. 마을신은 마을 어귀, 높은 동산 또는 많은 사람이 오가는 길가에 돌무더기, 오래된 나무, 장승이나 솟대 같은 형상으로 모셔두었습니다. 여기만큼은 신의 보호 아래 안전하게 다닐 수 있는 공간임을 강력히 드러내기 위해서지요. 마을신은 사람들 곁에 머무르며 필요할 때마다 도움을 청할 수 있는 신으로 여겨졌습니다.

예전에는 공동 생활 공간이 많고, 마을 사람들 대부분이 같은 생업에 종사했기 때문에 마을신을 함께 모시는 데에도 적극적이었습니다. 대표적으로 뱃일이 그렇습니다. 망망대해 위의 배 한 척에서 서로 의존하지 않으면 안되는 환경이죠. 게다가 수익을

〈장승과 돌무덤〉, 2025.

모두가 공유하는 구조이기에 복도 함께 누리고, 혹여나 신의 노여움을 사면 재앙도 함께 감당해야 했습니다. 자연히 한 마을 사람들이 같은 신을 함께 모시고 위험 요소를 줄이려 했다고 볼 수 있습니다. 그 신을 모시지 않아 생긴 피해는 결코 개인이 감당할 수 있는 수준이 아니었을 테니 말입니다.

이런 맥락에서 마을 사람들은 공동의 삶터를 지키는 신이나 생업에 복을 내리는 신을 중심으로 신앙을 형성했습니다. 그 가운데서도 서낭신과 풍어신은 중요한 위치를 차지합니다. 이제 이 두 신을 조금 더 깊이 알아볼까요?

🔥 금기를 어긴 며느리를 서낭신으로 섬기는 까닭은

최전방에서 활약하는 신이 있습니다. 내 편이면 든든하고, 만약 상대편이면 쉽지 않겠다는 인상을 남기지요. 말 그대로 우리 편에서 적과 가장 가까이 대치하고 있는 존재라는 점에서 이 신은 제법 무게감이 느껴집니다.

우리 마을에 무슨 일이 생길세라 입구를 든든히 지키고 선 이 신의 이름은 서낭입니다. 서낭신의 모습은 지역에 따라 돌무더기 형태기도 하고, 가장 크고 오래된 나무를 서낭신으로 모시기도 했습니다. 나무에 사람 얼굴 모양을 새겨 천하대장군·지하여장군이라고 써넣은 장승 형태도 있습니다. 이 모든 요소를 합해 나무 주변에 돌을 함께 쌓아 둔 경우도 있고요.

　이들은 모두 마을 초입에 세워져 안팎을 나누는 경계이자 외부의 액운을 막아내는 방패 역할을 했습니다. 사람들이 늘 지나다니는 곳이다 보니 수시로 기도를 드리는 일도 많았지만 정월 초하루나 정월 대보름처럼 특별한 날엔 다 같이 서낭신을 위한 제의를 올리기도 했습니다.

　서낭신에게 바치는 정성은 여느 신을 모실 때와 비슷합니다. 정화수를 떠놓고 두 손을 비비거나 제물을 차리지요. 다만 서낭신에게는 특이한 치성이 추가됩니다. 돌을 던지거나 침을 뱉으며 지나가야 신이 기뻐한다고 믿었고, 그래서 소원을 빌 때도 반드시 그런 행위를 곁들였다는 겁니다. 놀랍고도 의아할 따름입니다. 모욕적인 행동에 기뻐하는 신이라니, 뭔가 큰 비밀이 숨겨져 있을 것 같지 않나요?

　서낭신의 비밀을 담은 〈장자못 전설〉은 전국 각지에서 전승되는 설화입니다. 교과서에도 〈용소와 며느리 바위〉라는 제목으로 수록되어 대강의 내용을 아는 분이 많으리라 짐작합니다. 그러나 이전에는 마을 최고 부자이면서도 인색하기 짝이 없는 장자의 인과응보에 초점을 두고 보았다면 오늘은 뒷부분을 눈여겨 보기 바랍니다. 선한 행동을 하고도 돌이 되어버린 며느리의 이야기 말이지요.

　한 스님이 시주를 받으러 마을에서 가장 큰 부자인 장자집으로

갔다. 그런데 장자는 스님을 보자마자 화를 내며 바가지에 똥을 담아 모욕하고 쫓아냈다. 이 광경을 지켜보던 장자의 며느리가 스님에게 사과하며 새 바가지에 쌀을 가득 담아 시주하였다. 스님은 며느리에게 "지금 곧 집을 떠나되, 어떤 소리가 나든 절대 뒤를 돌아보지 말라"고 알려준 후 떠난다. 며느리는 스님의 말을 듣고 집을 나섰지만 이내 뒤에서 천둥 같은 굉음과 함께 집 무너지는 소리가 들려왔다. 놀란 그녀는 뒤를 돌아보고 말았다. 그 순간 장자집은 모두 무너져 호수가 되었고, 며느리는 조금 떨어진 곳에 돌이 되었다. 악행을 일삼은 장자는 마땅한 벌을 받았지만, 착한 일을 하고도 신의 금기를 어겨 돌이 된 며느리를 안타깝게 여긴 마을 사람들은 그 돌을 기려 서낭신으로 모시게 되었다.

〈장자못 전설〉

며느리는 스님에게 시아버지의 잘못된 행동을 대신 사과하고 정성스레 시주한 덕분에 탈출할 기회를 얻게 되었습니다. 따르기도 쉬운 미션이죠. 그러나 그녀는 결국 뒤를 돌아보았고 돌이 되었습니다. 거기에는 이유가 있었는데, 왜였을까요?

장자의 집을 호수로 만들고 며느리조차 돌로 변하게 한 스님은 아마도 신이었을 겁니다. 뒤를 돌아보지 말라는 금기는 며느리가 신의 세계로 편입될 수 있을지를 결정하는 시험인 동시에 미련, 정 같은 인간으로서의 속성을 버릴 수 있는지 확인하는 마지막 과정입니다. 며느리는 착한 마음씨 덕에 신에게 선택받았지만 같은 이유로 가족을 저버리지 못했습니다. 장자는 스님을 아무렇지 않게 모욕할 만큼 거칠고 탐욕스러운 인물이었죠. 며느리는 이런 장자의 집에서 벗어날 수 있었는데도 그렇게 하지 않았습니다. 그 공간에는 장자뿐 아니라 남편과 아이도 함께 살고 있기 때문이지요.

타락한 공간은 이제 물로 말끔히 정화되었고, 가족을 택한 그녀는 그 곁에서 절대 변하지 않는 속성의 돌이 되어 사람들에게 귀감을 전합니다. 죄 없이 돌이 된 이 여인은 언제고 인간 곁에 남을 인물로 여겨집니다. 그래서 역설적으로 사람들은 금기를 어긴 그녀를 사랑합니다. 끝내 인간성을 버리지 않은 그녀를 잊지 않기 위해 돌을 보태고 보태며 수호신으로 섬기고 있죠.

처음에는 분명 '어떻게 신에게 돌을 던져?'라고 생각했지만, 서낭신에게 돌이란 '사람들이 나를 추억하며 그 형상이 없어지지 않도록 해주는 것'이기 때문에 이 행위는 경배와 다름없습니다. 나를 좋게 기억하는 이가 늘어날수록 행복하고, 또 이들에게 뭐라도 보답하고 싶은 마음이 드는 건 자연스러운 현상이겠죠.

🔥 퉤! 신을 향한 선물 증정식

만약 누군가에게 줄 선물을 고르라면 나의 취향보다는 상대방이 무엇을 좋아하고 필요로 하는지를 제일 먼저 고려하지 않을까 싶습니다. 그래야 받는 사람의 기쁨도 커지고 나 역시 조금 더 벅찬 기분을 느낄 수 있을 테니 말입니다.

이런 원리는 신에게 선물을 바칠 때도 적용됩니다. 우리가 '제물'이라고 부르는 것이죠. 신의 힘을 빌리고 싶다면, 신이 가장 좋아하는 걸 바쳐야 그 마음을 알아차리고 소원을 들어줄 가능성도 훨씬 커지니까요.

(침을 한껏 모아 뱉으며) 이 침에 제 마음을 실었으니 부디 서낭님, 들어주시옵소서!

그런데 서낭신을 향한 숭배 의식에서는 침을 모아 뱉는 경우를 흔히 볼 수 있습니다. 소원을 빈다면서 이렇게 불경한 짓을 하면 오히려 저주를 받지나 않을까 싶은데요. 결론부터 이야기하면 침은 서낭신이 가장 바라는 선물입니다. 이 모욕적인 행동이 신에게는 왜 가장 값진 것이 되었을까요? 그 답을 품고 있는 이야기 하나를 같이 보겠습니다.

집안 살림은 전혀 돌보지 않고 오로지 과거 공부에만 전념하는 선비가 있었다. 부인은 참다못해 집을 뛰쳐나왔다. 그런데 얼마 지나지 않아 선비는 과거 급제를 하고, 이 소식을 들은 부인은 선비를 찾아가 다시 부부의 연을 맺자고 간청한다. 그러나 선비는 부인에게 물 한 그릇을 떠 오게 한 다음 그것을 땅에 부어버리고,

바닥에 쏟아진 물을 다시 그릇에 채울 수 있다면 합치겠다고 이야기한다.

다급해진 부인은 그릇에 침이라도 뱉어 보았지만, 그릇을 다 채우지 못하고 선비는 결국 떠나간다. 상심한 부인은 스스로 목숨을 끊었다. 이후 사람들은 가엾은 부인을 위해 마을 어귀에 돌무덤을 만들고 서낭이라 부르며 그 앞을 지날 때마다 침을 뱉어 부인의 한을 풀어주고자 했다.

〈강태공과 마씨 부인〉

이 이야기는 한국 서낭신의 근원 설화 중 하나로 전국 각지에 다양한 각편[19]이 전해집니다. 여기 소개한 것처럼 선비와 부인으로 표현되기도 하지만 강태공과 마씨 부인이라는 고유 명사로 불리기도 하는데요. 이는 낚시를 하며 때를 기다리는 강태공의 느긋한 모습이 이야기 속 선비의 태도와 닮아 있기 때문으로 보입니다.

핵심은 죽은 부인에게 바쳐진 침의 의미를 어떻게 해석하느냐에 달려 있습니다. 일부는 남편을 떠났던 부인을 못마땅하게 여겨 멸시하려는 뜻으로 침을 뱉는다고 해석하기도 합니다. 하지만 그보다는 어떻게든 실수를 만회해보려는 간절한 정성이 사람들의 마음을 움직였다고 보는 견해가 많습니다. 결국 그녀를 신으로 모신다는 사실이 그 증거라 할 수 있지요. 사람들은 생전에 그녀가 그토록 원했던 침을 선물처럼 바치며 소망을 이루어주려는 것입니다.

누군가 묻습니다. 그까짓 침 한번 뱉는 게 별 대단한 일도 아닌데 무슨 선물이 되겠냐고 말이죠. 그러나 옛사람들에게는 신체 일부분이 곧 나 자신이라는 인식이 있었습니다. 손발톱, 머리카락을 함부로 하지 말라고 했던 것처럼 침도 아무 데나 뱉지 말아야 한다고 했죠. 그러니 이들에게 침은 더러운 분비물이 아니고 영혼이 담긴 작은 성물(聖物)입니다. 가여운 부인이 절실히 원하던 것이기도 하고요.

그리고 사람들은 그녀를 향한 이 순수한 증여에 슬그머니 소원을 얹었습니다. 서낭신이 된 부인이 이번엔 자신들의 바람을 들어주길 바라면서요. 우리 대부분이 그러하듯이 신 또한 자신이 힘들 때 도와준 이를 잊을 수 없을 테니 말입니다. 이렇게 서낭신에게 침을 뱉으며 빈 소원은 꼭 이루어졌다고 하고, 이 영험한 이야기는 끊임없이 이어져 왔습니다.

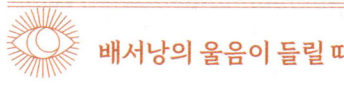 ## 배서낭의 울음이 들릴 때

마을 어귀에 서낭신이 있다면, 배에는 선원들을 수호하는 배서낭이 있습니다. 배서낭의 성별은 배를 구입할 때 선주와 가족들이 꾼 꿈에 따라 정해지는데 대체로 젊은 여성으로 여겨져 '애기씨'라고 불리기도 합니다. 선원들은 배서낭의 마음을 얻기 위해 예쁜 치마저고리와 꽃신, 화장품, 빗, 바느질 도구 등을 정성껏 상자에 넣어 둡니다. 당그릇이라 하는 이 상자를 신의 몸이라 믿었기 때문이죠. 남서낭의 경우엔 실로 묶은 명태를 모셨는데 명태는 바다의 모든 소리를 듣고 큰 눈으로 천리를 보며, 큰 입으로 부귀영화를 불러온다고 믿었기 때문입니다.

배는 움직이는 순간부터 선원들의 생사가 달린 공간으로 변합니다. 바다는 늘 예측 불가능하기에 선원들은 항상 긴장했고, 배서낭의 심기를 거스르지 않고 끝까지 순항하길 기원했습니다. 특히 배와 바다에서 들리는 여러 소리를 '배서낭의 울음'이라 칭했습니다. 이 소리가 출항 전에 들리면 배를 띄우지 않았고, 항해 중에 들리면 선원들은 숨소리까지 죽인 채 조용히 기다렸다고 하지요. 소리가 심할 때는 소금이나 쌀을 뿌려 부정한 기운을 몰아내고자 했습니다.

이러한 풍습은 바다라는 냉혹한 환경에서 비롯됐습니다. 날씨와 파도의 변화에 민감할 수밖에 없었던 선원들에게는 아주 사소한 소리와 흔들림도 생존과 직결되는 문제였으니까요. 불안 속에서도 무사와 풍어를 기원했던 마음은 이렇듯 배서낭 신앙으로 이어졌습니다.

🔥 살아서는 장군, 죽어서는 조기의 신 임경업

"전군은 하선하여 가시나무를 구해 오라!"

장군은 칼자루를 내려놓고 군사들이 모아온 가시나무를 바다에 촘촘히 꽂아 넣기 시작했습니다. 갈 길이 멀지만 어쩌겠습니까. 배 안에 먹을거리가 뚝 떨어졌으니 말이죠. 그런데 이 장군, 무예 실력이 출중한 줄은 알았지만 의외로 손재주가 일품입니다. 밀물이 모두 빠져나가자 촘촘한 가시나무에는 씨알 굵은 조기가 잔뜩 걸려들어 있었습니다. 끼니를 걱정하던 군사들은 어느새 장군의 이름을 연호합니다. "임경업 장군 만세!"

뜻밖의 이름입니다. 조선 중기의 무신 임경업(1594~1646) 장군의 생애는 영광과 비운으로 점철되었습니다. 일생을 병자호란의 치욕을 씻고자 분투했고, 임진왜란 때 조선을 도와준 명나라를 끝까지 배신하지 않고 청나라에 맞서 싸우다가 결국 반역자로 몰려 원통한 죽음을 맞고 말았죠.

이날 장군은 병자호란 때 볼모로 잡혀간 소현세자와 봉림대군을 모시러 청나라에 가던 길이었습니다. 한양[20]에서 출발한 배는 식량이 충분치 않아 인천 연평도 부근에서 멈춰 섭니다. 평생 전장만 넘나들었을 임경업 장군이 가시나무로 조기를 잔뜩 잡는 모습은 어민들에게 강렬한 인상을 남겼습니다. 연평도 사람들은 장군의 방법을 따라 하여 만선을 이룰 수 있었고, 충민사라는 사당을 지어 장군을 마을신으로 모셨습니다. 이 이야기는 섬 곳곳의 안내판과 현지인들을 통해 지금까지도 전승되어 옵니다.

장군과 조기라니, 선뜻 연결 짓기 어렵습니다. 이 기묘한 조합을 하나씩 찬찬히 살펴보면 그 실마리가 풀릴 듯도 한데요. 지금이야 고등어·오징어에 그 자리를 내주었지만[21] 조기는 한때 유명세가 드높은 생선이었습니다.

- 그해의 새로 난 석수어(조기의 옛 명칭)를 종묘에 바쳤다(『태조실록』 1397년 4월 1일).
- 명나라 황제는 석수어 알젓을 포함한 수십여 가지의 진상품을 요구하였다(『성종실록』 1478년 12월 21일).
- 석수어는 남쪽 연평에서 나고, 봄과 여름에 여러 지역의 고깃배가 모두 여기 모여 그물로 잡는데 관에서 그 세금을 거두어 나라 비용에 쓴다(『세종실록』 152권 지리지 황해도 해주목).

임경업 장군이 태어나기도 전부터 이미 조기는 왕실의 제사상에 올랐습니다. 명나라에서 요구할 만큼 맛도 좋고 세금을 내야 할 만큼 많이 잡히기까지 하니 조선 서해안의 어부들은 해마다 조기 어업에 거는 기대가 아주 컸을 겁니다. 『세종실록』의 내용으로 미루어 짐작해 볼 때, 이들은 주로 그물을 사용했을 것 같습니다.

그런데 장군이 바다에 가시나무를 꽂아 넣어 조기를 잡는 방

김홍도, 〈고기잡이〉, 18세기

법은 한국의 전통 어법인 '어살'입니다.

어살은 조선 후기 화가 김홍도의 〈단원풍속도〉에 그 모습이 잘 묘사되어 있습니다. 김홍도는 민중들의 삶과 당대의 풍속을 화폭에 담아냈는데, 어촌의 풍경으로 어살을 택했다는 점을 보면 조선 후기에 와서는 흔한 어법으로 자리 잡았음을 알 수 있습니다. 세계의 해양 문명사를 연구해 온 주강현 선생님은 우리나라 서해안의 지형에 어살이 적합하고, 조선 시대에는 특히 청어와 조기를 잡는 어살이 가장 큰 이득을 올렸다고 했습니다.

당시 연평도 어민에게 장군이 알려준 어살은 그들에게 있어서 무척 획기적이고 본받을만한 기술이었을 듯합니다. 그러니 어민들은 조기를 많이 잡게 해주는 이 든든한 장군이 얼마나 좋았겠습니까? 조선 중기에 연평도에서 시작된 '임경업 신앙'은 조기가 이동하는 물길을 따라 황해도, 인천, 경기도, 충청도까지 확장됩니다. 이후로 서해안 어민들은 장군을 모시는 사당을 짓고 출항 전후로 꼬박꼬박 예를 올렸습니다.[22]

마을신이라 하니 작은 고깃배 몇 척 앞의 소박한 제사상이 연상될지도 모르겠습니다만, 이 신앙이 얼마나 크고 강력했는지는 서해안 조기 어업의 규모로 유추할 수 있습니다. 특히 연평도는 전남의 흑산·칠산 어장과 더불어 3대 조기 어장으로 이름을 떨쳤는데요. 연평도는 조기가 산란을 위해 북으로 이동하는 길목에 있고, 조기가 이곳에 닿을 때쯤이면 살이 올라 크고 기름진 상태로 잡혔다고 하지요. 4월부터 6월까지 조기철이 되면 이 황금

어장으로 전국의 배들이 몰려왔습니다. 이 광경을 1940년대의 한 일간지는 이렇게 보도합니다.

> 금년의 연평도 어획 예정고는 적어도 7백만 원 이상[23]을 돌파하리라 한다. 석수어 외 기타 잡어의 어획고까지 합하면 일천만 원 이상은 무난하리라는 바 …중략… 성어기에는 어선만 2천여 척, 기타 운반선과 상선을 합하면 무려 5천여 척에 달하는 성관을 보게 된다고 한다.
>
> 『매일신보』. 1943. 4. 24.

5천여 척의 어선과 수만 명에 달하는 선원, 상인과 술집 작부들이 모여서 연평도 바다 위에 파시(波市: 고기가 한창 잡힐 때 바다 위에서 열리는 시장)가 형성되었습니다. 두 달을 바짝 일해서 일 년을 살아가는 이들의 소망은 무척이나 크고도 강렬하게 느껴집니다. 서해안의 어부들은 조기를 많이 잡아 만선을 이루게 해주십사, 이 끈끈한 공동체가 무탈하게 해주십사하는 마음을 담아 임경업 장군에게 풍어제를 올렸습니다. 워낙 많은 사람이 모이다 보니 영력이 높기로 소문난 무당을 불러 지내기도 했지요. 마을 주민들이 추렴해서 연평도 전체의 안녕을 기원하는 대동굿과 선주가 비용을 대 풍어와 안전을 비는 배연신굿은 국가무형유산으로 지정되었고 성대하고 화려하기로 이름나 있습니다.

〈서해안배연신굿〉 중 '뱃기내림에서 깃손받기', 2002.

돈 실러 가세 돈 실러 가세

연평바다로 돈 실러 가세

에-에헤야 에헤 에-에헤 에-에헤

에헤 에헤 어하요

...중략...

나갈 적엔 깃발로 나가고

들어올 적엔 꽃밭이 되었네

연평장군님 모셔 싣고

연평바다로 돈 실러 가세

〈배치기소리〉

    대동굿과 배연신굿에서 부르는 배치기소리는 노골적으로 이들의 소망을 노래합니다. '연평장군님 모셔 싣고 연평바다로 돈 실러 가세'라는 가사를 너나없이 따라 부르는 어부와 무녀들의 모습이 눈에 선한데요. 이처럼 영광과 비운으로 점철되었던 임경업 장군의 생애는 그의 사후에 더욱 눈부시게 빛납니다. 현실의 업적을 넘어 그가 이렇게 오래도록 숭배받을 수 있었던 이유는 생업 기술을 알려주는 신, 돈을 벌게 해주는 신이라는 명확한 능력이 있기 때문입니다.

역사와 전설 사이

임경업 장군의 일화는 『조선왕조실록』 곳곳에 기록돼 있습니다. 「인조실록」 47권 6월 17일 기사에는 장군이 마포나루에서 배를 빌려 명나라로 떠났다고 전합니다. 연평도에 내려 조기잡는 법을 알려주었다는 전설은 이 실화에서 비롯된 것일지도 모릅니다. 그러나 명나라가 멸망하자 그는 청나라에 붙잡혀 조선으로 송환됐고, 엄중한 국문 끝에 누명을 쓰고 끝내 죽임을 당합니다. 능력과 충심에 비해 지나치게 비극적인 결말이었지요. 백성들은 그를 가엾게 여겼고, 장군의 한을 풀어주려는 마음은 신화로 이어졌습니다.

「정조실록」 31권 8월 10일 기사에는 전기수가 소설을 낭독하다 살인을 당한 사건이 언급됩니다. 조선 후기 시집 『추재기이(秋齋紀異)』에는 그 장면이 좀 더 생생하게 전해집니다. 소설 〈임경업전〉 낭독 중 간신 김자점이 장군을 모함하는 대목에서 격분한 청중이 "네가 김자점이렷다!"라고 외치며 전기수를 찔렀다고 하지요. 임경업 장군은 그렇게 백성들의 기억 속에서 실제 삶과 신화가 포개진 인물로 전승되었습니다. 그가 품었던 충절과 비애는 오늘날까지도 많은 이들의 가슴을 먹먹하게 합니다.

마을신이 이어질 수 있는 단 하나의 조건

오늘날은 함께 어울리던 공동 생활 공간도 줄어들고, 일터조차도 운명공동체라는 인식보다는 각자도생으로 임하는 경우가 대부분이지요. 그러니 우리에게는 이제 마을신이 필요 없는 것처럼 보입니다. 전승 명맥이 희미해진 것도 사실이고요.

하지만 희미해졌을지언정 이 신들은 아직 살아 있습니다. 이렇듯 끈질긴 생명력을 유지해온 데에는 그만한 이유가 있습니다. 지금까지 알아본 마을신의 면모를 종합해 보면 이들은 대체로 평탄치 않은 삶을 살면서도 자기 본분을 다했습니다. 타인을 위해 특별한 힘을 발휘했다는 공통점도 보이고요. 이는 신앙을 넘어 삶의 본보기가 가까이 있다는 뜻이기도 합니다. 언제든 내 편이 되어줄 누군가가 있다는 감각은 그 자체로 위안이 되지요.

생업의 터전에서 모시던 마을신은 부(富)를 가져다주는 신인 동시에 모두가 함께 잘 살게 도와주는 신이라는 의미가 있습니다. 특히 한 마을에 같은 업을 가진 사람이 많았음에도 강한 신앙을 유지했다는 점이 독특해 보이는데요. 이들은 경쟁 관계 같지만 실제로는 협력자이자 동업자로 함께하는 경우가 훨씬 많았습니다. 모내기부터 추수까지 혼자 힘으로는 할 수 없고 어업 역시 말 그대로 '한 배를 탄' 사람들이 있어야 더 많은 수확을 거둘 수 있기 때문이죠.

그렇기에 평야에서는 농작물이 잘 자랄 수 있도록 풍농신을, 바닷가에서는 어부들이 무사히 고기를 많이 잡아 오기를 기원하며 풍어신을 마을신으로 모시곤 했습니다. 때로는 다른 이가 더 큰 복을 받을 때도 있지만 언젠가 나에게도 신의 가호가 머물 것이라는 믿음을 이어가면서요. 같은 일을 하면서도 서로를 질투하기보다 함께 잘되길 바라는 사람들. 지금 같은 세상에선 조금은 비현실적으로 느껴질지도 모릅니다. 하지만 그런 공동체는 분명히 실재했었죠.

  얼마 전 읽은 기사 한 대목이 떠오릅니다. "주변 사람이 나보다 잘되면 배 아프지 않냐"는 질문에 인터뷰이가 이렇게 답하더군요. "그 좋은 기운이 곧 나에게도 올 것 같아 기분이 좋아진다. 진심으로 기쁘다." 참 건강하고 멋진 태도라는 생각이 들었습니다.

  이같은 맥락에서 마을신 전승은 계속되었습니다. 생업만이 아니라 사람과 사람 사이를 단단히 이어주는 연대의 매개가 되어주었기 때문이죠. 마을신을 소환할 수 있는 주문이 있다면 지금 같은 시대에야말로 가장 먼저 외워두어야 할지도 모르겠습니다.

5
세상을 빚고 질서를 세우는 창조신

🔥 하늘과 땅, 사람이 생겨날 적에 할미신이 있었다

어릴 적, 이유 없이 배가 아플 때면 할머니께 칭얼대곤 했습니다. 할머니는 무릎 위에 저를 눕히고 "할머니 손은 약손, 우리 아기 배는 똥배"라고 흥얼흥얼 노래하며 배를 살살 문질러주셨죠. 이내 최면이라도 걸린 듯 아픔은 가라앉고 제게는 할머니 손의 따뜻한 온기만 남았습니다. 여기서 할머니를 엄마로 바꿔 보아도 기억 속의 장면이 크게 달라지지는 않습니다.

그런데 이상하지요? 할머니, 엄마와의 추억은 있는데 할아버지와 아빠 버전은 잘 떠오르지 않으니 말입니다. '엄마손 시럽'은 실제 시판 중인 어린이 배탈약이지만 '할배손 시럽'이라고 하면 왠지 귀에 착 감기지 않습니다.

예로부터 수많은 사람이 이런 경험을 공유해 왔습니다. 곁에서 늘 아껴주는 할머니와 어머니라면, 내 아픔을 바로 알아차리고 돌봐줄 수 있다고 믿었기 때문입니다. 그리고 육아가 오롯이 여성의 몫이었던 사회적 배경도 작용했겠지요. 무엇보다 어머니는 나를 탄생시킨 존재이기에 자연스럽게 존경과 숭배의 대상이 될 수 있었습니다.

이러한 생각은 한국에만 국한되지는 않았나 봅니다. 세계적으로도 창조주는 여성이었습니다. 대표적으로 그리스 신화의 가이

아(Gaea), 로마 신화의 텔루스(Tellus), 중국 신화의 여와(女媧)를 꼽을 수 있겠네요. 흔히 우리는 무엇을 이룩했다고 하면 한 나라를 세운 왕이자 신으로 받들어진 건국신을 먼저 떠올리지만 그 이전에 생명의 근원인 어머니신이 있었던 것이죠. 이 여신들은 여느 창조신과 마찬가지로 인간들이 살아갈 산과 물을 만들거나, 인간을 낳고 양육하는 어머니의 모습으로 신화에 등장합니다.

그런데 한국의 창조신은 분명 어머니의 모습을 하고 있지만 독특하게도 할머니신으로 표현된다는 점에서 다른 나라와 차이를 보입니다. 창조신의 이름인 '마고할미, 노고할미, 설문대할망'에는 모두 할머니를 일컫는 방언이 붙어 있지요? 지역에 따라 조금씩 달라지기도 하지만 설문대할망은 제주도에서, 마고할미, 노고할미는 제주도를 제외한 전 지역에서 전승되어 왔습니다.

다만 할머니라는 글자 그대로 '나이가 많은 여성'에 초점을 맞추기보다는 태초의 어머니·생산의 신·대지모신(大地母神: 땅의 특성을 어머니의 모성과 생식력에 빗대어 인격화한 신)을 상징한다고 이해하는 것이 훨씬 적합합니다. 아픈 내 배를 살살 만져주시던 약손이 할머니 손이든 엄마 손이든 큰 차이가 없듯이, 할망이나 할미라는 명칭은 그저 '나를 탄생시키고 사랑으로 보살펴주는 큰 존재'라는 의미로 되새겼으면 합니다.

그러나 여신들의 이야기는 이제 거의 전해지지 않아 낯설기만 합니다. 단군신화는 누구나 알지만 마고할미를 설명하려 들면 선뜻 말이 나오지 않지요. 이렇게 된 데엔 몇 가지 이유가 있습니다.

인류 초기에는 여성이 생존과 출산에 중요한 역할을 하면서 모계 중심의 사회가 일반적이었지만 점차 농경과 가축 사육이 발달하며 남성이 생산과 재산 소유에서 주도권을 갖습니다. 사회가 부계 중심으로 바뀌자 남성의 서사, 즉 남성 건국신의 이야기가 힘을 얻고 반대로 할머니신이나 태초의 창조 여신은 의도적으로 배척되고 축소되었지요. 과학이 창조의 기원을 설명하기 시작하면서, 신화와 전설은 어느새 사람들의 관심에서 멀어지기도 했고요.

그래서 지금은 거의 잊혀졌지만, 한때 사람들을 애정으로 보듬던 마고할미와 설문대할망의 이야기를 다시 꺼내보려 합니다. 우리나라 산천을 빚어내고 인간을 탄생시킨 두 여신은 어떠한 성격이었을까요? 시대가 변하며 이 여신들에게는 어떤 이미지가 덧입혀지게 되었을까요? 창조 여신에 대한 믿음의 양상을 따라가다 보면 신화의 의미를 더 깊게 느낄 수 있습니다. '믿는 사람이 있어야 신은 존재할 수 있다'는 대전제를 되새기며 그들의 자취를 따라가 보겠습니다.

과연 신이라 불릴 만한 마고할미

『한국구비문학대계』에 실린 마고 설화는 60여 편이 넘습니다. 그것도 어느 한 지역이 아니라 전국 각지에 고르게 남아 있다는 점은 이 여신의 이야기를 수많은 사람들이 오래도록 진실하다고 믿으며 문화의 공통된 뿌리로 여겼다는 뜻이기도 합니다.

마고할미는 지역에 따라 노구할미, 천태산 마고할미로도 불리는데 이름은 달라도 같은 신을 칭한다고 볼 수 있습니다. 이들 이야기에 몇 가지 뚜렷한 공통점이 있거든요. 첫째, 무척 키가 크고 힘이 셉니다. 둘째, 산천과 자연물을 만들고 옮기는 능력이 있습니다. 셋째, 어린아이가 천연두를 가볍게 앓고 지나가도록 도와줍니다. 창조신이자 수호신의 면모를 지닌 마고할미는 『한국구비문학대계』의 여러 이야기 속에서 그 거대한 외형이 강조되기도 하고, 초월적인 능력을 드러내 보이기도 하며 경외감을 자아냅니다.

> 지금 완도로 가자면 남창(南倉) 앞에 달도라는 섬이 있어요. 그 사이에 강이 있는데 이곳이 호남 일대에서 제일 깊더랍니다. 어느 날 마고할미가 얼마나 깊은가 보자며 한번 내려가 보니까 겨우 넓적다리에 닿더래요. 그래서 아, 이만큼 깊구나 하고 나왔는데, 이번에는 산과 산이 떨어져 있는 게 눈에 띄더래요. 그래서 그 사이가 얼마나 넓은지 보자면서 이쪽 산 바위 끝과 저쪽 산 바위 끝에다 가랑이를 대어 보니 겨우 살포시 닿더랍니다.
>
> 〈마고 할미〉

천태산 마고할미가 쭉 돌아다니면서 이래 보이께 아, 여기 자리가 됐어. 천태산 마고할미가 얼매나 컸는지 삼베 9만 통을 가지고 치마를 해 입어도 한 폭이 모자라서 엉덩이 살은 그냥 보인다 카는기라. 그렇게 큰 마고할미가 들을 만들어야 되겠다고 그 구만 통 치마에 돌을 싸서 나르기 시작하는기라. 치마로 지고 나른 돌을 한 번에 쏟아부으니 가막산이 생겼고 그 너머에는 세 바우들이 있어. 치마가 다 뚫어져서 그 구멍으로 돌 세 개가 떨어져서 세 바우들이다 이래. 세 바우들이 생기고 난 뒤부텀은 여기에 사람을 살게 해야 돼. 그게 바로 그 앞에 월평리야.

〈세 바우들 전설〉

노고는 산천을 만든 인물로, 손이 크고 힘이 얼마나 좋은지 그저 평평한 데 가서 줄을 쭉쭉 그으면 산이 되고 골이 돼서 인물이 났다고 합니다. 또한 그녀는 할미바위도 만들어서 그곳에서 살았다고 전해지는데, 그 모양을 더 좋게 하기 위해 손바닥에 담뱃대도 받쳐서 그 바위 위에 얹어 놓았다고 하네요.

〈노고 할미바우 이야기〉

마고할미는 호남에서 제일 깊은 강물도 고작 허벅지에나 닿을 정도이고, 삼베 9만 통으로 치마를 만들어도 엉덩이를 채 가릴 수 없었다고 하니 그 풍채를 가히 짐작조차 하기 힘듭니다.
그녀는 압도적인 신체에서 나오는 막강한 힘을 언제나 사람들을 위해 썼습니다. 그 힘으로 돌을 날라 산과 들을 만들고 성을 쌓았다는 이야기가 대표적이지요. 때로는 더 자유롭고 거침없는 모습으로도 등장합니다. 오줌을 누면 강이 되고, 똥이 산이 되었으며, 방귀 한 번에 바위가 푹 들어가 받침대가 되었다고도 하니까요. 사람들은 마고할미가 만든 터전에 보금자리를 틀고, 어머니 같은 그녀의 품 안에서 편안한 삶을 이어갔습니다.

마고할미는 창조신인 동시에 자애로운 수호신이기도 합니다. 지금이야 완전히 극복되었지만 옛사람들에게 마마, 즉 천연두는 걸렸다 하면 죽음에 이르는 공포였습니다.[24] 마고할미는 이 무서운 질병을 가볍게 앓고 넘어갈 수 있도록 도와줍니다.

사실 마고(麻姑)라는 이름에는 그녀의 능력을 유추할 수 있는 힌트가 담겨 있습니다. 마(麻)는 삼베를 뜻하는 글자이지만 여러 문헌에서 홍역이라는 뜻으로 혼용되기도 했는데요. 정약용(1762-1836)이 편찬한 『마과회통』에서는 홍역을 마진(麻疹)으로, 이 질병을 앓고 난 후 얼굴이 얽은 사람을 마자(麻子)로 지칭합니다.

> 마(麻)는 곧 홍역이다. 살갗에 발진이 나와 삼씨 같은 꽃봉오리를 이루고 구슬진이 마마처럼 돋아 낟알을 이루는데 모두 그 모양을 상징하여 붙인 명칭이다.
>
> ―『마과회통』

그러니 이 이름은 한자 그대로 삼베옷을 입은 여인이라 해석할 수도 있지만, 홍역과 천연두를 낫게(또는 걸리게) 하는 여인이라

는 해석도 가능합니다.[25]

> 마고할미가 설운동에 살고 있었대. 마고할미는 앉아서 십 리 밖을 능히 본다고 하거든. 그리고 누가 소원을 빌면 이루어지게 해주고, 욕을 하면 벌을 준다고 한단 말이야. 벌을 줄 때는 일이 안 풀리게 하거나 병이 나게 하는데, 그 병이 손님(천연두)이라는 거야. 재물을 바치면서 빌면 소원을 들어주니까 많은 사람들이 와서 빈단 말이야.
> 여기 살던 선비들은 식견도 많고 성현 말씀에도 밝아서 이런 요망한 마고할미가 마을의 풍속을 어지럽힌다고 생각했지. 그래서 관가에다 "마고할미란 요물을 내쫓아야 합니다." 하고 여러 번 호소했지만 관가에서도 마고할미의 위세를 꺾지 못했어.
>
> 〈못된 마고 할미의 응징〉

에드워드 제너의 백신은 천연두를 종식시켰고, 그 이후 병을 신의 영역으로 보던 오랜 인식도 빠르게 힘을 잃었습니다. 마고할미의 능력을 두고도 논란이 일기 시작했습니다. 여전히 그녀의 위세를 두려워하는 이들이 있었지만, 한편에서는 미신이라며 조롱의 대상이 되기도 했죠. 그럼에도 전국에 퍼져 있는 마고할미의 신화는 이 여신이 얼마나 많은 이들의 숭배를 받아왔는지를 보여줍니다. 인간을 창조하고 치유하던 마고할미의 약손을 오래도록 놓지 않으려 했던 사람들이 남긴, 아주 오래된 기록이지요.

🔥 제주를 만든 거인 설문대할망

제주도의 풍경은 그저 아름답다는 표현만으로는 그 진가를 다 담아낼 수 없습니다. 검은 현무암 위로 쏟아지는 햇살, 푸르고 투명한 바다, 그리고 이국적인 식물들이 자라나는 풍경은 마치 낯선 세계에 온 듯한 감각을 선사하죠. 옛 제주인들은 이렇게 멋진 자연은 어쩌면 신이 만들었을지도 모른다고 생각했습니다. 거인이면서 힘이 센 창조 여신, '설문대할망' 말입니다. 그녀는 워낙 거대한 탓에 일상적인 행동도 창조적 행위로 연결되곤 하는데요. 치마폭에 흙을 담아서 쏟아부었더니 한라산 또는 작은 오름이 되었다거나, 누울 때 발을 잘못 뻗어서 섶섬에 큰 구멍이 났다거나, 오줌을 누었더니 강이나 섬이 만들어졌다는 설화입니다.

> 성산리 앞바다의 소섬(우도)은 본래 따로 떨어진 섬이 아니었다. 옛날, 설명두할망이 한쪽 발은 성산면 오조리 식산봉에, 다른 발은 성산면 성산리 일출봉에 디디고 앉아 오줌을 눴다. 그런데 그 오줌 줄기가 얼마나 세찼던지 땅이 패이며 넓고 긴 강물이 되어 흘러 나갔고, 육지 한 조각이 동강나서 섬이 되었다. 이 섬이 바로 소섬이다. 지금도 이 바다는 조류가 세서 파선하는 일이 많다.
>
> 〈선문대할망〉

지도에서 식산봉과 일출봉, 우도의 위치를 확인하면 이야기가 더 생동감 있게 느껴집니다. 이 지역들은 비교적 정확한 이등변 삼각형을 그리고 있는데, 발판 역할의 두 봉우리에 비해 우도는 꽤 멀리 떨어져 있어 '할망 오줌발이 세긴 셌나 보구나'하고 웃음이 머금어지죠.

이 여신은 어찌나 활력이 넘치는지 제주도 곳곳에 부지런히 흔적을 남겼습니다. 오라동 고지렛도 바위는 할망의 족두리, 성산 일출봉의 기암괴석 중 하나는 길쌈할 때 썼던 등잔불 받침대에 불과하고, 한라산에 걸터앉아야 하는데 뾰족한 봉우리가 방해되자 뚝 떼서 집어 던진 것이 산방산이라고 전해집니다.

설문대할망은 키만큼이나 생식기도 크고 배설물 양도 대단합니다. 하나 특이한 점은 마고할미는 힘과 풍채가 강조될 뿐 생식기에 대한 언급은 드문데, 설문대할망에게는 유독 이런 표현이 많다는 것입니다. 이에 그치지 않고 큰 생식기를 활용하여 아이를 한꺼번에 많이 낳았다거나, 아이들을 먹일 식량을 한 번에 구했다는 이야기도 전승되지요. 이렇듯 설문대할망은 생식 능력이 있는 여신, 즉 대지모신으로서의 특징이 두드러집니다.

설문대할망과 설문대하르방은 부부가 되어 살면서 오백 명의 아들을 낳았다. 하루는 할망이 물고기가 먹고 싶다며 하르방에게 바다로 함께 나가자고 하였다. 하르방은 할망에게 "내가 고기를 몰아줄 테니, 당신은 속옷을 벗고 하문(下門: 음부)을 열고 앉아 있으라."며 바위굴마다 성기를 찔러서 고기를 몰았다. 고기가 모두 하문으로 들어가자 그녀는 하문을 닫았고, 바다에서 나와 다시 열었더니 쏟아져 나온 고기가 못해도 백 섬이 넘었다. 부부는 고기를 먹으며 삼천삼백 년을 살았다고 한다.

〈설문대 하루방과 설문대 할망〉

설문대할망이 시킨 대로 설문대하르방이 한라산 꼭대기에서 대소변을 보자 산이 울릴 정도로 난리가 났다. 놀란 산짐승들이 우르르 내려와 넓고 안전해 보이는 곳에 몸을 숨겼는데, 그곳은 바로 산 아래 누워 있던 설문대할망의 하문이었다. 할망은 그 짐승들로 일 년 반찬을 해 먹었다고 한다.

〈설문대 할망〉

설문대할망의 반려자인 설문대하르방 역시 예사 인물이 아닙니다. 부부 모두 생식기가 크고 생식 능력이 좋으며 식량 모으는 재주도 남다르죠. 그런데 이야기의 초점은 설문대할망에 좀 더 맞춰져 있는 듯하지 않나요? 고기를 잡으러 바다에 가자고 한 것이나 산짐승을 잡기 위해 대소변을 보게끔 하는 계획은 설문대할망으로부터 비롯되었으니 말입니다. 아들을 오백 명이나 낳을 수 있는 설문대할망은 다산과 풍요를 상징하며, 그 많은 아이들을 먹여 살릴 능력 또한 갖췄기에 사람들이 그녀를 신으로 숭배하고 모시는 것은 자연스러운 흐름이었습니다.

창조 여신은 왜 웃음거리가 되었나

그런데 여신들에 대한 시선은 한 방향으로만 흐르지 않았습니다. 이들을 숭배하던 세간의 인식은 시간이 흐르며 변화를 겪었고, 인간의 복잡한 이해관계와 숨은 의도까지 얽히며 신화가 새롭게 만들어지죠.

이야기는 여러 지점에서 변형되어 여신들의 신성한 힘을 깎아내리고 희화화합니다. 이들이 엉뚱한 곳에 돌을 갖다 두고, 산을 마음대로 옮긴 탓에 오히려 사람들에게 피해를 주었다는 내용입니다. 여신들이 인간을 아껴서 편히 살 터전을 마련해 주었다기보다는 그저 우연한 몸짓으로 산과 들이 생겨난 것처럼 그 업적을 평가절하하는 시각도 여러 전승에서 확인할 수 있습니다.

예전에 마고할미, 마고할마이, 마고신선 등으로 불리는 인물이 있었다. 그런데 그 늙은이가 경주에서 산을 짊어지고 석남재를 넘어오다가 멜빵끈이 갑자기 터지는 바람에 산이 떨어져 던져졌다. 이것이 바로 현재 밀양 단장면에 있는 경주산의 유래이다.

〈단장면 경주산의 유래〉

부북면 무전산 정상에는 바위가 많은데 이는 다 마귀 할마씨가 똥을 눠서 만들어진 것이며 이름은 통시바위라 한다. 또한 그녀는 산을 지고 다니는데 어느 날 돌을 걸치고 앉아 오줌을 누니 산이 무너져 내렸고, 이로 인해 무전리가 생겨났다. 그녀의 똥이 내려가 생긴 동네는 궂다고 하여 동네 이름조차 궂질로 불린다고 한다.

〈궂질의 지명 유래〉

게다가 설문대할망이 한라산 물장오리 오름에 빠져 죽었다는 이야기도 전승됩니다. 그런데 제주도를 만든 장본인이자 아무리 깊은 강이라도 정강이밖에 오지 않을 정도로 키가 큰 설문대할망이 이렇게 죽었다는 설정은 납득하기 어렵습니다. 이는 창조 여신에 대한 거부감이 반영되어, 모순된 상황을 계속 만들어내는 과정에서 생겨난 전승일 가능성이 큽니다.

또한 창조 여신들이 질병을 고치고 아이를 많이 낳아 잘 기르는 능력이 완전히 뒤집혀서, 오히려 질병에 걸리게 하거나 자식을 망치는 어머니로 묘사된 사례도 있습니다. 예컨대 마고할미는 천연두를 치료하는 신으로 인식되기도 했지만 한편에서는 사람들을 현혹하여 치료를 받지 못하게 막는 마귀할미, 매구(천 년 묵은 여우)로 그려졌지요. 설문대할망 또한 모순적이고도 부정적인 이미지가 함께 언급되었고요.

> 마귀할미가 수하린가, 거기서 살고 있었는데 사나운 요물, 마녀인데 행패를 부리기 때문에 …중략… 그러니 이 마귀할미가 없어야 되겠다.
> 〈마귀할미〉

> 진시황 만리장성 쌓을 때 그 많은 돌을 갖다가 고기로 만들어 가지고 쫓아 왔다는 마고할미, 마고를 갖다가 매구라 이래.
> 〈김해 송장군과 매구〉

옛날에 설문대할망이 아들 오백 형제를 거느리고 살았다. 먹을 것이 떨어지자 아들들은 도둑질을 나갔고, 어머니는 돌아올 아들들을 위해 커다란 가마솥에 죽을 쑤다가 그만 실수로 솥에 빠지고 말았다. 아들들은 그런 줄도 모르고 돌아오자마자 죽을 퍼먹기 시작하였다. 유난히 죽 맛이 좋았다. 그런데 맨 나중에 들어온 막내는 뭔가 이상하다는 생각이 들었다. 죽 맛이 갑자기 좋아질 리가 없었기 때문이다. 그는 국자로 솥을 휘저었다. 뭔가 국자 끝에 걸리더니 뼈다귀가 나왔다. 다시 저어보니 해골이 나왔다. 그러고 보니 어머니가 보이지 않았다. 어머니는 죽을 휘젓다가 빠져 죽었음에 틀림없었다. 막내는 죽을 먹어 치운 더러운 형들과는 함께 못 살겠다면서 혼자서 차귀섬으로 가 버렸다. 남은 형제들도 날마다 어머니를 그리며 울다 바위가 되어 굳어져 버렸다.

〈오백장군〉

커다란 음부를 재치 있게 활용해 오백 아들을 먹여 기르던 설문대할망은 어디로 가고, 먹을 것이 없으니 도둑질을 해와서라도 곳간을 채우라며 성화를 부리는 설문대할망만 남았습니다. 심지어 실수로 고작 솥에 빠져 죽고, 의도치 않게 자식이 어머니를 먹는 불효를 저지르게 하고는 이를 뒤늦게 알게 된 아들들이 어머니를 그리워하며 바위로 굳어졌다는 이야기까지 전승된 것을 볼 수 있습니다. 이제 더 이상 설문대할망은 생명과 식량을 주던 대지모신이 아닙니다. 오히려 자식을 망가뜨리는 못난 어머니로 그려질 뿐이지요.

설화에서는 이런 어머니를 흔히 '죽을 먹여 자식 앞길을 막는 인물'로 표현합니다. 〈선녀와 나무꾼〉에서는 잠깐 어머니 얼굴만 보고 선녀가 있는 하늘로 다시 올라가야 하니 백마에서 내릴 수 없다는 나무꾼에게 굳이 뜨거운 팥죽을 권해서 일을 그르치고, 〈오누이 힘내기 전설〉에서는 힘겨루기에서 아들이 질까 봐 딸에게 뜨거운 죽을 먹여 속도를 늦추는 어머니가 있는데 설문대할망도 이들과 같은 유형입니다. 대지모신이라는 위상을 부정하려는 의도로, 식량을 주지 않거나 자식 발목을 잡는 미욱한 모습으로 만들어 낸 것입니다.

그렇다면 왜 이야기가 이렇게까지 바뀌어 전해졌을까요? 가장 큰 이유는 모계 중심에서 부계 중심으로의 사회 전환이었습니다. 무엇이든 혼자 해내던 마고할미와 설문대할망 곁에 마고할아비와 설문대하르방이 갑작스레 나타났다는 점이 단서를 제공합니다. 이는 한국 신화만의 일이 아니죠. 그리스의 가이아, 중국의 여와처럼 초기에 혼자서 생명을 창조하던 여신들이 어느 순간 남성과 짝을 이루는 구조로 바뀌는 사례는 많습니다. 가이아는 아들과 결합해 후손을 낳았고, 여와 역시 친오빠 복희와 함께 인류를 창조하는 이야기로 재구성되었습니다.

특히 음양의 조화를 중시했던 동양 문화권의 영향과 남성 건국신의 부각으로 인해 한국 창조 여신은 점차 남성신의 협력자나 보조자로 변화했습니다. 나아가 사람들을 망치는 존재로 인식되어 언급조차 꺼려지는 불명예스러운 신으로 밀려나기도 했지요.

그런데 곰곰이 생각하면 참 신기한 일입니다. 신의 위상이 극적으로 달라졌음에도 한편에서는 여전히 그녀를 그리워하고 믿음을 지키려는 사람들이 있었습니다. 아마도 그녀에게 은혜를 입었다고 믿는 이들이었겠지요.

한때 천연두 치료를 방해한다는 이유로 퇴출당했던 마고할미는 지금도 영덕·밀양·하동·금산 등 중남부 내륙 지역의 '마고할매당'에서 복을 비는 신으로 모셔지고 있습니다. 설문대할망 또한 조롱과 비하의 대상이던 과거를 지나 어머니의 품을 그리워하는 마음으로 다시 불려지고 있습니다. 어머니를 먹고 나서야 진실을 깨달은 아들들이 바위가 되어서도 고개를 틀어 어머니를 바라본다는 이야기처럼, 창조 여신을 향한 애정과 그리움은 여전히 남아 있는 셈입니다.

결국 '믿는 사람이 있어야 신은 존재할 수 있다'는 말은, 단 한 사람이라도 믿음을 놓지 않는 이가 있다면 신은 사라지지 않는다는 뜻이기도 합니다.

6

권력과 혈통의 뿌리 :
건국신과 시조신

🔥 범부凡夫는 나라를 세울 수 없다

고조선의 단군, 고구려의 주몽, 신라의 박혁거세, 가야의 김수로가 신이냐 왕이냐를 묻는다면 아마 후자를 택하는 분이 많을 듯합니다. 아, 내놓은 답이 틀렸다고 말하려는 건 아닙니다. 고대 국가의 왕으로 실존했던 인물들이기에 이들이 신이라는 인식은 다소 희미하지요. 하지만 이 이야기가 오랫동안 신화의 형태로 전승되어 왔다는 점은 과거 이들을 신처럼 모셨던 사람들이 있었음을 보여줍니다.

옛사람들은 한 나라를 세울 만큼 특출난 인물을 신이라고 믿었습니다. 그래서 건국 신화와 시조 신화에서는 이들이 세상에 나타난 순간이 가장 중요하게 다뤄집니다. 이들은 보통의 인간과는 태생부터 다르니 경외심을 가지고 잘 따르기를 바랐던 사람들이 전해준 이야기겠지요.

흥미롭게도 한국의 건국신화는 바로 이 출현 장면에서 지역에 따라 두 계열로 나뉘곤 합니다. 북방계 신화로 분류되는 〈단군신화〉와 〈주몽 신화〉에서는 부모 혈통이 강조되며, 그로부터 물려받은 비범한 능력이 주인공의 정통성을 뒷받침하지요. 반면 남방계 신화로 불리는 〈박혁거세 신화〉와 〈김수로왕 신화〉에서는 알이나 궤 같은 특수한 장소에서 인물이 나타나고, 여러 사람에 의해 왕으로 추대되는 과정을 중심에 둡니다.

그들의 출현 방식은 제각각이지만 이후의 전개는 대체로 비슷합니다. 주변의 시기와 방해 속에서 위기를 맞고, 결국 스스로의 능력을 증명하며 왕으로 인정받는 흐름이지요. 전형적인 영웅의 일대기[26] 속에서 주인공들은 어떻게 신의 반열에까지 오르게 되었을까요?

이제 〈주몽 신화〉와 〈박혁거세 신화〉, 그리고 성씨 시조 신화의 사례를 통해 인간이 신으로 격상되는 과정을 살펴보겠습니다.

주몽이 신이라면 이 정도는 기본

우리가 앞서 살폈던 영등할미, 일월신, 서낭신 같은 민간 신앙속 신들은 주로 자신만의 특별한 능력을 강조하는 편입니다. 출생에 대해서는 자세한 언급이 없지요. 그런데 건국신은 조금 다릅니다. 어떻게 인간 세상에 등장하게 되었는지 그 시작점부터 강조하고 있거든요. 신적인 인물이라면 태어날 때부터 뭔가 남다른 면이 있을 거라는 생각에서 비롯된 이야기일 듯합니다.

신화는 신의 비범함을 부모의 혈통에서부터 설계합니다. 신이 태어난 순간부터 이미 고귀한 핏줄을 지녔다는 설정인데요. 대표적으로 고구려 〈주몽 신화〉가 그렇습니다. 주몽은 하늘의 신 해모수와, 물의 신 하백의 딸인 유화 사이에서 태어난 인물입니다. 천신(天神)과 수신(水神) 두 혈통을 함께 물려받은 셈이죠. 이 특별한 혈통은 그가 위기에 빠질 때마다 신비로운 힘으로 작용합니다.

주몽은 오이·마리·협부 세 사람과 친구가 되어 강을 건너려고 하였으나 다리가 없었다. 병사들이 닥칠까 두려워하며 물에 대고 말하기를, "나는 천제의 아들이요, 하백의 손자이다. 추격자들이 다가오니 어찌하면 좋은가?"라고 하였다. 이에 물고기와 자라들이 떠올라 다리를 만드니 주몽이 건널 수 있었다. 이후 물고기와 자라가 곧 흩어져 추격해 오던 병사들은 건널 수 없었다.

『삼국유사』권1 고구려

평소라면 별로 의미를 따져 보지 않았을 혈통이나 출신은 막상 위기가 닥치면 그 무엇보다 강력한 패가 됩니다. 후손이 위험에 빠졌을 때, 그 신성한 핏줄 덕분에 도움의 손길이 닿는 거죠.

흥미로운 점은 남성 건국신들이 부모 가운데서도 아버지 쪽의 우월함을 부각한다는 것입니다. 이는 출신 자랑을 넘어, 혼자서 아이를 만들고 낳는 창조 여신의 시대가 부계 중심 사회로 넘어가고 있음을 보여줍니다. 그리고 〈주몽 신화〉는 이 전환을 상징적으로 드러냅니다.

하백이 해모수에게 말하길 "그대가 상제의 아들이라면 얼마나 신통하게 변신하는지 시험해 보자!"

하백이 모습을 바꾸어 잉어가 되니, 이번에는 해모수가 수달이 되어 곧 잡았다. 또다시 하백이 꿩이 되어 훌쩍 날아가니, 해모수가 또 신령한 매가 되어 쫓아가는 것이 어찌 그리 날쌘가. 저편이 사슴이 되어 달아나면, 이편은 승냥이가 되어 쫓았다. 하백은 해모수의 재주를 알고 술자리를 열어 서로 기뻐하였다.

『동국이상국집』동국이상국전집 제3권 고율시 〈동명왕편〉

하백은 해모수를 사윗감으로 썩 탐탁지 않게 여겼지만 그의 능력을 직접 경험한 후에는 자신이 상대가 되지 못한다는 걸 인정합니다. 그리고 이 대단한 인물이 내 딸과 인연을 맺었다는 사실에 기뻐하지요. 신들 역시 제각기 가진 능력이 다르기에 자연스럽게 힘의 차이가 생길 수밖에 없습니다. 이 대결은 어느 혈통에 권력이 실리는가를 드러내는 장치입니다. 〈주몽 신화〉는 이 구도를 통해 부계 쪽의 신이 더 우위에 있음을 보여줍니다.

여기까지 읽고 '그래서 건국신이 뭐, 결국 부모 잘 만났다는 거잖아?'라며 눈을 치켜세우는 분도 있을 텐데요. 주몽에게도 '금수저 논란'을 순식간에 잠재울만한 강력한 무기가 몇 가지 있습니다.

그의 능력 가운데 첫 번째는 단연 활 솜씨입니다. 그 누구보다 정확하게 쏘고, 많은 짐승을 잡을 수 있었죠. 식량을 안정적으로 확보할 수 있다는 건 곧 많은 식솔을 책임질 수 있는 능력을 의미합니다.

두 번째로 주몽은 겉모습에 속지 않는 통찰력을 지니고 있었습니다. 금와왕의 아들들과 함께 말을 기를 때, 그는 일부러 날쌘 말에게는 먹이를 적게 주고 둔한 말은 잘 먹여 겉모습을 바꿔놓았습니다. 금와는 외양만 보고 둔한 말을 골랐고 주몽은 날쌘 말을 얻게 되었죠. 훗날 이 말은 탈출의 결정적 수단이 됩니다.

또한 졸본천으로 향하던 그는 재사, 무골, 묵거 세 사람을 만났습니다. 초라한 차림새와는 달리 뛰어난 가치를 알아보고 곧 무리에 들였습니다. 이들은 이후 나라의 기틀을 세우는 핵심 인물이 되죠. 이처럼 주몽의 뛰어난 능력은 사람과 말의 진가를 꿰뚫어보는 데서도 드러납니다.

세 번째로, 주몽은 무리를 이끄는 리더십은 물론 나라의 터전을 볼 줄 아는 안목도 갖추고 있었습니다. 이미 오이, 마리, 협보와 함께 압록강을 건넌 경험이 있었고 이후 재사, 무골, 묵거까지 아우르며 다양한 무리를 한데 모았습니다. 처음 고구려의 터를 풍요로운 비류수 가에 잡은 것도 그의 뛰어난 판단력 덕분이었지요.

이처럼 주몽은 부모로부터 물려받은 혈통에 본인의 역량까지 지녔기에 건국신으로 자리매김할 수 있었던 것입니다.

🔥 이 모든 징조는 신을 위한 연출

모든 건국 신화에 부모 이야기가 나오는 건 아닙니다. 북방계와 달리, 남방계 신화는 대체로 신과 그 부인을 중심으로 전개됩니다. 그렇다면 이런 신화에서는 신의 고귀함을 어떤 방식으로 표현했을까요? 답은 '등장부터 눈에 띄게 만들기'입니다. 신이한 존재가 세상에 태어날 때는 으레 어떤 약속들이 따라붙습니다. 태양빛이 비치고, 알이나 궤가 등장하고, 신성한 동물이나 색이 함께하죠. 이런 신호가 보이면 독자들은 자동으로 기대를 품습니다.

"아, 이제 주인공이 무대에 나설 차례인가 보다!"

이 신호들은 한 신화에 하나씩만 등장할 때도 있지만 대부분은 여러 개가 겹쳐 나올 때가 많습니다. 마치 '정말 신 맞다고!'라며 몇 번씩 강조하듯이요. 누군가가 그 혈통이나 신이함을 의심할 틈을 아예 주지 않으려는 겁니다. 그러면 실제 신화에선 이 상징들이 어떻게 활용됐는지, 신라의 〈박혁거세 신화〉를 같이 살펴볼까요?

양산(楊山) 아래 나정이라는 우물 근처에 이상한 기운이 번개처럼 땅에 드리우더니 웬 백마 한 마리가 무릎을 꿇고 절하는 시늉을 하고 있었다. 가까이 다가가니 자줏빛 알 한 개가 있고 말은 사람을 보자 울음소리를 길게 뽑으며 하늘로 올라갔다. 알을 쪼개자 생김새가 단정하고 아름다운 사내아이가 들어 있었다. 놀랍고도 이상히 여겨 아이를 동천에서 목욕시키니 몸에서 광채가 나고 새와 짐승들이 모조리 춤을 추며 천지가 진동하고 해와 달이 맑게 빛났다. 세상을 밝게 한다는 뜻에서 이름을 혁거세라 하고 왕위의 칭호는 거슬한이라 하였다. 사람들이 축하하여 말하기를 "천자가 이 땅에 내려왔으니 마땅히 덕이 있는 배필을 찾아서 정해야 하겠다."고 하였다.

『삼국유사』 권1 신라 시조 혁거세왕

이상한 기운, 백마 한 마리, 자줏빛 알, 춤추는 새와 짐승. 이야기의 서두부터 기묘한 상징들이 연이어 등장합니다. 박혁거세가 보통 인물은 아닌 것 같지요? 신화는 그를 하늘에서 내려온 특별한 존재로 묘사하며 처음부터 범상치 않았다는 인상을 남깁니다. 만약 상징 하나만으로 그쳤다면 우연인가도 싶지만 이 서사는 반복을 택했습니다. 반복은 의심의 고리를 끊어낸 자리에 신뢰를 심습니다.

이를테면 '번갯빛처럼 이상한 기운'은 태양의 빛, 즉 절대적 힘을 가진 자가 인간 세계로 스며드는 이미지입니다. 당시는 씨족 연맹체가 새로운 지도자를 찾아야 했던 시점이었습니다. 농경 사회에서 태양은 생존과 직결되었고, 그 기운을 타고난 자라면 자연히 공동체의 중심에 설 수 있었겠지요. 하지만 어디 그런 인물이 흔하겠습니까? 아무리 총명하고 힘이 세다 한들 사람은 결국 자연의 섭리 앞에 무릎을 꿇기 마련이니까요. 그런데 혁거세는 달랐습니다. '자연이 직접 택한 자'이기에 사람들은 그가 바라기만 하면 바람도, 비도 혁거세의 말을 따를 거라 믿었습니다.

신성한 동물로 여겨지던 말이 새로운 왕의 등장을 예고하는 장면 또한 이야기 전체에 신비한 기운을 불어넣습니다. 말은 강하고 빠를 뿐 아니라 초자연적 세계와 인간 세계 사이를 오가는 동물로 생각되었습니다. 그러니 말이 나타나면 곧 위대한 초인도 뒤따라 나오는 것이 옛사람들에게는 자연스럽게 느껴졌겠지요. '신성한 말'은 다른 신화나 유물에서도 중요한 상징으로 등장합니다. 〈금와왕 이야기〉와 〈주몽 신화〉에서도 말은 중요한 징조로 등장하고, 신라 지증왕의 것으로 추정되는 무덤에서 출토된 〈천마도〉는 말의 신성함을 시각적으로 증명해 주는 자료입니다.

태어나는 순간부터 세상의 중심에 놓일 운명을 암시하는 상징은 출생 방식에도 담겨 있습니다. 대표적인 예가 바로 '알에서 태어났다'는 설정, 즉 난생(卵生)입니다. 이야기의 겉모습은 신기한 출생담이지만, 실은 신이나 제왕처럼 특별한 존재가 이 세상에 들어서는 순간을 보여주려 합니다.

알은 하나뿐인 태양처럼 둥글고 완전한 형상을 지녔기에 옛사람들은 알에 절대자의 이미지를 겹쳐 보았습니다. 무엇보다 알은 외부와 철저히 단절된 세계이니 그 껍질을 깨고 나온 인물은 이미 세상을 한 번 이겨낸 거나 다름없습니다. 신화는 이런 출생의 상징을 저마다의 방식으로 변주해 왔습니다. 궤, 옥함, 상자처럼 '알'과 닮은 닫힌 공간에서 등장한 인물들이 있는데 궤에 담겨 바다를 건넌 석탈해, 황금 궤 안에서 빛과 함께 나타난 김알지가 대표적이지요. 이들은 기이한 탄생 덕분에 이야기 속에서 늘 처음부터 특별한 사람으로 받아들여졌습니다.

색상 역시 신의 징표입니다. 흰색은 순결과 상서로움, 자색은 고귀함과 영롱함을 의미하지요. 신화 속 인물은 이 상징적인 색을 두르고 등장합니다. 빛과 알, 신성한 동물처럼 색 또한 그가 인간 세계의 질서 너머에서 비롯되었음을 보여주는 단서입니다.

이처럼 반복적으로 등장하는 상서로운 징조들은 운명처럼 예정된 흐름의 일부입니다. 누가 그를 낳았는지, 어떻게 추대되었는지는 중요하지 않지요. 이야기의 흐름은 애초에 그를 왕으로 인정할 수밖에 없는 세계를 만들며 흘러갑니다. 빛이 내리쬐고, 알이 깨어지고, 흰 말이 나타나고, 자색이 번져 나올 때―독자는 더 이상 의심하지 않게 됩니다. 이 인물은 이미 신이라는 사실을요.

🔥 제주도 삼성 신화의 '셋이 함께 사는' 이야기

앞서 살핀 건국 신화가 하늘에서 내려온 신의 혈통과 능력에 초점을 두었다면, 시조 신화는 비슷한 구조 속에서도 그 겨레의 생활 방식이나 고유한 성격을 더 잘 드러냅니다. 〈삼성(三姓) 신화〉, 또는 〈삼을나 신화〉라고도 불리는 이 신화는 제주도 세 성씨의 시작을 이야기합니다. 하늘로부터 신성함을 부여받은 다른 신들과 달리 양씨·고씨·부씨는 땅에서 솟구쳐 나타났습니다. 시조란 특별한 땅에 뿌리를 내리고 후손을 이어나간 인물인 만큼 이 신화는 처음부터 땅의 의미와 생명성을 분명히 하고 있습니다.

『고려사』계열의 기록[27]에 따르면 이 세 인물은 제주 땅에서 솟아난 뒤 각각 활을 쏘고 사냥을 하며 삶의 터전을 잡아갑니다. 이후 멀리 외국에서 온 세 공주와 혼약을 맺고 마을을 이루어 자손을 퍼뜨리는 서사로 이어지지요.

탐라현은 전라도의 남쪽 바다 가운데에 있다. 『고기(古記)』에서 말하기를 "태초에 사람이 없었는데, 한라산 북쪽 기슭 모흥이라는 구멍에서 세 신인(神人)이 땅으로부터 솟아 나왔다. 맏이는 양을나, 그다음은 고을나, 셋째는 부을나라고 했다. 이들은 거친 땅에서 사냥하며 가죽옷을 입고 고기를 먹었다. …중략…
세 사람이 나이 순서에 따라 세 여자를 각각 아내로 삼고, 샘이 달고 비옥한 곳으로 가서 화살을 쏘아 땅을 점치고는 양을나가 사는 곳을 제일도, 고을나가 사는 곳을 제이도, 부을나가 사는 곳을 제삼도라 하였다. 처음으로 오곡을 파종하고 가축을 길러

나날이 부유하고 자손이 번성하게 되었다.

『고려사』지 권제11 전라도 탐라현

제주도의 시조는 한 명도 아니고 세 명, 그것도 한순간에 나란히 등장합니다. 한 명의 영웅이 모든 것을 차지하고 지배하는 구조가 아니라 처음부터 세 씨족이 공존하며 공동체를 이룬 것입니다. 사냥을 통해 의식주를 해결하고 각자 권역을 나누면서도 서로를 인정하는 모습을 보이지요.

사실 이 지점이 가장 흥미롭습니다. 대부분의 신화는 다툼으로 시작합니다. 원주민과 이주민이 맞붙거나 같은 무리 안에서도 서열을 놓고 티격태격하죠. 그런데 삼성 신화에서는 갈등 대신 공존을 선택합니다. 이들은 성씨와 영토, 심지어 아내들까지도 같은 방식으로 받아들이죠. 아주 평화롭게요. 양을나·고을나·부을나 모두 지도자가 되기에 비슷한 능력을 갖췄다는 표현일 수도 있지만, 서로 존중하며 제주 땅을 협력 공동체로 만드는 모습을 보여줍니다.

이런 모습에는 제주도민들의 정서와 생활 방식이 묻어납니다. 평화를 우선하고 갈등보다는 화합을 중시하는 마음이 이미 이 오래된 신화에 깃들어 있지요. 시간이 흘러 외부의 문화를 받아들일 때도 세 시조는 같은 방식을 따릅니다. 바다를 건너온 여인들을 맞아들이는 대목에서도 열린 태도를 확인할 수 있습니다.

하루는 자주색 진흙으로 봉해진 나무 상자가 동쪽 바닷가에 떠밀려 온 것을 보고 가서 열어보니, 그 안에는 돌함과 사자(使者)가 있었다. 돌함에서는 푸른 옷을 입은 세 처녀와 망아지·송아지, 오곡의 씨앗이 나왔다. 사자가 말하기를 "저는 일본국[28]의 사자인데 우리 임금님이 세 따님을 낳고는 '서쪽 바다에 있는 산에 신인(神人) 셋이 태어나 나라를 열고자 하나 배필이 없구나.' 라고 하시며 저에게 세 따님을 모시고 여기로 가도록 한 것입니다. 마땅히 배필로 삼아 대업을 이루십시오."라고 한 후 홀연히 구름을 타고 떠났다.

『고려사』지 권제11 전라도 탐라현

여인들은 자주색 진흙으로 봉인된 나무 상자 속에 담겨 바다를 건너왔습니다. 이미 익숙한 코드들이죠? 자주색, 상자, 그 안에 담긴 인물. 앞에서 우리가 읽어낸 상징들이 다시 등장합니다.

이웃 나라의 임금이 딸려 보낸 사자(使者)는 여인들의 고귀한 신분을 재확인시켜 줍니다. 그리고 함께 온 망아지와 송아지, 오곡의 씨앗은 제주 바깥의 문화, 특히 농경문화가 이제 이 섬 안으로 들어온다는 신호입니다. 삼성 신화는 이 흐름을 계몽도, 침략도 아닌 부탁의 형식으로 풀어냅니다. 함께 농사를 짓고 짝을 이루어 살자는 온화한 제안이죠. 세 시조가 서로를 존중하며 성씨와 땅을 나누었듯, 외부에서 온 이들 역시 평화롭게 어우러지는 모습입니다.

정리하자면 삼성 신화는 땅의 생명력을 중심으로 공동체의 가치를 이야기합니다. 각자의 경계를 인정하면서 함께 어우러져 살아가는 모습을 보여주고, 외부의 문화를 받아들일 때도 자연스럽게 손을 내밉니다. 물론 실제 역사는 낭만과는 거리가 먼, 복잡한 일의 연속이었을 터입니다. 하지만 적어도 이 신화를 만든 이들은 조화와 공존을 믿고 지켜왔겠지요. 삼성 신화는 제주도 사람들이 지향해온 평화로운 삶의 방식을 고스란히 담고 있습니다.

칼럼 ❷

〚   이 패턴만 알면 나도 신화를 쓸 수 있다!   〛

"흰 천과 바람만 있으면 어디든 갈 수 있어."

옛날 드라마 속 대사인데요. 맥락 없이 보면 허무맹랑합니다. 천 조각 하나에, 바람 좀 분다고 어디를 간단 말인가 싶고요. 그런데 이상하게도 마음이 흔들립니다. 그건 아마도 그 말을 하는 사람의 결연한 눈빛 때문일 겁니다.

"태양과 자줏빛 기운, 신성한 동물만 있으면 어떤 신이든 될 수 있어."

단어를 조금 손보면 무슨 공식처럼 들리기도 하죠? 건국 신화든 시조 신화든 문장이 몇 줄 흘러가기도 전에 우리는 이미 눈치챕니다. 어디선가 빛이 비치고 동물이 나오면 이제 신이 등장할 차례라는 것을요. 그리고 놀라운 건 이 방식이 현재에도 여전히 유효하다는 겁니다.

창업주나 통치자, 자수성가형 영웅들이 써 내려가는 자기 이야기에는 늘 몇 가지 패턴이 반복됩니다. 불가능한 시작, 시련, 극복, 그리고 예정된 성공 말입니다. 이야기 곳곳에 숨겨진 상징이 의심을 확신으로 이끈다는 건 신화나 자서전이나 별반 다르지 않기 때문이죠.

"위대한 장군님께서는 천천히 품속에서 흰 종이 한 장을 꺼내 드시더니 그 위에 연필로 숱한 말들을 그렸습니다. …중략… 그러자 진짜 말들이 종이에서 튀어나왔습니다."

"장군님께서 흰 용마에 오르시어 채찍을 휘두르자, 말들이 무쇠 발톱으로 땅을 차고 하늘 높이 날아올랐습니다."[29]

북한의 우상화 서사에서도 신화의 패턴이 보입니다. '하늘, 흰말, 도술적 행위'처럼 건국 신화에서 익숙한 장면들이 그들의 지도자를 신격화하는 데 그대로 등장합니다. 물론 이런 상징들이 꼭 한 인물에게만 집중되는 건 아닙니다. 가끔은 선조들에게 하나씩 덧입혀서 신성을 쌓아가는 방식도 쓰이죠. 대표적인 예가 바로 『용비어천가』입니다.

세종의 명으로 지어진 이 찬가는 조선을 연 이성계보다 그 윗대 할아버지들부터 먼저 빛나게 합니다. 그 시점의 이성계는 '신'으로 받아들이기엔 실체가 선명한 '사람'이었기 때문이죠. 그에 비해 선조들은 생전의 흔적이 옅은 덕에 신격화가 가능했고, 이는 조선 왕조의 정당성을 설파하는 수단이 됩니다.

『용비어천가』 7장에는 이런 구절이 있습니다.

"붉은 새가 글을 물고 침실 문에 앉았으니, 이는 무왕이 혁명을 일으키려 하매 하늘이 내리신 복이요

뱀이 까치를 물고 나뭇가지에 얹었으니, 이는 태조가 등장할 아름다운 징조가 먼저 나타난 것이니"

기이한 자연 현상을 마치 하늘의 계시처럼 배치하며 태조 이성계 이

전의 선조들에게 하나씩 징조를 입혀주는 방식입니다. 정작 태조는 마지막에 등장하지만 그 자리는 이미 하늘의 징조들로 준비되어 있었던 것이죠.

한편, 반대 방향으로 흐르는 신화도 있습니다. 처음엔 신처럼 떠받들어졌던 인물이 점차 다른 영웅에게 밀리며 권세를 잃고 그와 함께 신화의 구조도 흔들리는 경우죠. 후백제의 시조 견훤의 이야기가 그렇습니다.

'고기(古記)'에는 이렇게 말했다.
"옛날 광주 북촌의 어느 부자에게 자태와 용모가 단정한 딸 하나가 있었다. 딸이 아버지께 말하기를, '매번 자줏빛 옷을 입은 남자가 침실에 와서 관계하고 갑니다'라고 하자, 아버지가 '긴 실을 바늘에 꿰어 그 남자의 옷에 꽂아 두어라'라고 하니 딸이 그대로 따랐다. 날이 밝자 실을 찾아 북쪽 담 밑에 이르니 큰 지렁이의 허리에 바늘이 꽂혀 있었다. 이후 딸은 잉태하여 사내아이를 낳았는데 나이 15세가 되자 스스로 견훤이라 일컬었다."

『삼국유사』 권2 후백제 견훤

이 신화에서도 처음에는 '자줏빛 옷을 입은 사내'가 등장합니다. 범상치 않은 인물이겠거니 싶지요. 그런데 그 사내의 정체는 바로 지렁이였습니다. 만약 견훤이 삼국을 통일했다면 이 하찮은 지렁이는 아마 용이나 말쯤 되는 멋진 동물로 나타났을 것입니다. 하지만 역사는 그렇게 흘러가지 않았고, 사람들이 익숙하게 생각하는 '비범한 징조'가 여기선 살짝 비틀려 나타납니다. 이런 균열은 우연이 아니었을 테지요. 새롭게 떠오른 세력은 자신들의 영웅을 더 빛내야 했고, 그 과정에서 견훤처럼 세력 다툼에서 진 인물은 그를 둘러싼 수식어조차도 하나씩 뺏겨야 했을 겁니다.

이쯤 되면 나도 신화 하나쯤 써볼 수 있겠다는 자신감이 고개를 듭니다. 비범하게 태어났지만 시련을 겪고, 그 속에서 자신을 증명해 내는 패턴은 익숙하면서도 여전히 매력적입니다. 잘만 활용하면 글 한 편 뚝딱 나오겠다 싶죠.

하지만 문제는 바로 그 익숙함입니다. 틀에 맞춘 이야기는 자칫하면 따분하고 뻔해서 오래 갈 수 없습니다. '진짜 신화'를 만들고 싶다면 한 가지를 더 기억해야 합니다. 그 시대의 사람들이 진짜로 바라는 것을 정확히 꺼내 보여줘야 하죠. 그 순간 이야기는 매력이라는 무기를 갖게 됩니다. 신이란 결국 시대가 꼭 필요로 할 때 나타나는 존재니까요.

【 참고문헌 】

인용 자료

〈강태공과 마씨 부인〉, 한국정신문화연구원 어문학연구실, 한국구비문학대계 4-5, 한국정신문화연구원, 1984.
〈궂질의 지명 유래〉, 한국정신문화연구원 어문학연구실, 한국구비문학대계 8-8, 한국정신문화연구원, 1983.
〈김해 송장군과 매구〉, 한국정신문화연구원 어문학연구실, 한국구비문학대계 8-8, 한국정신문화연구원, 1983.
〈나주 기민창 조상본〉, 현용준, 『(개정판)제주도무속자료사전』, 각, 2007.
〈노고 할미바우 이야기〉, 한국정신문화연구원 어문학연구실, 한국구비문학대계 2-1, 한국정신문화연구원, 1980.
〈단장면(丹場面) 경주산(慶州山)의 유래〉, 한국정신문화연구원 어문학연구실, 한국구비문학대계 8-8, 한국정신문화연구원, 1983.
〈마고 할미〉, 한국정신문화연구원 어문학연구실, 『한국구비문학대계』 6-5, 한국정신문화연구원, 1985.
〈마귀할미〉, 한국정신문화연구원 어문학연구실, 한국구비문학대계 2-3, 한국정신문화연구원, 1981.
〈못된 마고 할미의 응징〉, 두창구, 동해시 지역의 설화, 국학자료원, 2001.
〈문전본풀이〉, 현용준, 『(개정판)제주도무속자료사전』, 각, 2007.
〈세 바우돌 전설〉, 한국정신문화연구원 어문학연구실, 한국구비문학대계 8-6, 한국정신문화연구원, 1981.
〈선문대할망〉, 현용준, 제주도전설, 서문당, 1976.
〈설문대 하루방과 설문대 할망〉, 임석재, (임석재전집⑨) 한국구전설화: 전라도 편, 제주도 편, 평민사, 1992.
〈설문대할망〉, 한국정신문화연구원 어문학연구실, 한국구비문학대계 9-2, 한국정신문화연구원, 1981.

〈성주거리〉, 홍태한,『경기 부천성주굿』, 민속원, 2020.
〈성주본가〉, 아카마쓰 지조 아키바 다카시 저, 심우성 옮김,『조선무속의 연구』상, 동문선, 1991.
〈오백장군(伍百將軍 靈室奇岩)〉, 진성기, 남국의 전설, 일지사, 1970.
〈천지왕본풀이〉, 장주근,『제주도무속과 서사무가』, 역락, 2001.
〈할망본풀이〉, 현용준,『(개정판)제주도무속자료사전』, 각, 2007.

단행본

권태효,『한국의 거인 설화』, 역락, 2002.
김광언,『한국의 집지킴이』, 다락방, 2000.
김명자,『한국의 가정신앙』상·하, 민속원, 2005.
김진영 외,『서사무가 당금애기 전집』2, 민속원, 1999
김태곤,『한국무가집』3, 원광대학교 민속학연구소, 1978.
김태곤,『한국민간신앙연구』, 집문당, 1983.
김헌선,『한국의 창세신화: 무가로보는 우리의 신화』, 길벗, 1994.
문무병,『제주도 무속신화: 열두본풀이 자료집』, 칠머리당굿보존회, 1998.
미셸 파스투로 저, 주나미 옮김,『곰, 몰락한 왕의 역사: 동물 위계로 본 서양 문화사』, 오롯, 2014.
박종성,『한국 창세서사시 연구』, 태학사, 2001.
박창희 역주,『역주 용비어천가』, 한국학중앙연구원출판부, 2015.
서대석,『군담소설의 구조와 배경』, 이화여자대학교출판부, 1985.
서대석,『한국 신화의 연구』, 집문당, 2001.
성현 지음, 민족문화추진회 편,『용재총화』, 솔출판사, 1997.
손진태,『손진태선생전집 5: 조선신가유편·조선무격의 신가』, 태학사, 1981.
신동흔,『살아있는 한국 신화: 흐린 영혼을 씻어주는 오래된 이야기』, 한겨레출판, 2014.
이지영,『한국의 신화 이야기』, 사군자, 2003.
임동권,『한국의 세시풍속』, 서문당, 1999.
임석재·장주근,『관북지방무가』, 문화재관리국, 1965.

장주근,『풀어쓴 한국의 신화』, 집문당, 2000.
정약용 저, 김남일·안상우·정해렴 옮김,『마과회통』, 현대실학사, 2009.
조동일,『한국소설의 이론』, 지식산업사, 2012.
조수삼 저, 허경진 옮김,『18세기 조선의 기인 열전 : 추재기이』, 서해문집, 2008.
조현설,『우리신화의 수수께끼: 아주 오래된 우리 신화 속 비밀의 문을 여는 30개의 열쇠』, 한겨레출판, 2006.
조현설,『마고할미 신화 연구』, 민속원, 2013.
주강현 저,『조기 평전: 황해 문명권의 독특한 어업 문화를 창출한 어느 물고기 이야기』, 바다위의정원, 2021.
최원오,『(이승과 저승을 잇는 다리) 한국신화 1』, 여름언덕, 2004.
최원오,『(인간적인 너무나 인간적인) 한국신화 2』, 여름언덕, 2005.
태안문화원,『황도 붕기풍어제』, 태안군·태안문화원, 공주대학교 박물관, 1996.
하효길,『한국의 풍어제』, 대원사, 1998.
현용준,『(개정판)제주도무속자료사전』, 각, 2007.
홍태한,『서사무가 당금애기 전집』1~2, 민속원, 1999.
홍태한,『서사무가 당금애기 연구』, 민속원, 2000.

연구논문

강소전,「제주도 무녀(巫女) 삼승할망 고찰」,『한국무속학』42, 한국무속학회, 2021.
권선경,「도시화에 따른 마을신앙의 변화와 전승의 방향-서울 지역 마을신앙의 전승공동체를 중심으로-」,『고전과 해석』23, 고전문학한문학연구학회, 2017.
김은희,「제주도 굿놀이의 특징 연구-〈불도맞이〉의 굿놀이 연행사례를 중심으로」,『한국무속학』14, 한국무속학회, 2007.
김헌선,「〈삼승할망본풀이〉의 여신 투쟁이 지니는 신화적 의미」,『민속학연구』17, 국립민속박물관, 2005.
김혜정,「〈장자못 전설〉의 전파력 연구: 〈돌부처 눈 붉어지면 침몰하는 마을〉 설화와의 비교를 중심으로」,『구비문학연구』28, 한국구비문학회, 2009.
김혜정,「설문대할망 설화의 전승 양상과 신적 성격 -마고할미 설화와 비교를 중심으로-」,『우리어문연구』63, 우리어문학회, 2019.

김혜정,「주요 삽화를 통해 살핀 제주도 삼성신화의 문화 창출 태도」,『고전과 해석』 34, 고전문학한문학연구학회, 2021.

김혜정,「처용문화제를 통해 살핀 지역 설화 콘텐츠 활용 현황과 과제」,『어문학』 158, 한국어문학회, 2022.

서대석,「〈일월노리푸념〉의 신화적 성격」,『구비문학연구』31, 한국구비문학회, 2010.

신연우,「〈제석본풀이〉서사구조의 역사성과 문학성」,『고전문학연구』36, 한국고전문학회, 2009.

신호림,「창세신화에 나타난 선악의 정치학」,『우리문학연구』69, 우리문학회, 2021.

신호림,「함경도 서사무가〈도랑선배·청정각시〉에 나타난 희생의 성격과 제의적 의미」,『고전과 해석』33, 고전문학한문학연구학회, 2021.

이경화,「〈성주풀이〉속 황우양 부부의 관계 양상과 그 의미」,『어문학』144, 한국어문학회, 2019.

이경화,「삼신 신화로서의〈당금애기〉연구 : 동해안본을 중심으로」,『구비문학연구』65, 한국구비문학회, 2022.

이수자,「무속의례(巫俗儀禮)의 꽃장식, 그 기원적 성격과 의미」,『한국무속학』14, 한국무속학회, 2007.

정제호,「안심국형〈성주풀이〉에 내재된 성주신의 성격과 신화적 의미」,『민속학연구』40, 국립민속박물관, 2017.

정진희,「제주도 무속 신화〈문전본풀이〉의 가부장제와 '어머니로 살기'」,『국문학연구』35, 국문학회, 2017.

조동일,「탐라국 건국서사시를 찾아서」,『제주도연구』19, 제주도연구회, 2001.

주강현,「서해안 조기잡이와 어업생산풍습: 어업생산력과 임경업 신격화 문제를 중심으로」,『역사민속학』1, 한국역사민속학회, 1991.

천혜숙,「신화로 본 여계신성의 양상과 변모」,『비교민속학』17, 비교민속학회, 1999.

허남춘,「삼성신화의 신화학적 고찰」,『탐라문화』14, 제주대학교 탐라문화연구소, 1994.

현용준,「제주도의 영등굿」,『한국민속학』창간호, 한국민속학회, 1969.

현용준·현승환,「제주도 뱀신화와 신앙 연구」,『탐라문화』15, 제주대학교 탐라문화연구소, 1995.

기타

『고려사』, 한국사데이터베이스(https://db.history.go.kr)
『동국이상국집』, 한국고전종합DB(https://db.itkc.or.kr)
『매천집』, 한국고전종합DB(https://db.itkc.or.kr)
『삼국유사』, 한국사데이터베이스(https://db.history.go.kr)
『수서』, 한국사데이터베이스(https://db.history.go.kr)
『신증동국여지승람』, 한국고전종합DB(https://db.itkc.or.kr)
『조선왕조실록』, 한국사데이터베이스(https://sillok.history.go.kr)
『한국구비문학대계』, 한국학통합플랫폼(https://kdp.aks.ac.kr/gubi)
「연평도의 어획고 일천 만여 원 이상을 돌파」,『매일신보』, 1943. 4. 24.
국가기록원(https://www.archives.go.kr) 〉오늘의 기록〉 1970.01.26.
대한민국 통일부 공식 블로그(https://blog.naver.com/gounikorea/223096078047)
    북한 우상화 과정 ① 장군님은 정말로 축지법을 쓸까, 김일성 편
태안문화원 홈페이지(http://www.cnkccf.or.kr/taean.do) 〉태안의 문화〉민속〉황
    도 당제

도판

〈장승과 돌무덤(국립민속박물관 야외전시장)〉, 2025, 김은선 촬영.
〈제주칠머리당영등굿〉 중 '송별제', 2018, 김혜정 촬영.
〈광화문 문배도〉, 안동 하회마을 화경당 북촌 소장본, 2022, 국가유산진흥원 제공.
〈삼신단지〉, 2009. 국립민속박물관 소장.
김홍도(金弘道), 〈고기잡이〉,『단원풍속도첩』, 18세기 후반, 국립중앙박물관 소장.
〈서해안배연신굿〉 중 '뱃기내림에서 깃손받기', 2002, 국가유산청 제공.

3장 울고 웃는 굿판에서 모시는 신

〈동해안별신굿〉 중 '소지태우기', 2002.

🔥 굿 한판이 벌어지기까지

많은 종교가 하나의 절대자를 중심으로 돌아가지만 무속은 다신(多神)의 세계입니다. 우리가 뭔가를 바라는 마음만큼 신도 많아지고 불러야 할 신도 그때그때 달라집니다.

굿은 누가 중심이 되느냐에 따라 개인굿과 마을굿으로 나뉩니다. 개인굿은 한 집안의 복을 빌거나 걱정을 덜기 위한 굿이고, 그 안에서도 재수를 비는 '경사굿'과 병이나 죽음을 다루는 '우환굿'으로 나뉩니다. 병굿, 망자굿이 우환굿에 해당합니다. 마을굿은 마을 사람들이 함께 모여 마을 전체의 안녕을 비는 굿으로, 축제처럼 흥겹고 함께하는 맛이 강하죠.

어떤 이는 병을 낫게 해달라고 기도하고, 또 어떤 이는 자식의 진학이나 취업을 빕니다. 한쪽에서는 망자의 영혼을 잘 보내주고 싶어 하고, 다른 쪽에서는 마을의 평안과 풍요를 원하지요. 그럴 때 무속의 신들은 저마다의 능력과 성격에 따라 굿판에 불려옵니다. 질병엔 병을 다스리는 신, 죽은 이의 극락을 빌 때는 망자를 인도하는 신이, 복을 바랄 때는 재운을 맡는 신이 등장하죠. 이렇듯 상황에 따라 불리는 신이 다르니 이들의 숫자가 늘어나는 건 자연스럽습니다.

그런데 이 신들을 아무 때나 부를 수 있는 건 아닙니다. 반드시 굿판이라는 제의 공간이 열려야 하고, 그 안에서도 무당이라는 매개자에 의해서만 신은 소환됩니다. 이것은 소박한 개인적 기도를 넘어서 절차와 제도를 갖춘 종교 행위에 가깝습니다.

무속의 굿은 보통 세 단계로 이루어집니다. 신을 부르는 청신(請神), 신을 대접하여 즐겁게 해드리는 오신(娛神), 그리고 신을 보내는 송신(送神)입니다. 이 세 절차는 굿이라는 큰 틀에서 다른 신을 부를 때마다 반복되는데요. 굿의 목적에 따라 초대할 신이 달라지고 그때마다 각 신을 청하고 대접한 뒤 보내드려야 하기 때문입니다.

이처럼 하나의 신을 초대하고 대접하고 떠나보내는 과정을 무속에서는 '거리'라고 합니다. 거리란 굿의 한 단위를 뜻하며 탈춤의 '마당'이나 연극의 '장'과 비슷한 개념입니다. 큰굿은 열두 거리로 진행되지만 꼭 정해져 있지는 않습니다. 굿의 성격과 지역, 그리고 무당이 익힌 굿법에 따라 거리 수는 달라지죠. 간단한 굿은 서너 시간 만에 끝나지만 모시는 신이 많다면 며칠씩 이어지기도 합니다.

굿은 대체로 부정거리로 시작해서 뒷전으로 끝납니다. 부정거리는 굿이 열리기 전 공간을 정화하고 잡귀를 몰아내는 절차입니다. 무당이나 악사가 징과 꽹과리를 크게 울리며 신을 맞이할 준비를 하죠. 마치 연극이 시작되기 전 무대를 청소하고 조명을 켜는 것과 같습니다. 반면 뒷전은 굿의 마지막 절차로, 앞에서 미처 모시지 못한 잡귀나 잡신을 불러 대접하는 순서입니다. 이 신들은 특별한 능력이 있는 건 아니지만 괜한 해코지를 하지 않도록 예를 갖춰 대접하고 떠나보내는 것입니다.

부정거리와 뒷전 사이에서 다양한 굿거리들이 이어집니다. 각각의 거리는 하나의 신을 모시는 하나의 절차이며, 이 거리들이 차례로 이어지면 비로소 하나의 굿판이 완성됩니다.

이 모든 굿을 주관하는 사람이 바로 무당입니다. 함경도에서는 만신, 호남에서는 당골, 제주에서는 심방, 동해안에서는 지모, 성별이 남성이면 박수 등 다양한 이름으로 불리지만 신과 사람 사이를 오가며 뜻을 전한다는 본질은 같습니다. 이들은 크게 두 부류로 나뉩니다. 신내림을 받아 무업을 시작한 강신무와 대를 이어 굿을 전해온 세습무입니다. 대체로 강신무는 신이 내린 사람이기에 공수(신의 뜻을 말로 전하는 것)를 잘 내리고, 세습무는 축적된 경험과 전통을 물려받아 연행에 능한 편입니다. 학계 연구에 따르면 한강 북쪽에는 강신무가, 남쪽에는 세습무가 상대적으로 더 많다고 합니다.

굿을 누가 주관하느냐도 중요하지만, 초대되는 신과 굿의 흐름은 이 굿이 열리는 지역과 목적에 따라 결정됩니다. 어디서 무엇을 비는 자리인지에 따라 신도, 절차도, 굿판의 전개 방식도 달라지기 마련이지요.

이제 굿판의 구성이 어느 정도 감이 잡히고, 왜 무속에 이토록 다양한 신이 필요한지도 짐작되실 겁니다. 지금부터는 굿판에 등장하는 신들의 이야기를 본격적으로 하나씩 살펴보겠습니다. 망자를 위한 신, 병을 다스리는 신, 복을 가져오는 이 신들은 오늘날에도 누군가의 소원을 타고 여전히 불려나오고 있습니다. 끊기지 않는, 아주 오래된 주문처럼요.

1
죽은 자와 산 자를 함께 위로하는 망자굿

저승으로 가는 길은 이승에서 만든다

사랑하는 이를 잃었을 때, 남겨진 사람들은 현실 같지 않은 감정에 휩싸입니다. 모든 것이 그대로인데 단 한 사람만 사라졌다는 사실이 도무지 믿기지 않고, 삶의 리듬도 가족의 분위기도 송두리째 달라져 버립니다. 물론 가장 안타까운 건 세상을 떠난 이지만 살아가야 할 이들의 마음은 허전하고 막막할 뿐이죠.

그래서 예로부터 사람들은 무당을 불러 굿을 열었습니다. 망자굿, 혹은 지역에 따라 망묵굿·새남굿·씻김굿·오구굿·지노귀굿 등 부르는 이름은 달라도 모두 같은 마음에서 비롯된 의례입니다. 죽은 이의 넋을 달래서 원혼이 되지 않도록 하고 이승에 남은 이들의 마음을 다독이는 자리였죠.

이 굿에서 무당은 산 자와 죽은 자 사이를 오가며 말을 전합니다. 그래서 망자굿이 열릴 때면 언제나 최초의 무당 '바리공주'의 이야기부터 시작됩니다. 죽은 부모를 살리기 위해 저승까지 다녀온 존재로서 그녀는 죽음을 다루는 모든 굿에 불려옵니다. 구천을 떠도는 귀신들까지도 챙기고 죽은 이를 다시 살려낸 신으로 여겨지기 때문입니다. 하지만 실제로 죽은 사람을 되돌리는 일은 인간의 힘으로는 불가능하다는 것을 알기에, 망자굿을 여는 사람들은 그저 망자가 무사히 극락에 가도록 도와주기를 바라는

〈진도씻김굿〉 중 '길닦음', 2001.

마음으로 항상 그녀를 잊지 않고 불렀습니다.

굿의 후반부에는 망자가 저승으로 무사히 건너갔음을 시각적으로 보여주는 절차가 반드시 포함됩니다. 도령돌기, 길닦음, 넋보냄, 베가르기 같은 거리들입니다. 무당은 흰 무명을 저승길처럼 길게 펼쳐 놓고 넋이 담긴 광주리나 태집, 넋당석, 종이배를 그 위에 띄워 저승으로 밀어냅니다. 이 모든 행위는 망자를 떠나보내는 마지막 인사이자 죽음을 받아들이는 시간입니다. 유족은 의례를 통해 마음을 내려놓습니다. 눈앞에서 저 광경을 보고 나서야 비로소 "잘 보냈다"고 안도할 수 있게 되기 때문입니다.

🔥 버려진 아이, 죽은 이를 돌보는 존재가 되다

이러한 사람은 효녀가 있어 죽은 생명도 건져내거니와
불쌍한 오늘 죽은 망자는 어느 누가 생명을 건져주며,
죽음에 대신 갈 이 뉘 있으랴.

〈칠공주풀이〉

망자굿의 의미와 그 속에서 바리공주가 맡은 역할은 신화의 마지막 구절에서 또렷하게 드러납니다. 약수를 구해 아버지를 되살린 바리공주의 이야기를 꺼내며 무당이 묻습니다. "오늘 망자는 누가 살려줄 것이며, 누가 죽음에 대신 갈 것인가." 이 말을 들는 유족들의 마음에는 저마다의 감정과 생각이 스쳐 지나가겠지요. 그 복잡한 마음을 다는 알 수 없지만, 망자를 위해 굿을 올리는 이들이 바라는 바는 크게 다르지 않을 겁니다. 바리공주처럼 죽은 이를 실제로 되살릴 수는 없더라도 그 정성만은 신에게 닿기를, 망자가 그 가호를 입기를 바라는 마음 말입니다.

그렇다면 바리공주는 어떻게 죽은 이를 되살리고 왜 망자굿에 불려오는 신이 되었을까요? 결론부터 말하자면, 그녀 역시 다른 많은 신과 영웅들처럼 수많은 시련을 거쳤기 때문에 마침내 신이 될 수 있었습니다. 바리공주가 지나온 고난의 길을 다섯 단계로 나누어 살펴보면 다음과 같습니다.

1단계: 버려짐

'바리데기'라는 호칭부터가 그녀의 운명을 나타냅니다. '버리다'에 사람을 낮춰 부르는 '-데기'가 붙은 이 호칭은, 태어남과 동시에 짐짝처럼 취급된 존재를 뜻합니다. 바리공주는 오구대왕과 길대부인의 일곱 번째 딸로, 태어나자마자 궁 밖에 버려졌습니다. 이 장면은 아이 하나가 내쳐졌다는 사실로 그치지 않습니다. 부모 자식간의 관계가 끊기고 어린 생명이 삶의 문턱에서 밀려나는 순간입니다.

2단계: 소환

죽을병에 걸린 부모는 약수를 구하기 위해 여섯 딸들을 부릅니다. 그러나 아무도 나서지 않자 버렸던 바리공주를 다시 찾지요. 바리공주는 처음에는 냉정하게 거절하지만 끝내 길을 떠납니다. 그들이 어떤 부모였든 간에 생명을 준 이들이기 때문입니다.

부모를 위해 길을 나서는 바리공주의 마음에는 '나를 버린 이들을 위해 내가 무엇을 할 수 있는가'라는 질문이 숨어 있습니다. 스스로 선택한 책임일 수도 있고, 어쩌면 끊긴 인연을 다시 붙잡으려는 시도였을지도 모릅니다.

3단계: 여정

서천서역은 산 자가 갈 수 있는 곳이 아니기에 그 여정은 멀고 험합니다. 바리공주는 수없이 쓰러지지만 무수한 사람들을 돕고, 그들에게 도움받으며 다시 일어섭니다. 염불 책을 얻고, 백발 노인 대신 논밭을 갈고, 천태산 마고할미의 검은 빨래를 희게 헹구며 가는 이 길은 타인의 고통을 묵과하고서는 끝까지 나아갈 수 없습니다.

> 허리도 아프고 다리도 아프고
> 거기서 금방이라도 쓰러질 것 같구나
> 내가 이 자리에 쓰러져 죽게 되면 아버지는 누가 살릴꼬
>
> 〈발원굿〉

4단계: 시련

바리공주는 마침내 서천서역에 도착해서 동수자(각편에 따라서는 무상신선, 무장승이라고도 함)를 마주합니다. 그는 천상에서 죄를 짓고 서천서역국에 유배되어 약수를 지키는 임무를 맡고 있습니다. 바리공주의 청을 동수자는 쉽게 들어주지 않습니다. 처음에는 바리공주가 남자인 줄 알고 '물 긷기 3년, 불 지피기 3년, 나무하기 3년'을 시키고, 여인임을 알게 된 뒤에는 자신과 혼인해서 아이 셋을 낳아야 한다는 조건을 내걸죠. 바리공주는 거절하지만 결국 부모를 살릴 길은 이것뿐임을 알고 시련을 감내합니다.

5단계: 귀환

약수와 환생꽃을 들고 인간 세상으로 돌아왔을 때 부모는 이미 세상을 떠나 장례가 치러지고 있었습니다. 바리공주는 장례를 멈추게 하고 두 사람을 되살립니다. 버렸던 딸이 자신의 생명을 되찾아주자 오구대왕은 왕위를 물려주려 하지만 그녀는 이를 거절합니다. 무당의 길을 택하고 죽은 이를 돌보는 신으로 남았지요. 망자를 보살피는 그 험한 길이 자신의 몫이라 여겼기 때문입니다.

🔥 왕위를 버리고 택한 무당의 길

오구대왕이 바리공주를 버린 건 딸에게는 왕위도 제사권도 물려줄 수 없다는 당시의 관습 때문이었습니다. 하지만 끝내 바리공주가 목숨을 걸고 부모를 살려내자 오구대왕은 그제야 깨닫습니다. 자신이 내쳤던 막내야말로 누구보다 깊은 책임과 사랑으로 왕의 자리를 감당할 사람이라는 걸요. 바리공주에게 아버지 오구대왕은 왕위를 물려주려 합니다. 하지만 그녀는 제안을 받아들이지 않습니다.

"너에게 나라의 반을 줄까? 사대문에 드는 재물을 줄까?"
"나라도 지녀야 나라이고, 재물도 지녀야 재물이로소이다.
소녀, 부모 슬하에 호의호식 못 하였사오니
만신(萬神)의 인위왕(人爲王), 무녀가 되겠나이다."

〈바리공쥬〉

이 장면은 바리공주의 선택이 겸양도, 희생도 아니라는 것을 보여줍니다. '만신(萬神)의 인위왕(人爲王)'이라는 말은 '수많은 신들 가운데 인간을 위해 일하는 신', 혹은 '그런 신을 대신해 무녀가 되겠다'는 선언으로 해석할 수 있지요. 왕의 본질이 힘의 정점에 선 자가 아니라 책임 있는 보호자라면, 바리공주는 그 역할을 망자를 향해 쓰기로 한 것입니다. 그래서 이승의 왕위를 사양하고 스스로 무당이 되기를 자청했고 그 선택은 오늘날까지도 최초의 무당으로서의 울림을 남겼습니다. 망자를 위한 굿에서 그녀를 잊지 않고 청하는 것도 그 책임감과 힘을 기억하고 이어가려는 마음 때문일 겁니다.

그녀는 이제야 부모에게 받아들여졌지만, 그전까지는 존재조차 허락받지 못한 아이였습니다. 그러던 중 서천서역을 오가며 수많은 넋을 마주하고 보니 죽음 이후의 삶도 천차만별인 것을 보고 동질감과 연민에 눈을 뜨게 됩니다.

> 앞으로는 황천강 뒤로는 류사강, 까치여울 피바다에 줄줄이 배가 떠오고 있었다.
> "저 배는 무슨 배입니까?"
> "그 배는 전생에 있을 적에 부모에게 효자이거나 나라에 충신이었거나, 동생에 우애 있고, 일가에 화목하고, 유족들이 마련해준 여러 굿을 받고, 은전 금전 받고, 서방정토 극락세계로 염불하고 가는 배입니다."
> 한 곳에 다다르니 피바다에 밑이 없는 배가 떠오고 있었다.
> "칠팔월 악머구리 울 듯 울고 가는 저기 저 배는 무슨 배입니까?"
> "그 배는 전생에 있을 적에, 부모에게 불효하고, 나라에 역적이요, 동생에 우애 없고, 적은 되로 빌려주고 큰 되로 받고, 싸라기로 동냥 주고, 꾀를 써서 남을 해친 죄로 인하여 억만 사천 지옥으로 울고 가는 배입니다."
>
> 〈바리공쥬〉

배마다 실린 망자들의 사연은 극명하게 갈립니다. 화목한 가정의 망자는 노잣돈과 기도에 힘입어 극락으로 향하지만 불효자와 역적, 남을 해친 자는 바닥이 뻥 뚫린 배로 피바다를 떠돌죠. 이름 없이 흩어지는 이들, 아무도 기억해 주지 않는 이들을 보며 그녀는 생각했을 것입니다. '누구도 돌보지 않는 영혼은 과연 누가 책임져야 하는가?'

그 장면은 그녀에게 깊은 충격을 남깁니다. 망자가 어떤 삶을 살았는지, 산 사람들이 그를 어떻게 보내주는지에 따라 떠나는 방식이 달라지는 모습을 보며 바리공주는 삶의 가치에 대해 다시 생각하게 됩니다.

자신은 이미 이승과 저승의 경계를 넘어선 존재입니다. 서천서역을 지나며 바리공주는 누구보다 많은 망자를 보았고 누구보다 깊은 연민을 품게 되었지요. 그녀 역시 부모가 다시 찾기 전까지는 무연고로 살아왔습니다. 그 점에서 망자들과의 동질감을 느꼈고, 그들의 고통에 응답할 수 있는 유일한 사람이 자신뿐임을 자각합니다.

이러한 바리공주의 선택은 오랫동안 사람들의 기억에 남았습니다. 누구보다 많은 것을 가질 수 있었던 이가 타인을 위해 헌신한 모습은 곧 무당의 본보기로 받아들여졌고, 그 결과 바리공주는 무당의 시초이자 무조신(巫祖神)으로 숭배받았습니다.

그러니 망자굿에서 바리공주를 부르는 이들의 마음도 충분히 이해할 수 있습니다. 서천서역에 갈 수 없는 평범한 우리는 그녀를 부르며 애절히 기도할 수밖에 없으니까요. 망자를 무사히 극락으로 보내주시기를, 우리의 정성이 닿기를 바라면서요.

🔥 재회를 위해 '이것'까지 해본 여인

"얼굴, 한 번만 더 보고 싶어요."
"손이라도 잡아보고 싶어요."
"따뜻하게 안아주고 싶어요."

사랑하는 사람을 떠나보내고 나면 누구나 같은 마음을 품습니다. 살아서는 아무것도 아닌 말이지만 죽음 앞에서는 이루기 어려운 바람이 되죠. 옛사람들은 이 간절한 마음을 망자굿이라는 방식으로 풀었습니다. 이는 죽은 이의 마지막 가는 길을 닦아 극락으로 갈 수 있도록 돕고, 산 자의 못다 한 말을 전하는 의례입니다. 전국적으로는 바리공주가 저승으로 가는 길을 인도하는 신으로 널리 알려져 있지만 함경도에서는 청정각시가 그 역할을 맡습니다. 함경도 망묵굿(망자굿의 다른 이름) 중 도랑축원 거리에서 소환되는 신이지요. 그녀는 세상을 떠난 남편을 다시 만나고 싶다는 마음 하나로 어떤 고통도 기꺼이 견뎌냈습니다. 그런데 어쩐 일인지 세상을 떠난 뒤 사람들에게 저승 천도신으로 대접받게 됩니다.

청정각시는 본래 신이 아니었습니다. 한 남자를 사랑했던 아주 평범한 여인이었지요. 그런데 결혼 첫날, 남편 도랑선비는 그녀의 집에 들어서기도 전에 쓰러져 끝내 숨을 거둡니다. 손 한번 제대로 잡아보지 못한 채 그녀는 남편을 잃었습니다.

그를 다시 보기 위해 청정각시는 온몸을 던집니다. 정화수를 떠놓고 밤마다 기도하고, 머리카락을 뽑아 줄을 삼고, 손바닥에 구멍을 내서 그 줄을 손에 감습니다. 열 손가락 끝에 불을 밝히는 일도 마다하지 않습니다. 그녀가 목숨을 걸고 간절히 빌면 도랑선비는 어김없이 모습을 드러내지만, 손을 뻗는 순간 사라지고 맙니다. 마치 찰나의 재회는 가능해도 닿는 일은 허락되지 않는 것처럼요.

결국 청정각시는 산길을 맨손으로 닦아 올라갑니다. 흙을 헤치고 바위를 밀어내며 한참을 오르던 끝에 맞은편에서 길을 닦아오던 도랑선비와 마주칩니다. 둘은 집으로 함께 향하지만 그 기쁨도 잠시. 바람이 몰아쳐 도랑선비가 다리 아래로 떨어지고 맙니다.

그제야 그는 말합니다. 조부가 탐욕으로 사람을 해친 탓에 자신이 이승에 머물 수 없었다고요. 그리고 마지막으로 한마디를 남깁니다. "나를 다시 보려면 향나무에 목을 매시오." 청정각시는 그 말을 따릅니다.

하지만 이 서사는 비극으로만 남지 않습니다. 염라대왕의 배려로 청정각시는 죽음 이후에도 남편 곁에 머물 수 있게 되었고, 두 사람은 저승에서 망자를 인도하는 신으로 함께 모셔지게 됩니다. 다만 도랑선비는 스스로의 능력이나 공덕으로 신이 된 인물은 아닙니다.[1] 그는 청정각시의 정성이 얼마나 깊었는지를 증명하며, 억울한 죽음을 해원 받은 존재로서 그 이야기를 오늘까지 기억하게 합니다.

지금도 함경도 망묵굿에서는 두 사람의 상이 제사상 양쪽에 나란히 놓입니다. 망자가 좋은 곳으로 가기를 바라는 이들, 마지막 인사를 전하지 못한 이들의 마음이 청정각시와 도랑선비를 다시 불러내죠.

그렇다면 왜 청정각시는 그렇게 많은 고통을 겪어야만 했을까요? 왜 그토록 간절한 마음에도 불구하고 매번 닿기 직전에 멀어져야 했을까요?

🔥 소망으로 시작해 현실로 돌아오는 길, 굿

우리 무속 신앙은 이 질문에 대해 아주 현실적인 방식으로 응답해 왔습니다. 죽은 이를 다시 만나는 일은 오직 사후에야 가능하다는 인식이 바탕에 깔려 있지요. 얼굴을 한 번만 다시 보고 싶다는 절실한 마음 또한 결국은 '죽은 자는 저승에서, 산 자는 이승에서' 살아야 한다는 질서 위에 놓입니다. 그래서 청정각시는 살아서는 끝내 도랑선비를 붙잡지 못하고 죽은 뒤에야 재회할 수 있었습니다.

청정각시가 처음 바랐던 것은 단 하나, 남편의 얼굴을 다시 보는 일이었죠. 하지만 그 바람이 이루어지자 이번엔 손을 잡고 싶어졌고 이내 그를 품에 안고 싶다는 소망으로 이어졌습니다. 욕망은 멈추지 않고 자랍니다. 욕망을 채우려니 해야 할 일도 늘어나고요. 처음에는 정화수를 떠놓고 기도하는 것만으로 충분했지만 시간이 흐를수록 그녀가 감내해야 할 고통도 함께 커졌습니다. 맨손으로 산길을 닦아야 했고 끝내는 목숨까지 내놓아야 했지요.

어디 우리네 마음이 언제나 이성의 틀 안에서만 움직이던가요? 머리로는 압니다. 죽은 사람은 돌아오지 않고, 아무리 발버둥 쳐도 닿지 않는 경계가 있다는 것을요. 그런데도 마음을 접을 수 없는 이유는 혹시, 정말 혹시나 내게도 기적이 일어나지 않을까 하는 기대가 남아 있기 때문입니다. 신화는 이 지점을 외면하지 않습니다. 안 될 걸 알면서도 끝내 포기하지 않는 마음에 때로는 다른 결말을 허락하기도 하지요. 청정각시는 바로 그 마음을 끝까지 밀어붙인 사람입니다. 그래서 그녀는 간절한 이들에게 동경과 숭배의 대상이 되었습니다.

이 신화에는 한 가지 더 짚어볼 점이 남아 있습니다. 청정각시 이야기는 한 개인의 이야기로 끝나지 않습니다. 도랑선비가 겪은 억울한 죽음은 그의 운명 때문만으로는 설명할 수 없지요. 이야기의 끝에서 밝혀지듯, 그는 조부가 재물을 탐하다 사람을 해친 업보로 인해 죽음의 굴레에 묶인 인물입니다. 이는 어떤 죽음은 개인의 잘못이 아니라 이전 세대의 행위에서 비롯되었을 수 있다는 생각을 담고 있습니다. 그 믿음 속에서 사람들은 자신의 삶을 돌아보고 지금의 선택이 다음 세대에 어떤 결과로 이어질지 마음에 새깁니다.

결국 망묵굿에서 그 둘의 상이 나란히 놓이는 것은 산 자와 죽은 자 모두를 위로하려는 마음에서 비롯된 일입니다. 산 자에게는 '그리움과 정성이 망자에게 닿았으니 헛되지 않았다'는 위로를, 또 망자에게는 '당신의 사연 많은 죽음은 사랑으로 풀렸고 이제는 극락에 잘 보내질 것이다'라는 메시지를 함께 전하고 있지요.

굿은 아주 짧은 재회를 허락하고 나서 이별로 마무리됩니다. 각각 이승과 저승으로 돌아가야 하니까요. 굿이 끝난 뒤 사람들은 마음속으로 기도합니다. 이제는 서로 다른 길을 걷게 되었지만 언젠가 다시 만날 수 있기를. 그날이 오기까지 망자는 편안히, 산 사람은 무사히 살아가기를요.

🔥 밥 한 끼에 목숨을 번 장자

호남 지역에서는 망자를 보내는 굿을 씻김굿이라 부릅니다. 장례 절차 중 하나인 염(殮)은 망자의 몸을 씻기고 수의로 갈아입히는 의식인데요. 굿에서도 유사한 장면이 반복되기 때문에 '씻김'이라는 이름이 붙었습니다. 물론 굿에서는 망자에게 실제로 이런 행위를 하지는 않습니다. 대신 무당은 망자의 신체(神體)를 만듭니다. 생전에 입던 옷을 돗자리에 말아 몸통을 만들고, 그 위에 식기를 얹어 머리를 세운 뒤 솥뚜껑을 덮어 갓처럼 씌웁니다. 식기 안에는 쌀을 담는데 그 쌀에는 망자의 혼이 깃든다고 여겨집니다.

무당은 이제 물을 적신 빗자루로 신체를 쓸어내리기 시작합니다. 씻김굿에서 물은 부정을 털고 미련을 걷어내는 데 쓰입니다. 쓸어내릴수록 망자는 이승에 남긴 마음을 조금씩 비워낸다고 믿습니다.

빗자루질로 모든 것을 다 털어내기는 어렵기에 굿에는 반드시 고풀이와 길닦음이라는 절차가 뒤따릅니다. '고'는 매듭을 일컫는 말인데, 망자의 삶에 맺힌 응어리나 끝내 말하지 못한 사정을 상징하지요. 무당은 노래와 몸짓으로 매듭을 하나씩 풀어내고 길을 닦습니다. 이때 함께 불리는 서사무가가 〈장자풀이〉입니다. 무당의 입에서 이 무가가 흘러나올 때, 망자는 인간세계에서 벗어날 준비를 시작하고 유족은 이별을 받아들일 작은 용기를 얻습니다.

심술궂고 인색하기로 소문난 부자, 사마장자가 어느 날 묘한 꿈을 꾼다. 가족들은 모두 좋게 해몽하지만 며느리만은 죽음을 암시하는 흉몽이라 말한다. 기분이 상한 사마장자는 며느리를 친정으로 내쫓고, 머지않아 병을 앓기 시작한다.

사마장자는 점쟁이를 찾아가고, 며느리를 다시 들이라는 조언을 듣는다. 이웃과 곡식을 나누고 조상을 정성껏 모시며 저승사자를 위한 밥상도 차려두라는 말도 따른다. 병든 사마장자를 데리러 온 저승사자들이 마침 그 밥을 사연도 모른 채 먹고 나서야 그것이 자신들을 회유하기 위한 수단임을 알아챈다. 밥값은 해야 하니 사마장자를 데려갈 수는 없고, 그냥 돌아가자니 염라왕이 두렵다.

곤란해진 저승사자들은 태어난 시간이 같은 옆집 우마장자를 대신 데려가려 하지만, 그 집 조상과 지신, 성주신이 길을 막는다. 우마장자는 평소에도 조상을 잘 모시고 이웃과도 정을 나눈 사람이기에 결국 저승사자들은 다시 사마장자에게로 발걸음을 돌릴 수밖에 없었다. 그러자 이번엔 사마장자의 며느리가 나서서 그와 같은 시각에 태어난 백마를 대신 데려가라고 제안한다. 저승사자들은 그 말을 따른다.

하지만 백마가 꿈에 나타나 고통을 호소하고 사마장자를 원망한다. 불편함을 떨치지 못한 그는 마침내 씻김굿을 열어 백마의 한을 풀어준다. 고통에서 벗어난 말은 사람으로 환생하고, 사마장자의 집안에도 평안이 찾아온다.

〈장자풀이〉

이 신화는 씻김굿의 가장 중요한 대목에서 구연됩니다. 정성이 망자의 운명을 움직일 수 있다는 믿음이 드러나는 순간이니까요. 죽음은 이성으로 설명되지 않습니다. 착한 사람이 오래 살고, 나쁜 사람이 벌을 받는 식으로 세상이 굴러가진 않지요. 그래서 사람들은 정성을 다해 운명을 달래보려 합니다. 저승사자에게 밥을 차리고, 억울한 죽음을 굿으로 씻어내려는 상상도 그 안에서 나왔습니다.

〈장자풀이〉는 그 상상을 구체화한 이야기입니다. 악독한 사마장자는 저승사자를 잘 대접해 살아남고 대신 백마가 희생됩니다. 죽은 말은 꿈에 나타나 원한을 토로하고 결국 굿으로 씻김을 받아 사람으로 환생합니다. 씻김굿의 대상은 사람과 동물, 선한 자와 악한 자를 가리지 않습니다. 그저 가족의 정성과 신에 대한 믿음만 있으면 누구든 씻김을 받을 수 있다는 상상이 이 신화 속에 담겨 있지요. 삶의 끝은 언제 찾아올지 모릅니다. 그래서 사람들은 굿을 열어 그 불합리함을 해소하고자 했습니다. 무엇도 손쓸 수 없는 상황에서 정성으로 운명을 바꿔 보려 했던 것이지요.

굿판, 유교와 불교가 스며든 자리

〈장자풀이〉는 유족들이 죽은 이를 위해 할 수 있는 최선이 씻김굿임을 보여주지만 거기서 멈추지 않고 산 사람에게도 질문을 던집니다.

'어떻게 살아야 하는가?'

조상을 잘 모시고 덕을 쌓는 삶은 유교에서 강조해 온 덕목입니다. 억울하게 죽은 이가 다시 태어날 수 있다는 기대는 불교의 윤회 사상과 맞닿아 있습니다. 그리고 이 모든 사유를 품는 것이 무속의 세계관입니다. 굿 안에 이승과 저승, 삶과 죽음이 하나로 엮여 있거든요.

먼저 유교적 덕목은 우마장자의 일화에서 선명히 드러납니다. 우마장자는 가진 것은 없지만 평소 조상을 공경하고 부모에게 효도하며 이웃과도 정답게 지냅니다.

> 우마장자 잡으러 문 앞에 당도하여 소리 높여 우마장자 이름을 부르니 성주님이 대답하고, 두 번째 부르니 조상님이 대답한다. 세 번 불러 놓으니 성주조상 대답한다.
> "아이고 여봐라 사자들아 우리 우마장자 데려갔다가는 선영 조상 모두 염라대왕한테 가서 전후사정을 다 이야기할 터이니 네 이놈들 뼈도 아니 남으리라."

〈장자풀이(Ⅰ)〉

죽음의 문턱에서 그를 구한 것도 다름 아닌 성주신과 조상신들입니다. 우마장자가 평소 어떤 삶을 살아왔는지를 앞장서서 증명해 준 겁니다. 무속의 이야기를 빌려 전해지지만, 결국 효·

예·덕 같은 유교적 가치가 실제로 삶을 붙드는 힘이라는 믿음이 이 장면에 녹아 있습니다.

한편, 사마장자 대신 끌려간 백마의 이야기에는 불교적 상상력이 섞여 있습니다. 죄 없는 말이 저승에서 고통을 겪고 씻김굿을 통해 다시 태어나는 흐름은 업보와 윤회로 이어지는 불교의 서사 구조를 그대로 따릅니다. 백마는 꿈속에서 사마장자에게 울분을 토해내지요.

"사마장자 이놈아! 내가 무슨 죄로 이런 고초를 당하느냐? 나는 십 리만 가려고 해도 너를 내 등에 태우고 오리만 가려고 해도 네 발에 흙을 하나 안 묻혀 준 죄밖에는 없는데 네 죄를 뒤집어써서 목에는 큰 칼, 손에는 쇠고랑, 발에는 족쇄, 머리에는 투구 철갑 씌어져 갖은 고초 당하니 너는 어서 내 고통을 풀어주어라."

〈장자풀이(Ⅱ)〉

사마장자는 점쟁이의 말에 따라 씻김굿을 닷새 동안 올립니다. 첫째 날엔 말의 머리에서 철갑이 벗겨지고, 둘째 날엔 목의 큰 칼이, 셋째 날엔 몸을 얽은 금실 그물이, 넷째 날엔 손의 쇠고랑이, 다섯째 날엔 발의 족쇄가 풀어지죠. 굿이 마무리되자 말은 사람으로 환생합니다.

그런데 이 이야기에는 망자도 환생할 수 있다는 희망만 있지는 않습니다. 죄 없이 끌려간 말이 지옥에서 고통받는 모습을 보며 사람들은 죽음 이후에 대한 두려움을 더 깊이 새깁니다. 살면서 업보가 쌓이고, 죽고 나면 반드시 그 결과를 마주할 거라는 불안이 마음을 짓누르지요. 사람들은 그 두려움을 조금이라도 덜기 위해 씻김굿을 찾았습니다. 두려움을 피할 수 없다면 정성으로라도 그 길을 밝혀주고 싶었던 겁니다.

〈장자풀이〉는 유교와 불교에서 강조하는 덕목을 삶의 중요한 기준으로 삼되 그것을 실천하지 못한 사람에게도 씻김굿을 통해 기사회생하거나 저승길의 고통을 덜 수 있음을 전합니다. 평소 맺은 인연, 쌓아온 덕이 결국 마지막 순간에 드러난다고 여겼던 거죠. 장자는 며느리의 정성 덕분에 목숨을 연장했습니다. 그래서 사람들은 자기 삶에도 그런 은혜가 닿기를 바라며 씻김굿에서 이 무가를 부릅니다.

> 씻김굿에 장자풀이를 하면 액운을 막아 일 년 삼백육십일 지나가도 근심 걱정 없애 집안 평안 시킵니다.
>
> 〈장자풀이(Ⅰ)〉

굿을 치러야 비로소 망자는 저승에서 편안해질 수 있으며 때로는 환생할 수 있다고도 생각됩니다. 남은 이들 또한 정성을 다해 망자를 떠나보낸 후에야 이승에서 다시 살아갈 수 있는 힘을 갖게 되고요.

2

고통을 걷어내는
병病굿의 신

때로는 굿이 약이다

요즘엔 어디 아프다 싶으면 병원부터 가죠. 하지만 옛사람들은 가장 먼저 신이 노한 건 아닐지 의심했습니다. 의료 기술도 부족했고 병의 원인에 대해 알려진 것도 거의 없던 시절이었으니까요. 사람들은 병이 들면 신에게 정성이 부족했거나 무언가 금기를 어겨 벌을 받는다고 생각했습니다. 심지어는 아무런 이유 없이 신이 해코지를 해서 병이 찾아왔다고 믿기도 했습니다. 그러니 병을 고치려면 약이 아니라 신의 마음을 돌려야 했고, 그 일을 맡는 사람이 바로 무당이었습니다.

일제강점기 조선의 무속을 조사했던 무라야마 지준(1891-1968)은 '신분이나 지역을 가리지 않고 병이 나면 무당을 찾았고, 의료 시설이 드문 지방에선 무당이 사실상 유일한 치병 수단'[2]이라고 기록했습니다. 당시 의료시설이 드물었던 건 물론이고 옛사람들 눈에는 무당이야말로 병의 이면까지 꿰뚫는 전문가처럼 보였던 겁니다.

병을 고치기 위한 굿을 옛사람들은 병굿이라 불렀습니다. 병을 다스리는 굿이라는 뜻에서 치병굿이라 부르기도 했고 꼭 병이 아니더라도 집안에 우환이 계속될 때 치르는 경우가 많아 우환굿이라는 이름도 있었죠. 병굿은 질병을 일으킨 신을 무당이 어떻게 다루느냐에 따라 크게 두 갈래로 나뉩니다. 하나는 신을 쫓아내는 방식, 다른 하나는 신을 모셔서 달래는 방식입니다.

먼저 신을 쫓아내는 방식으로 진행되는 대표적인 예는 광인굿입니다. 옛사람들은 환자의 말과 행동이 낯설고 비정상적으로 느껴지면 귀신에 씐 탓이라 생각했습니다. 광인굿은 바로 그 귀신을 몰아내기 위해 시작됩니다. 무당은 도끼·칼·낫 같은 날붙이를 준비하고, 귀신이 깃들었다고 여겨지는 허수아비를 거칠게 몰아칩니다. 이어서 날붙이를 휘두르며 팔다리를 꺾고 거센 소리로 귀신을 위협하지요. 그렇게 끝내 "이 몸에서 나가겠다"는 항복 선언을 받아내고 나서야 굿은 마무리에 들어갑니다. 허수아비와 의식에 쓰인 도구들은 불태워지고, 사람들은 연기와 함께 병의 근원도 사라지길 빌었습니다.

광인굿은 병의 특성상 조심스럽게 치러지고 밖으로 알려지는 경우도 드뭅니다. 게다가 요즘은 다들 병원부터 찾기 때문에 실제 굿판을 보게 될 일은 거의 없지요. 하지만 의외로 그 광경은 익숙할지도 모릅니다. 무당이 날붙이를 들고 춤추며 주문을 외고 땀에 젖은 채 격렬하게 뛰는 장면, 한국 영화에 무당이 등장하면 빠지지 않는 이 클리셰의 뿌리는 '쫓아내는 병굿'에 있습니다.

영화 〈곡성〉에는 무당으로 분한 황정민이 사납게 칼춤을 추는 장면이 나오죠. 불꽃 앞에서 마치 신과 싸우듯 격렬하게 움직입니다. 관객 입장에서는 과장된 퍼포먼스 같겠지만 무속의 눈으로 보면 이는 철저한 질병 퇴치 의식입니다. 영화 〈파묘〉의 굿 장

〈광인굿〉에 사용된 허재비, 2017.

면도 비슷합니다. 김고은이 굿을 하며 얼굴에 숯을 덕지덕지 칠하던 장면은 '아기 몸에 깃든 악한 기운'을 몰아내기 위한 현대판 광인굿처럼 보입니다. 아픈 아기가 도무지 차도가 없자 결국 가족들이 무당을 찾아가는 도입부 역시, 병을 신의 노여움으로 돌리던 옛 인식을 다시 스크린 위에 펼쳐 놓은 장면이죠.

하지만 병굿이 모두 신을 몰아내는 방식으로만 치러지는 건 아닙니다. 어떤 굿은 오히려 신을 정성껏 모시는 방식으로 진행되지요. 병에 걸리게 한 신을 달래서 다시 평온한 일상을 되찾기 위함인데, 그 대표적인 예가 손님굿과 심청굿입니다. 손님굿은 전염병을 몰고 온다고 믿어진 손님신에게 정성을 바치는 굿이고, 심청굿은 눈병을 고치거나 막기 위해 심청신을 모시는 굿입니다.

그런데 놀라운 점은 공간과 시간의 제약으로 많은 굿이 축소되거나 생략되는 요즘에도 이 굿들만은 여전히 끊이지 않고 이어지고 있다는 사실입니다. 오래된 전통이라서가 아니라 여전히 사람들의 마음을 붙잡고 있는 현장의 힘이 있다는 뜻이겠지요. 이제부터 그 굿들의 면면을 가까이 들여다보려 합니다. 전염병이라는 말만 들어도 가슴이 덜컥 내려앉던 시절, 사람들은 왜 손님신을 불러야 했을까요? 또 눈을 다치면 인생이 기울던 시절, 이들을 돕는 신으로 왜 심청이 소환되었을까요? 그 이야기 속으로 천천히 걸음을 옮겨봅시다.

🔥 손님은 올 때보다 갈 때 더 반갑다

천연두는 갑자기 들이닥친 재앙이었습니다. 이 병에 걸리면 눈이 멀거나 죽는 사람도 적지 않았습니다. 운 좋게 살아남은 이들조차 얼굴에 곰보라는 낙인이 평생을 따라다녔죠. 실제로 천연두는 역사상 약 10억 명에 이르는 사망자를 남긴, 인류가 가장 오래 두려워한 병 중 하나였습니다. 그래서였는지 옛사람들은 이 병을 부를 때조차 하나같이 에둘러 말했습니다. 손님, 마마, 마누라, 별성, 호구, 역신처럼 그 이름은 지역마다 조금씩 달랐지만 조심스럽고 공손했지요. 그중 손님이란 이름에는 예고없이 찾아왔지만 정성을 다해 대접하면 조용히 떠날 거라는 기대가 담겨 있었고, 마마와 마누라는 임금과 왕실의 가족을 높여 부르는 호칭이었다는 데서 이미 경외심이 느껴집니다.

옛사람들은 천연두가 퍼지면 무당을 불러 손님굿과 마마배송굿을 올렸습니다. 함부로 대할 수 없는 존재를 잘 모셔서 병세가 심해지기 전에 흡족하게 떠나보내기 위함이었습니다. 그 믿음은 설화 속 손님신의 모습에 고스란히 반영되어 있습니다.

강남국에는 53명의 손님이 살고 있었는데, 조선이 좋다는 소문을 듣고 이 중 세 손님(세존손님, 문신손님, 각시손님)이 배를 타고 조선으로 건너온다. 의주 압록강에 당도했을 때 뱃사공이 각시손님에게 하룻밤을 요구하며 무례를 범하고 이에 분노한 각시손님은 뱃사공과 그 아들을 천연두에 걸려 죽게 만든다.

육지에 오른 손님들은 마을의 큰 부잣집 장자네를 찾아가지만 박대를 당하고, 이웃집 노고할미가 이들을 데려다 정성껏 대접한다. 손님은 그 정성에 감동하여 노고할미의 외손주가 천연두를 가볍게 앓고 지나가도록 도와준다. 반면 장자네 외동아들 철현은 병이 깊어 사경을 헤맨다. 철현은 어릴 적 노고할미가 유모로 돌본 아이였기에, 노고할미는 손님에게 한 번만 더 기회를 달라고 청한다.

손님은 이를 허락했고, 노고할미는 장자에게 정중히 사정을 알리며 손님을 융숭히 대접하자고 제안한다. 장자는 처음엔 아들의 병세가 위중하자 이를 받아들이는 듯했으나 병이 조금 나아지자 곧 마음을 바꾸어 손님을 또다시 박대한다. 이에 손님은 자신의 호의를 저버린 장자에게 벌을 내리기로 한다. 철현의 병세는 다시 악화되고 끝내 아이는 죽고 만다.

〈손님굿〉

이야기의 구조는 단순하면서도 강력합니다. 손님신을 어떻게 대하느냐에 따라 병의 경중이 달라지고 아이의 운명까지 갈리죠. 그 대비는 뱃사공과 장자, 그리고 노고할미라는 인물을 통해 반복적으로 강조됩니다. 천연두가 특히 어린아이에게 치명적인 병이라는 점, 그리고 무엇보다 '대(代)가 끊기는 것'에 대한 깊은 공포가 담겨 있습니다.

간혹 다른 각편에서는 장자가 마음을 고쳐먹고 손님굿을 거하게 올려 아들의 목숨을 건지는 결말로 마무리되기도 합니다. 굿에서는 그 대목이 인상적으로 묘사되는데요.

그제야 김 장자, 지난 일을 모두 반성하고 손님굿을 하는데
말도 만들고, 앞 광 헐어서 큰 시루에 섬떡 찌고
뒤 광 헐어서 술도 빚어 넣고
온갖 무녀 불러다가
손님굿을 하는데 찬란하게 잘 하드라.
죽은 자식을 이래 살려 놓으니 얼마나 기분이 좋은가.
〈손님굿(변연호 구송)〉

이처럼 굿의 크기와 정성은 가문의 존폐와 직결된 문제였습니다. 그래서 조선 후기, 유교가 무속을 억제하던 시대에도 천연두만큼은 무당의 손을 빌리지 않을 수 없었습니다. 실제로 궁에서도 무당을 불러 손님굿을 치렀고, 백성을 위해 설치된 활인서에는 의원과 무당이 나란히 배치됐습니다. 치료제가 없던 시대에 병을 다룰 수 있는 이는 비단 의사만이 아니었던 겁니다.

🔥 미워할 수도, 그렇다고 곁에 둘 수도 없는 천연두신

한편, 손님신을 모시는 무당의 차림만 봐도 이 병이 사람들에게 어떤 인상으로 다가왔는지를 짐작할 수 있습니다. 서울과 중부지방의 호구거리에서는 무당이 붉은 망이나 치마를 면사포처럼 머리에 덮어씁니다. 천연두는 얼굴에 깊은 흉터를 남기는 병이었고 외모가 망가질까, 병이 퍼질까 두려워 사람들은 얼굴을 가리거나 숨어 지냈습니다. 무당의 복식 또한 그런 두려움을 고스란히 반영하고 있었던 것이지요.

하지만 천연두를 몰고 온다고 해서 이 신을 무작정 미워할 수만은 없습니다. 정성을 다하면 병을 피해 가게 해주고 복을 내려주기도 하니까요. 굿판에서 무당이 "붉은 치마를 걷거나 얽은 얼굴을 가릴 화장품을 사려면 정성이 필요하다"고 말하면 사람들은 부채 위에 돈을 얹습니다. 그러면 무당은 "이만한 정성이면 병은 비껴가고 재복이 따를 것이다" 같은 공수를 내리죠. 이러니 사람들이 이 신을 무서워하면서도 좋아할 수밖에요.

벌을 주기 전에 경고하고 정성엔 반드시 보답하는 존재. 그는 어떤 신보다도 공평합니다. 그렇다고 곁에 둘 수는 없습니다. 애초에 천연두를 몰고 온 손님이니까요. 손님신이 다시 떠나기를 바라는 마음은 굿의 마지막 절차에 고스란히 담겨 있습니다. 굿판 바깥쪽에는 짚이나 종이로 만든 말이나 배가 준비되어 있고, 그 위에 밥·떡·과일·여비 같은 제물을 태워 보냅니다. 이 과정

〈서울새남굿〉 중 '호구신' 대목, 2016.

을 마마배송굿, 손님네 말치레 놀이, 마누라 배송 등으로 부르는데, 이 굿의 초점은 '떠나보냄'에 있습니다. 정성껏 대접한 뒤 반드시 떠나보내야만 비로소 안심할 수 있었기에 이 이중적인 손님에게 무속은 끝까지 예를 갖추면서도 조심스럽게 작별을 고합니다.

어떤 지역 설화에는 천연두로 목숨을 잃은 철현이가 손님신의 마부가 되어 이 고장 저 고장을 함께 떠돈다고도 전해집니다. 손님신이 아이를 불쌍히 여겨 데려간다는 해석도 있지만 이 이야기는 하나의 경고처럼 들립니다. 손님을 우습게 본 자가 어떤 대가를 치렀는지, 굿판에 모인 사람들은 계속해서 곱씹게 되기 때문이죠.

🔥 굿이 세상을 다시 보게 할 때

동해안 일대에서 별신굿이 열린다는 소문이 돌면 마을이 술렁이기 시작합니다. 이제 곧 굿판이 깔리고 볼거리가 생길 거란 기대가 퍼지지요. 별신굿은 한 마을이 정한 주기에 맞춰 마을의 안녕과 풍요를 비는 큰 의식입니다. 대개 3년·5년·7년. 길면 10년에 한 번 돌아오는데 일단 판이 벌어지면 1박 2일을 넘겨 사흘까지 꼬박 이어지기도 합니다. 무당과 악사들은 중간중간 교대하고, 마을 사람들은 들렀다가 밥 먹고 와서 또다시 자리를 잡습니다. 옆 동네 사람들까지 찾아오곤 하지요.

그 안에는 부정굿, 성주굿, 용왕굿처럼 다양한 거리들[3]이 이어집니다. 그중에서도 유난히 사람들이 몰리는 굿거리가 하나 있는데 바로 심청굿입니다. 전체적으로 재수굿·마을굿의 성격을 띠는 별신굿 안에서 심청굿은 병굿으로 분류됩니다.

사람들은 이 심청굿이 언제쯤 열릴지 다들 잘 압니다. 새벽녘, 모든 것이 어두웠다가 막 밝아지려는 순간 혹은 사람들이 가장 많이 모이는 오후 시간대에 맞춰 굿판은 어느새 북적이기 시작하지요. 어둠 속에서 빛을 기다리듯 침침한 눈이 다시 맑아지길 바라는 마음이 그 시각과 겹치는 겁니다. 그래서 이 굿이 시작될 즈음이면 어느새 자리는 가득 차 있습니다.

심청굿은 고전소설 〈심청가〉의 흐름을 따라갑니다. 아버지를 위해 인당수에 몸을 던진 심청, 그리고 그 정성으로 눈을 뜨게 되는 심봉사의 이야기 말입니다. 굿판에서는 이 사연이 다시 장단을 타고 살아납니다. 무당의 입에서 심청이라는 이름이 반복될 때, 누군가는 그 넋이 내려와 흐릿한 눈을 밝혀주길 바라고 또 누군가는 자기 마음속 어둠까지 걷히기를 빌지요.

이 사람이라 하는 것은 천하에 대복(大福)이 무엇이냐 이 천하 눈이 보배다. 사람의 눈이라 하는 거는 하늘의 일월과 같다. 아무리 지가 똑똑하고 아무리 지가 재주가 있어도 눈 없이 보지 못하면 아무리 하려고 해도 못하는 일이다. …중략… 이 사람의 팔자라는 거는 초년에 눈이 안 어두워도 중년에 어두운 사람도 있고 또 중년에 안 어두워도 말년에 어두운 사람도 있고 어려서부터 어두운 사람도 있다. 이러니 하늘이 낸 효녀 심청의 넋을 착실히 불러주면 눈을 밝게 쓰게 해주고, 눈병 잡병 없애준다.

『서사무가 심청전집』

동해안 사람들은 대부분 바다를 곁에 두고 살아갑니다. 갯바람을 맞으며 뱃일을 하는 사람들에게 눈은 곧 생명줄이었습니다. 눈이 밝아야 고기를 잡고, 물살을 피하고, 바닷길을 잃지 않았으니까요.

그렇다고 심청굿을 찾는 이들이 모두 맹인일 리는 없습니다. 그럼에도 이 굿에 마음이 끌리는 이유는 눈이 흐려지기 시작하면 시력 걱정보다도 먼저 불안한 생각이 들기 때문입니다. 몸이 예전 같지 않은데 나이 탓인가, 이제 어떻게 하나 하는 걱정 말이지요.

눈앞이 흐릿해지면 마음도 따라 흔들립니다. 그래서 굿은 다시 전처럼 맑게 보게 해달라고 빌어보는 자리가 됩니다. 여전히 활기차게 일하고 무엇이든 척척 해내고 싶은 마음이 남아 있기 때문입니다.

🔥 심청굿은 못 참지!

심청굿은 굿판에서 가장 기다려지는 거리 중 하나입니다. 눈을 맑게 한다는 효험도 있지만 무엇보다 재미있고 흥이 넘치기 때문이죠. 워낙 인기가 많다 보니 이 굿을 이끄는 주무(主巫)는 판을 제대로 휘어잡을 줄 알고 사설도 맛깔나게 푸는 무녀가 맡습니다. 심청과 심봉사의 고난이 이어질수록 굿판의 분위기는 점점 고조되고, 어느새 모두가 울고 웃으며 이야기 속으로 빨려 들지요.

심청굿은 병굿이긴 하지만 죽고 사는 큰 병과 맞닿은 건 아닙니다. 치명적인 병을 다룰 때처럼 절박한 분위기가 덜해서인지 굿판엔 흥이 조금 더 짙게 깔립니다. 게다가 이 굿은 워낙 인기 있는 거리라 연행 시간도 제법 깁니다. 능력 있는 주무일지라도 혼자 끌고 가기란 벅차기에, 그럴 때면 새끼 무당이 나와 민요나 트로트 같은 익숙한 노래를 부릅니다. 사람들의 손뼉 장단이 빨라지고, 박수가 터지고, 누군가는 어깨춤을 추며 흥이 끓어오르면 굿은 어느새 잔치판이 되지요. 굿에서 이렇게 한껏 흥을 돋우는 구간을 따로 놀음굿이라 부르기도 하는데, 특히 심청굿에서 이 부분이 고조됩니다.

하지만 아무리 흥겹다 해도 심청굿의 진짜 목적은 그 뒷부분에 있습니다. 병을 다스리기 위한 굿이기에 신성성이 빠질 수 없죠. 모두가 심청과 재회한 심봉사의 눈이 떠지는 순간을 기다리고 있습니다.

심청이 버선발로 우루루 쫓아가 "아이구 아버지" 하더니마는, 방성통곡 울음을 운다. "아부지요 소녀를 보시오 임당수 갔던 심청이 왔습니다."
(장님 흉내를 내면서) "여기가 어디냐? 헛! 어아, 어아 심청이냐? 어아, 어아!" (일동: 큰 박수)

〈심청굿〉

박수가 터지고, 무당이 장단을 빠르게 몰아갑니다. 하늘에서 옥진부인이 약물을 내려서 심봉사 머리맡에 실안개·비안개가 자욱하게 깔리고, 그 약기운을 받으며 여러 봉사들의 눈이 하나둘 '버떡' 떠지는 대목이 이어집니다. 무당은 목청껏 외칩니다.

(눈을 뜨는 시늉을 하면서, 빠르게) 여기 버떡 여기도 버떡 버떡 버떡 버떡……
(관중들 함께 장단에 맞추어 박수를 계속 친다.) 버떡 뜨더니, 심봉사도 눈을 버엇떡 뜨고

〈심청굿〉

굿판은 박수로 뒤덮이고, 눈을 떴다는 환호가 울려 퍼집니다. 사람들은 믿습니다. 심청의 정성이 심봉사의 눈을 뜨게 했듯, 이

굿에 정성껏 참여하면 자기 눈도 밝아질 거라고요.

이제 무당은 소나무나 대나무 가지로 만든 손대를 들고 굿판을 돌며 사람들의 눈을 조심스럽게 쓸어줍니다. 바가지에 담은 물을 성수처럼 뿌리기도 하고, 누군가는 그 물을 눈에 톡톡 찍어 바르기도 합니다. 이 모든 과정은 유감 주술입니다. 눈뜨는 장면을 흉내 내어 그 힘을 조금이라도 따라잡아 보려는 마음이 담겨 있습니다.

무당이 들고 있는 손대 밑 수술이나 한복 자락은 어느새 사람들이 꽂아 넣은 지폐로 가득합니다. 하지만 그것은 돈이라기보다 그네들의 소원 뭉치입니다. 그러니 누가 시키지 않아도 마음이 동하는 대로 손이 움직이죠. '아버지 눈을 번쩍 뜨게 한' 심청신의 능력에 흥겨운 굿 보는 재미까지 더해지니 심청굿은 언제나 기다려질 수밖에 없습니다.

〈울진 구산리 별신굿〉 중 무녀의 손대, 2006.

3
행운의 또 다른 이름, 재수굿

🔥 복이여 들어오소서

"우리 가족 모두 건강하게 해주시고, 하는 일도 술술 풀리게 도와주세요."

특별한 일이 없어도 우리는 조용히 빌곤 합니다. 지금의 일상이 오래 가기를, 혹은 더 나아지기를요. 그런데 그런 삶을 지키려면 건강·돈·일이 필요합니다. 결국 우리가 바라는 건 늘 이 셋입니다.

이처럼 평범하지만 간절한 바람을 담아 사람들은 재수굿을 합니다. 거창한 사건 때문이 아니라, 그저 지금보다 나아지길 바라는 마음에서 비롯되지요. 흐름이 막히거나 꺼림칙한 일이 이어질 땐 길일을 따로 잡아 굿을 열기도 합니다. 좋은 운을 들이려면 나쁜 기운부터 비워내야 하니까요. 지금 재수가 있든 없든 사람들은 일이 뜻대로 잘 풀리기를 바라며 굿을 벌입니다. 한편 이런 특별한 경우가 아니라 정기적으로 여는 재수굿은 보통 1년 혹은 3년에 한 번쯤, 정초나 계절이 바뀔 때 굿판이 섭니다. 그러다 보니 서울·경기 지역에서는 12거리의 큰굿[4], 제주도에서는 이보다 큰 24거리[5]로 이어지곤 하죠. 집집마다 마을마다 조금씩 다르지만 보통 조상신·대감신·제석신·성주신을 차례로 모셔 크게 대접합니다.

조상신은 집안의 뿌리입니다. 그분들이 편히 있어야 집안도 덩달아 편해진다는 믿음이 깊지요. 손님신은 병을 돌보고, 대감신은 재물을 불려주며, 제석신은 수명과 자식 복을 내려줍니다. 성주신은 집안이 잘되고 복이 깃들기를 돕습니다. 굿판에 모시는 신을 보면 사람들이 바라는 게 무엇인지 명확해집니다. 아프지 않고, 남부럽지 않게 살고, 그 복을 대대로 누리게 해달라는 소원만큼은 꼭 이루어졌으면 하는 마음이 재수굿에 담겨 있습니다.

예전에는 재수굿을 하면 잔칫집처럼 북적였다고 합니다. 집안 식구는 물론이고 사돈에 팔촌까지 불러 모아 성대하게 신을 맞고 복을 빌었습니다. 그러나 요즘은 굿판의 규모도, 분위기도 예전과는 사뭇 달라졌습니다. 무당은 일부 굿거리를 생략하거나 무가도 요점만 간단히 읊은 뒤 굿을 금세 끝내는 경우도 많습니다. 굿판의 효과는 살리되 시간과 비용은 줄여 효율성을 높이려는 흐름입니다. 여기에 무속을 바라보는 사회 인식이 달라지고, 오랜 시간 이어지는 굿 때문에 주변에서 민원이 생기는 경우까지 겹친 탓도 있습니다.

제주도 재수굿에는 이공신, 삼공신 같은 신이 굿판에 모셔집니다. 이름만 봐서는 좀 생소하지만 재수굿이라면 빠질 수 없는 신들입니다. 이공신은 집안 기운을 북돋우고 자손이 잘 되도록, 삼공신은 집안에 복이 머물게끔 도와줍니다. 가족과 재복에 관해서는 믿음이 가는 신들이지요. 이 둘은 〈이공본풀이〉, 〈삼공본풀이〉라는 신화 속 서사로도 이어지는데 그 이야기는 조금 뒤에서 찬찬히 살펴볼 예정입니다.

　궁금증이 조금씩 피어오릅니다. 굿이 낯설어진 요즘이지만 재수굿을 이어가는 사람들은 여전히 복을 빕니다. 그들이 바라는 건 무엇일까요? 굿판에 불려오는 신은 어떤 사연 끝에 능력을 갖게 된 걸까요? 제주도 재수굿에서 오가는 이야기를 함께 들여다보려 합니다.

🔥 아기를 기다리며 꺾는 꽃

　아기를 간절히 바라는 마음은 시대를 가리지 않습니다. 의학이 발달한 요즘은 난임 치료를 받는 이들도 많아졌지만 기다림만큼은 여전히 쉽지 않지요. 진료 예약을 하고도 몇 시간을 더 기다리는 동안, 사람들은 저마다의 절실함을 꾹 눌러 삼킵니다. 지금 이 순간을 견디는 힘은 아마도 아기를 품겠다는 마음 하나일지도 모릅니다.

　예전에는 병원도, 약도 없었기에 그 마음은 온전히 신에게로 향했습니다. 그중에서도 생명을 관장하는 삼신은 아기를 원하는 이들이 가장 먼저 떠올리는 신이었습니다. 그러나 물을 떠다 놓고 오랫동안 치성을 드려도 아기가 오지 않을 때는 무당을 찾아 굿을 열기도 했습니다. 불도맞이라는 이 굿은 단독으로 열리기도 하고, 재수굿의 한 꼭지로 불리기도 합니다.

불도맞이라는 이름에는 굿의 목적이 잘 나타납니다. '불'[6]은 생명, 곧 아기를 뜻하고 '도'는 신을 의미하지요. 즉, 아기를 점지하는 신을 맞이하는 굿입니다. 그 신이 누구냐고요? 앞에서도 한 번 만났던 삼신입니다. 제주에서는 이 신을 삼승할망이라 합니다.

그러면 불도맞이는 삼승할망을 향한 찬사로 가득 차겠거니 하지만 꼭 그렇지만은 않습니다. 서천꽃밭을 관리하는 이공신 할락궁이도 꼭 함께 모셔야만 하지요. 그리고 그가 돌보는 여러 꽃 가운데 악심꽃이 여기서 등장합니다. 온갖 부정과 탁한 기운을 상징하는 이 꽃을 꺾고 나서야 비로소 아이를 들일 자리가 마련된다고 믿었기 때문입니다.

제주도에서 진행된 불도맞이를 채록한 자료들은 아주 볼만합니다. 몇 시간씩 이어졌을 긴 사설은 한 편의 연극처럼 한 마디 한 마디에 힘이 실려 있지요.

제인장자집이 수레멜망(멸망) 악심이 들었구나. 멜망시켜 오던 악심꽃을 뽑아 없애고 번성꽃을 시켜주십시오. 이공서천 도산국님께 빕니다.

〈이공본풀이〉

무당이 악심꽃(댓잎을 띠로 묶은 것)을 쥐고 손을 벌벌 떨며) "이거 큰

일 났습니다. 꽃이 떨고 있습니까? 내 손이 떨고 있습니까? 어떻게 하면 좋겠습니까?"

본주 말하길 "인정(돈) 받아 꺾어버리세요." 무당이 인정 받고 악심꽃 댓가지를 하나씩 꺾는다. …중략… 무당이 본주에게 꽃 한 가지를 뽑게 하고 인정을 받은 후 그가 뽑은 꽃가지의 생김새를 보고 자식의 유무, 잉태 시기 등을 해석하여 예언한다.

〈불도맞이-악심꽃 꺾음〉

아기가 없는 집의 기운을 바꾸고 그 집에 새 생명을 점지하기 위해서는 악심꽃을 꺾어야 하며, 이후 서천꽃밭에 새로 심은 꽃을 인간 세계의 본주(굿을 의뢰한 사람)에게 주어 잉태를 돕겠다고 이야기하는 부분입니다.

할락궁이가 악심꽃을 뿌리면 그 집안은 아기를 점지받지 못하고 대가 끊긴다고 믿었습니다. 그래서 사람들은 그 불길한 기운이 닿기 전에, 혹은 이미 드리운 액운을 걷어내기 위해 자연스레 그를 굿판으로 모시게 되었습니다.

그런데 연행 과정을 보면 악심꽃을 꺾는 일이 결코 만만치 않습니다. 무당이 손을 덜덜 떨 정도로 뿌리 뽑기가 쉽지 않으며 꽃과 힘겨루기를 하는 듯한 몸짓도 보이죠. 이때 본주가 무당에게 '인정'이라 부르는 돈을 더 얹어주는 경우도 생기는데, 그래야 무당이 힘을 내 악심꽃을 꺾을 수 있기 때문입니다. 자칫 무당의 상술로 비칠 수도 있지만 이 과정은 아이를 갖는 일이 결코 쉬운 일이 아님을 상징적으로 보여주는 장면입니다.

사실 본주도 알고 있습니다. 이 굿을 한다고 해서 반드시 아기가 생기지는 않는다는 것을요. 그리고 여느 굿이 그렇듯 소원이 이루어지지 않아도 무당이나 신을 탓하지 않습니다. 그저 스스로 해결할 수 없는 문제 앞에서 지푸라기라도 잡는 심정으로 신의 도움을 구했던 것이니까요. 아기를 바라는 이에게 이 굿은 할 수 있는 모든 정성을 쏟는 최선의 시도입니다.

악심꽃을 꺾는 일이 쉽지는 않지만, 그리고 마음고생도 많이 했지만 이 질기고도 악한 것을 끊어내고 나면 사랑스러운 아기가 찾아올 것이란 기대감이 그 자리를 메웁니다.

서천꽃밭의 관리자 할락궁이

굿판에서 무당은 노래로, 춤으로, 때론 살아 움직이는 이야기로 신을 불러냅니다. 그중에서도 이야기는 특별히 중요합니다. 바로 지금 여기에 이 신이 왜 와야 하는지 알려주는 가장 생생한 힌트이기 때문이죠. 이 이야기에는 신이 좌정하게 된 내력과 그의 신비로운 능력이 한데 담겨있습니다. 학계에서는 신의 근본을 푼다는 의미로 본(本)풀이, 또는 이야기 형식의 무당 노래라는 뜻으로 서사무가라고도 합니다.

그렇다면 아까 언뜻 지나쳤던 이공신 할락궁이 이야기를 떠올려봅시다. 그 많은 꽃 중에 하필이면 왜 악심꽃을 건넨 걸까요? 그가 서천꽃밭에서 관리하는 꽃은 또 어떤 것들이 있을까요? 지금부터 불도맞이에서 전해지는 〈이공본풀이〉를 따라가며 그 흥미로운 사연을 하나씩 살펴보겠습니다.

사라도령은 서천꽃밭의 꽃감관으로 임명되며 부인 원강아미와 이별한다. 둘은 붉은 얼레빗을 반으로 나눠 가진 채 다시 만날 날을 기약하며 헤어진다. 임신한 원강아미는 제인장자의 집에 노비로 들어가 아들을 낳고 할락궁이라 이름 짓는다.
열다섯이 된 할락궁이는 어머니에게 아버지에 대해 묻고, 원강아미는 얼레빗을 건네주며 서천꽃밭을 찾아가라고 일러준다. 우여곡절 끝에 아버지 사라도령과 마주한 그는 서로의 얼레빗을 맞추고 부자지간임을 확인한다. 그제야 아버지 사라도령은 "네가 떠난 후 어머니는 제인장자에게 죽었다. 이 꽃들을 가져가라"고 말한다.
할락궁이는 제인장자 집에 도착하자마자 그 집안 식구들을 불러모아 웃음웃을꽃·싸움싸울꽃·수레멸망악심꽃을 차례로 꺼내놓았다. 사람들은 미친 듯이 웃다가, 곧 서로를 쥐어뜯고 싸우기 시작했다. 마지막 꽃을 본 뒤에는 모두 한자리에서 죽었다. 제인장자의 집안은 자손이 끊겼다.
할락궁이는 어머니의 시신을 수습해 환생꽃으로 되살렸고, 이후 아버지를 대신해 서천꽃밭의 꽃감관이 되었다. 어머니 원강

아미는 저승어멍으로 좌정해 단명한 아이들의 넋을 돌보는 신
이 되었다.

〈이공본풀이〉

할락궁이는 서천꽃밭에서 네 가지 꽃을 받아옵니다. 그중 셋은 제인장자 일가를 멸문시키는 데 쓰이죠. 죄를 지은 당사자뿐 아니라 그 가족 모두를 한자리에 불러 모은 뒤 수레멜망악심꽃으로 응징해 가문의 대를 끊습니다. 나머지 한 송이는 자신의 어머니를 살리는 데 사용하고요.

꽃밭이라 하면 생명을 싹틔우는 아름다운 공간을 떠올리기 쉽지만 서천꽃밭은 다릅니다. 이곳에는 사람의 생명을 죽일 수도 있고 살릴 수도 있는 꽃들이 한데 피어나 있습니다.

그래서 제인장자 집안의 몰락을 다룬 이 이야기는, 불도맞이를 청한 현실의 집안에 또 다른 의미로 다가옵니다. 아기가 생기지 않은 이유를 집안에 뿌려진 악심꽃의 탓으로 보는 것이죠.

굿판에서 무당은 먼저 본풀이로 이야기합니다. 할락궁이가 서천꽃밭 꽃감관이 된 내력과 장자 집에 악심꽃을 뿌린 이유를 들려준 후, 흥을 돋우면서 분위기를 점차 고조시키죠. 그러고는 지금 이 집에도 악심꽃이 자리 잡고 있으니 함께 정성을 들여 악심꽃을 꺾고 생불꽃을 얻어 오자고 독려합니다. 그런데 사실 그 어느 하나 쉽지 않습니다.

악심꽃을 징벌로 뿌린 할락궁이가 순순히 꽃을 내줄 리 없기

에 무당은 그가 잠든 틈을 타 몰래 꽃을 꺾어 와야 합니다. 생불꽃 역시 그냥 주어지지 않습니다. 서천꽃밭에 정성껏 거름을 주고 씨를 뿌려 인정을 듬뿍 받아야 겨우 하나 얻을 수 있을 뿐입니다. 그렇기에 사람의 생사를 결정짓고, 감정을 움직일 수 있는 꽃이 피어나는 서천꽃밭도 중요하지만 아기 갖기를 염원하는 이들은 그 공간을 관리하는 할락궁이를 주목하며 모실 수밖에 없습니다. 이번에는 제발 자신들의 정성을 봐서라도 생불꽃을 기꺼이 건네받기를 바라면서 말이지요.

🔥 누구 복에 사냐고 물으시거든

운명은 타고나는 걸까요, 아니면 만들어가는 걸까요.

누구는 악착같이 살아도 늘 제자리걸음인데, 또 누구는 모든 일이 뜻대로 풀려가는 듯합니다. 이럴 때 사람들은 어떻게든 이유를 찾으려 합니다. '내가 전생에 무슨 죄를 지었길래…', '저 사람은 전생에 복을 많이 쌓았겠지.' 하며 지금의 삶을 이해해 보려는 거죠. 하지만 답답함이 해소될 리 있겠습니까? 조상을 원망하고, 부모를 탓하고, 함께 사는 사람에게 책임을 돌려봐도 바뀌는 것이 없을 때 사람들은 결국 팔자 탓이라고 체념하며 스스로를 경계 안에 가두어 버립니다.

그런데 신화에는 이와 정반대의 방법을 택한 인물이 있습니다. 운명을 말로만 부정한 게 아니라 삶으로 직접 증명해 보인 신입니다.

"무슨 소리야. 내 운명은 내 것이고, 내 복은 내가 찾아가는 거야!"

그녀는 제주도 무속 신화 〈삼공본풀이〉의 여신 감은장애기입니다. 제주도 큰굿에서는 〈초공본풀이〉, 〈이공본풀이〉에 이어 〈삼공본풀이〉를 구연합니다. 특히 재앙을 몰아내고 복을 불러들이는 재수굿에서 이 신화가 전하는 메시지는 분명합니다. 운명은 스스로 움직일 때 비로소 바뀐다는 것이죠.
〈삼공본풀이〉에서는 '전상'이라는 단어를 빼놓을 수 없는데요. 이 말이 정확히 어떤 뜻을 담고 있는지는 다음 장면을 보면 조금 더 분명해집니다.

"저는 전상 차지로 인간세계에 나왔사오니
부모님이 부자로 살게 된 것도 제가 있기 때문이었습니다." 말을 하니
부모 말씀이 "전상 차지는 어떤 것이냐?"하니
"전상은 다름이 아니오라
인간세상 장사하는 것도 전상이요
목수일도 전상이요 농사지음도 전상이요

술 먹음도 전상이요 담배 먹음도 전상이요

노름함도 전상이요 밥 먹음도 전상이요

인간살이 모든 일이 전상입니다."

〈삼공본푸리〉

지금 우리가 겪는 모든 일은 전상과 연결되어 있다는 겁니다. 전상은 전생의 업이나 인연, 더 나아가 인간의 현재 모든 일까지 아우르는 개념입니다. 감은장애기는 이 전상을 맡아서 다스리는 신으로 등장합니다. 그래서 '전상 차지신'이라고도 불리지요.

다만 〈삼공본풀이〉는 전상을 숙명으로 받아들이라고 말하지 않습니다. 나쁜 전상을 슬기롭게 다스리는 전상 차지신을 모시는 이유도 여기에 있지요. 이 신을 모심으로써 전상을 바꾸고 스스로의 운명을 새롭게 열 수 있다고 생각한 것입니다.

감은장애기의 운명에는 어떤 사건이 기다리고 있을까요. 당찬 그녀가 전상 차지신으로 좌정하기까지의 이야기를 지금부터 따라가 보겠습니다.

옛날 윗마을에 사내 거지가, 아랫마을에 여자 거지가 살았다. 두 사람은 길에서 만나 부부가 되었고 딸 셋을 차례로 낳았다. 막내를 낳은 뒤 부부는 하는 일마다 운이 트여 큰 부자가 되었다. 그러던 어느 날, 아버지가 세 딸을 불러놓고 누구 덕에 잘 사는지를 묻자 장녀와 둘째는 아버지 덕이라 했지만, 감은장애기는 "내 배

또롱 아래 선그믓(배꼽 아래 세로선) 덕분"이라고 답했다.
부부는 그 말에 크게 화를 내며 감은장애기를 내쫓았고, 평소 막내를 질투했던 언니들은 감은장애기가 쫓겨 가는 것을 지켜보러 갔다가 지네와 독버섯이 되었다. 부부는 눈이 멀고 재산을 잃어 다시 거지로 살아간다.

〈삼공본풀이〉

이 이야기는 아버지와의 갈등에서 시작됩니다. "누구 복에 이렇게 잘 사느냐"는 아버지의 물음에 그녀는 이렇게 답합니다. "내 배꼽 아래 세로선 덕분."

민간 신앙에서 이 세로선은 운이 드나드는 통로이자 생식력을 뜻하기도 합니다. 그러니 다시 말하면 '내 몸에 복이 들었고, 결국 나 자신의 덕'이라는 거죠. 그런데 이 말은 위험한 선택이었습니다. 두 언니가 출제 의도에 맞는 답변을 보여줬고 본인 역시도 아버지가 어떤 답을 원하는지 알고 있었으니까요. 하지만 언니들과 아버지의 답이 꼭 정답인 건 아니죠. 아버지 덕에 잘 산다던 두 언니는 지네와 독버섯이 되었고 부모 역시 눈이 먼 거지로 살아가니 말입니다.

감은장애기가 주저하지 않고 답을 낸 순간, 그녀의 인생은 전혀 다른 길로 흘러가기 시작합니다. 가부장제의 질서 안에서 주어진 역할에 따르던 삶이었지만 이제 그녀는 스스로 선택하고 판단하며 그 결과를 감당하는 사람으로 나아갑니다. 자기 뜻조차 제대로 말할 수 없는 처지라면 아무리 배부르고 따뜻해도 온전한 삶이라 하긴 어렵겠지요.

누구는 애초에 팔자가 좋았고, 누구는 전생에 죄를 지었을 거라.말하면 모든 게 설명되는 것처럼 마음이 편해집니다. 그러나 이런 말은 위로는 될지언정 진짜 해답은 아닙니다. 오히려 그럴듯한 핑계 뒤에 숨어서 자신에게 주어진 선택마저 놓치고 있진 않은 가요? 감은장애기의 결단은 그래서 더욱 용감하게 느껴집니다.

🔥 인생의 판을 다시 짜는 여신 감은장애기

그러나 감은장애기의 새 세상이 곧바로 꽃길처럼 펼쳐져 있는 건 아닙니다. "내 복에 삽니다"라는 선언에는 감내해야 할 결과가 따라붙지요. 집에서 내쫓긴 그녀는 깊은 산속을 떠돌다 마를 캐서 파는 삼 형제를 만납니다.

> 집을 나온 감은장애기는 마를 캐서 파는 마퉁이 삼 형제를 만났다. 형들은 사납고 거칠었지만, 막내는 성품이 온순하고 착했다. 감은장애기는 막내 마퉁이를 남편으로 맞고, 새 옷을 갈아입혀 갓·망건을 씌워 놓으니 절세미남이 분명했다. …중략… 큰 마퉁이가 마를 캤던 데는 똥만 물컹물컹 쥐어지고, 둘째 마퉁이가 마 팠던 데는 지네, 뱀, 짐승들만 가득하고, 막내 마퉁이가 마를 팠던

데는 돌만 잔뜩 버려져 있었다. 감은장애기가 돌을 주워서 겉에 묻은 흙을 쓸어 보니 금덩이요 은덩이였다. 막내 마퉁이는 감은장애기가 시키는 대로 금은덩이를 팔아왔다. 집안은 일시에 우마와 전답이 생겨, 처마 높은 기와집에 풍경 달고 잘살게 되었다. 그 뒤 감은장애기는 거지 잔치를 열어 부모를 만나고, 자기소개를 하며 술을 건네니 장님이 된 부모 모두 눈을 뜬다. 이후 이들은 행복하게 살았다고 한다.

〈삼공본풀이〉

아무리 귀한 것이라도 알아봐 주는 눈이 있어야 제자리를 찾습니다. 감은장애기의 능력은 누구도 눈여겨보지 않았던 대상을 그냥 지나치지 않는 데 있었지요. 흙을 털고 나서야 비로소 드러난 금덩이로 그녀의 삶은 단숨에 바뀌었습니다. 막내 마퉁이도 마찬가지였습니다. 눈에 띄는 사람은 아니었지만 부모를 잘 공양하고 감은장애기에게도 한결같이 따뜻하게 대하는 성품을 지녔습니다. 감은장애기가 그의 진가를 알아보고 단장시키자 가려져 있던 매무새가 드러났고 그제야 누구라도 다시 보게 될 만한 남자로 거듭납니다. 인생의 새 판을 짜고 숨은 가치를 발견한 감은장애기는, 그 힘으로 다른 이의 운명까지 움직이는 전상 차지 신이라는 지위에 올랐습니다.

거지가 된 부모를 다시 집으로 불러들여 잘못을 뉘우치게 한 일도 같은 맥락입니다. 감은장애기는 주어진 관계에 순응하기보다 자기 뜻대로 삶의 흐름을 바꿔낸 인물이었죠. 그러니 이 이야기를 듣는 사람들은 아마 충격과 대리만족을 함께 느꼈을 겁니다. 당시에는 부모의 말에 무조건 순종하는 것이 당연한 도리였지만, 감은장애기의 이야기는 그 당연함을 뒤흔들었습니다. 삶은 내 뜻대로 움직일 때 바뀔 수 있다는 사실을 보여주었으니까요.

이러한 해석에는 근거가 있습니다. 〈삼공본풀이〉와 비슷한 줄거리의 설화 〈내 복에 산다〉에는 조금 더 자세한 후일담이 나옵니다. 일부 각편에서 막내딸은 남편이 금덩이를 팔아온 돈으로 대궐 같은 집을 짓고 문패에 자기 이름을 새겨 답니다. 또는 문을 여닫을 때마다 초인종처럼 막내딸의 이름이 울리게 만들어서 이 집 주인이 누구인지를 세상에 알렸습니다.

> 그 딸이 언젠가 자기 부모가 나타나면 이름 듣고 살아야겠다, 그래서 대문을 이렇게 열면 딸 이름이 들리게끔 돼 있어. 근데 그 아버지가 거지가 돼 가지고 동냥하러 어느 집 문을 열고 들어가니까 딸 이름이 나오더라는겨. 이상하다, 하고 여닫으니까 또 딸 이름이 나오는겨. "밥 좀 한 숟갈 주세요." 하니까 안에서 자기 딸이 나왔더래요.
>
> 〈내 복에 산다〉

문패에는 흔히 집안 남성의 이름을 새깁니다. 가부장제 사회에서 집안의 대표는 늘 남성으로 간주됐기 때문입니다. 이런 관례에서 딸이 자기 이름을 문에 새긴 행위는 남성 중심의 질서에 낸 균열이었습니다. 누구 곁에 종속된 존재로 머물지 않고, 내 이름으로 세운 내 집임을 드러낸 것입니다. 거지가 된 아버지는 막내딸의 이름이 들리는 대문 안으로 발을 들입니다. 여기는 딸이 만든 세계, 더 이상 아버지가 지배할 수 없는 공간이죠.

옛사람들은 자기 힘으로 세운 삶에 대한 희망을 굿판과 이야기 곳곳에 심어두었습니다. 물론 자기 복을 만드는 일이 어디 쉬웠겠습니까? 그래서 앞길이 막막할 때마다 전상 차지신의 능력을 빌려 다시 걸어가려 했지요. 굿판은 신에게 내 운명을 맡기려는 자리가 아니라 다시 힘을 내기 위한 다짐의 자리였을지도 모릅니다.

가끔은 저도 정답이 절실합니다. 어디로 가야 할지 난감할 때면 누군가 "저쪽이야!" 하고 콕 찍어줬으면 싶지요. 그럴 때 저는 〈삼공본풀이〉를 다시 펼쳐 듭니다. 익숙한 문장을 따라가다 보면 어느 순간 감은장애기가 제게 말하는 것 같거든요.

"네가 하고 싶은 걸 해. 끝까지 자신을 믿으면서 나아가는 거야!"

책장을 덮고 나면 기묘한 자신감이 솟아납니다. '그래. 내 복은 내가 만드는 거지, 누가 만들어주겠어?' 하고요. 신화가 우리에게 건네는 위로와 응원은 이렇게나 풍성합니다.

굿의 정통을 세우는 초공신·이공신·삼공신

제주도에는 이공본풀이, 삼공본풀이 외에도 초공본풀이라는 신화가 전해집니다. 이름 그대로 첫 번째(초공), 두 번째(이공), 세 번째(삼공) 신을 뜻하며, 이 세 신은 제주 큰굿의 앞부분에 연이어 등장하지요.

초공본풀이는 제주에서 최초의 무당, 즉 무조신으로 여겨지는 초공신의 내력을 다룹니다. 육지에서는 바리공주가 무조신이지만 제주에서는 초공신이 그 자리를 맡는데요. 이야기 구조는 〈제석본풀이(당금애기)〉와 〈바리공주〉를 연상케 하는 데가 있습니다.

하늘의 부름으로 부모가 자리를 비운 사이 노가단풍자지맹왕 아기씨는 주자선생에게 시주를 하고 연이 닿아 아들 셋을 낳습니다. 자라난 세 아들은 아버지를 찾아가 자식임을 인정받고, 억울하게 갇힌 어머니를 구하기 위해 북·징·장구를 만들어 굿을 올립니다. 이후 이들은 저승 삼시왕(三十王)이자 최초의 무당인 초공신으로 좌정합니다.

어머니는 무당들이 사용하는 악기와 도구를 관리하는 신이 되고, 각편에 따라서는 초공신이 어머니께 무구를 빌리러 오는 이들을 '신아들', '신딸'로 삼아 최초의 무당 전승이 시작됩니다. 이처럼 제주 무속에서는 무구를 제대로 전수받은 인물만이 이 업을 할 수 있습니다. 무속은 허술할 것이라는 통념과 달리 정통성을 매우 중요하게 여기지요.

이어서 등장하는 이공신 할락궁이는 사람의 운명을 좌우하는 꽃을 다루는 신이고, 삼공신 감은장아기는 인간의 운명을 좋게 바꾸는 힘을 가진 신입니다. 이 역시 무당을 통해서 굿의 절차를 잘 따른 뒤에야 얻을 수 있는 결과물들입니다. 그래서 제대로 된 굿을 하려면 초공신·이공신·삼공신을 차례로 모시는 것이 기본입니다. 무당은 이 세 신을 통해 무구와 꽃을 다룰 자격을 갖춥니다. 그렇게 함으로써 다른 사람의 운명을 바꿔줄 수 있는 정통한 무당임을 드러내지요. 제주에서 큰굿을 '차례차례 재 차례 굿'이라 부르는 것도 잘 짜인 구성이 굿의 근본과 권위를 공표하는 장치이기 때문입니다.

4

온 마을이
신을 부를 때

🔥 신이 오시면 마을이 들썩인다

마을굿은 다 함께 잘 살아보자는 굿입니다. 보통 1~3년에 한 번씩 정기적으로 열리는 행사라 굿의 규모도 제법 크고, 신도 골고루 모십니다. 성주신, 제석신, 손님신처럼 집안의 복과 안녕을 맡은 신들이 한자리에 모이고 큰굿(열두거리) 형태로 연행되지요.

그런데 이 굿은 어느 마을에서 여느냐에 따라 성격이 꽤 달라집니다. 마을 사람들의 생업과 생활환경이 제각각이기 때문입니다. 서울에서는 장군신이나 대감신을, 서해안에서는 임경업 장군을, 동해나 남해에서는 용왕신을 모시기도 하죠. 크게 보면 지역마다 비슷한 신을 모시지만, 특정 마을로 좁혀 보면 또 독자적인 신을 따로 받드는 곳도 있습니다.

마을굿을 부르는 이름도 조금씩 다릅니다. 내륙에서는 당굿, 어촌에서는 풍어제라는 이름이 익숙한데요. 각 지역의 특징은 아래의 표처럼 정리할 수 있습니다.

지역	서해 (인천·연평도·해주)	서울·경기	동해안 (강원도 고성·동래)	남해안 (통영·거제 일대)
굿 이름	배연신굿, 대동굿	부군당굿, 도당굿, 대동굿	별신굿, 풍어제, 골매기당제	별신굿, 풍어제
무당 유형	강신무	강신무	세습무	세습무

마을굿은 마을이라는 터전을 지키고 그 안에 사는 이들의 풍요와 공동체의 조화를 비는 의례였습니다. 그러니 주민들끼리 모여 유교식 제사를 올리거나 손을 비비며 간략히 축원을 드리는 걸로는 충분치 않습니다. 마을굿은 무당을 불러 제대로 된 굿판을 열어야 합니다. 굿은 엄숙하고 진지하게 시작되지만 이내 흥이 솟아납니다. 춤추고 노래하고 웃음이 터지는, 일 년 내내 기다려온 마을 사람들의 진짜 잔칫날이죠.

그럼 지금부터는 신성한 종교적 의례이자 공동체의 축제이기도 한 마을굿의 특성을 바탕으로 일부 지역에서만 특별히 모시는 신들을 좀 더 살펴보겠습니다.

🔥 뱅인영감이 굴러간 자리에 남은 것

황해도 강령군 거첨마을에는 뱅인영감이라 불리는 신이 있습니다. 서해안 지역의 풍어신이라 하면 보통 임경업·최영 장군을 꼽기 마련인데 이 마을에서는 특별히 뱅인영감을 모시지요. 뱅인영감의 속사정을 알기 위해서는 풀어가야 할 이야기가 많지만, 먼저 그의 독특한 이름에 눈길이 갑니다. 신의 이름에 숨은 뜻을 이해하는 가장 좋은 방법은 그의 행동을 살펴보는 것입니다.

(상 앞에서 뱅인영감이 한참 동안을 이리 구르고 저리 구르고 한다. 매번 새로 구를 때마

다 사람들이 쫓아 다니면서 낙상하지 않게 막아준다.)

만신: 그렇게 굴러 가야만이 뱅인할아버지다. 무당도 굴러 올라 가야 무당이다.

〈강령거첨 뱅인영감굿〉

뱅인영감이 실린 무당은 한참 동안 돌무더기와 풀무더기 사이를 구르며 돌아다닙니다. 무당은 말합니다. 언덕을 굴러 내려간 다음, 도로 굴러 올라와야 뱅인영감이 제대로 든 거라고요. 뱅인이라는 이름이 곧 '구르는 사람'을 뜻한다는 해석도 이 장면에서 설득력을 얻습니다.

그렇다면 왜 이 신은 굴러야만 할까요? 그저 보기 재미있으라고 이러는 건 아닐 테지요. 신화 속 행위는 대개 상징적인 의미를 갖습니다. 뱅인영감도 마찬가지입니다. 그는 데굴데굴 굴러다님으로써 거첨 마을을 덮고 있던 탁한 기운과 부정을 걷어내고 이곳을 신성하게 바꾸는 정화 의례를 치르는 중입니다. 인간과 신의 세계를 잇는 문이 열리려면 먼저 그 문 앞을 깨끗이 쓸어야 하는 법이니까요.

우리 거첨에는 뱅인할아버지가 거첨 마을을 보호하고 있어서,
정성을 드려 대접하니
온 마을 사람들이 고기를 많이 낚게 되었네.
금닻줄 은닻줄을 매어 그물질을 해서,

〈서해안배연신굿〉 중 뱅인영감이 구르는 모습, 2002.

우리 고기를 한번 퍼서 실어보자.
거첨 앞바다에 들어온 조기는 뱅인영감이 다 잡아 실어주는구나.

〈강령거첨 뱅인영감굿〉

바로 이어지는 무당의 사설에서도 확인할 수 있습니다. 뱅인영감의 행동이 한 해 동안 혼탁해진 바다와 마을을 정화하고 재생시켰음을 알 수 있는 대목이지요. 그가 한 바퀴 구르고 나면 이제 거첨 앞바다는 더 이상 예전의 공간이 아니게 됩니다. 혼탁한 부정이 씻겨 나가고, 그물을 내리기만 하면 조기가 펄떡이며 몰려드는 황금어장이 펼쳐지죠.

신의 비위를 맞추면 큰 복이 온다

뱅인영감굿은 황해도 강령거첨 대동굿의 24번째 거리에서 연행됩니다. 2010년, 직접 가서 본 뱅인영감굿은 무척 인상적이었습니다. 뱅인영감으로 분장한 만신은 제물로 올라온 순대를 목에 걸고, 마치 그것이 그물 또는 닻줄인 듯이 밀었다 넣었다 하며 줄을 잡아당기고 푸는 시늉을 합니다. 돼지 내장을 망원경처럼 눈에다 대고 구멍 난 곳을 번갈아 보며 이리저리 동향을 살피기도 하죠. 어디에 그물을 쳐야 조기를 많이 잡을지 가늠해 보는 것처럼요. 온몸으로 굴러서 오르내리는 동작만큼이나 연극적이죠?

뱅인영감이 굿에서 이처럼 행동하는 이유는 조기 만선을 바라는 유감주술적 면모에 있습니다. 어부가 된 듯, 배에 조기를 가득 잡은 듯 흉내 내며 머지않은 미래에 꼭 소원이 이루어지길 기원하는 의례이죠.

그런데 뱅인영감은 언제나 선한 인심을 베풀지만은 않습니다. 사람들의 대접에 따라 그의 태도 역시 달라지기에, 비록 서해안 풍어신으로 이미 자리 잡은 임경업·최영 장군 같은 큰 신이 있다고 하더라도 뱅인영감의 존재를 무시할 수 없죠.

> 욕심이 많으신 뱅인할아버지, 탐심이 많으신 뱅인할아버지
> 용서를 하고 이해를 해요. 일심정성을 받으소사
>
> 〈강령거첨 뱅인영감굿〉

뱅인영감은 욕심도 많고 변덕도 심한 신이라 항상 흡족할 만큼의 제물을 바치고 정성을 다해야 합니다. 그렇지 않으면 노여움을 살 수 있으니까요. 실제 굿 연행 중에 뱅인영감은 제물로 바쳐진 순대의 길이가 짧다는 시늉을 하며 신도들을 나무라고 분노하는 모습을 내비칩니다. 이때 다른 무당과 신도들은 연신 "다음에는 더욱 정성껏 준비할 테니 이번만 용서해 달라, 도와달라"며 손을 싹싹 빌고요.

〈황해도대동굿〉 중 뱅인영감이 망원경 보는 모습, 2010.

제주도에서는 도깨비를 '영감'이라고도 칭하는데, 이렇게 보니 뱅인영감 역시 도깨비와 비슷한 특징이 보입니다. 인간에게 복도 주지만 해코지를 할 수도 있는, 소위 '잘 먹으면 잘 먹은 값, 못 먹으면 못 먹은 값하는 신'이기에 뱅인영감의 마음에 들고자 사람들은 노력하는 것입니다.

뱅인영감굿은 2005년에 '뱅인영감놀이'라는 이름으로 한국민속예술축제에 참가하여 은상을 수상했습니다. 시대에 따라 방식은 달라졌지만 마을에 복을 내리는 영험함은 여전하다는 믿음은 더욱 강해졌을 터입니다. 조기를 몰아다 주던 풍어신이 지금은 마을에 상을 안겨주었으니까요. 그런 이유로 뱅인영감굿은 황해도 대동굿 안에서도 가장 주목받는 제차로 자리 잡았습니다.

🔥 마을 수호신으로 거듭난 남이 장군

음력 10월이 되면 서울 용산구 용문동 일대에는 곧 전쟁에라도 나갈 듯 무장한 행렬이 나타납니다. 말 탄 사람들과 그 앞뒤로 태평소를 불고 깃발을 든 이들이 줄지어 이동하는 것을 볼 수 있지요. 얼핏 조선시대 이야기인가 싶지만 이 장면은 바로 2024년 남이장군사당제의 '장군출진(將軍出陣)'입니다. 외래 종교의 확산과 무속 신앙에 대한 사회적 편견 이 모두를 뚫고 지금도 서울 도심에서 마을신 남이 장군을 위한 행사가 열린다고 하면 아마 '내 눈으로 보지 않고서는 못 믿겠다'는 분이 많으리라 예상됩니다.

사실 이 행사는 꽤 오래되었습니다. 지금처럼 축제의 틀을 갖춘 건 1983년 마을굿 복원 정책에 따른 것이지만, 남이장군사당제 자체는 조선시대까지 거슬러 올라갑니다.

남이 장군(1441~1468)은 조선 전기의 무신으로, 세조 때 큰 공을 세웠으나 예종 때 역모의 누명을 쓰고 한강변 새남터(현재 용산 인근)에서 억울한 죽음을 맞은 인물입니다. 이후 사람들은 그의 충절을 기리고 원혼을 달래기 위해 사당을 세웠고 매년 이곳에서 당제를 지내 왔지요. 원통하게 죽은 영혼은 사후 강한 힘을 갖게 되며, 이를 제대로 달래지 않으면 원귀가 되어 해를 끼친다는 믿음이 전해집니다. 반대로 그의 사연을 알아주고 정성을 다해 신으로 모시면 누구보다 든든한 수호신이 되어준다고도 여겼습니다.

이처럼 원혼의 한을 풀어주고 신격화하는 과정은 민간에서 흔히 볼 수 있는데요. 이야기의 원리는 결국 하나입니다. 살아서도 위기 때 도와준 이를 평생 잊지 않듯, 억울하게 죽은 뒤에도 자신의 말을 들어주고 대접해 준 사람에게는 모든 힘을 다해 반드시 보답할 것이라는 강력한 신념이 이러한 신앙을 만들어냈죠.

· 남이장군의 영혼이 용문동에 좌정하여 마을을 지키는 신이 되었다.

- 남이장군을 모신 후부터 마을에 변고가 사라지고 풍년이 들며 평화로워졌다.
- 당은 원래 원효로2가 당고개 거제산에 있었으나, 1900년대 초 장군이 마을 사람 꿈에 나타나 일러준 대로 현재의 위치로 옮겼다.
- 남이장군은 귀신을 알아보고 퇴치하는 능력이 있다.

남이장군을 둘러싼 이야기는 여전히 마을 곳곳에 살아 있습니다. 처음 이 장군을 마을신으로 모시게 된 사연부터 당집이 왜 지금 이 자리에 들어섰는지, 신이 어떤 능력을 발휘해 왔는지, 마을굿을 없애자고 주장하는 사람들에게 들려줄 신비한 경험담까지 잘 녹아 있습니다.

학계에서는 이런 전승을 좌정담과 영험담으로 부릅니다. 핵심은 이 이야기들이 입에서 입으로 전해지고 또 덧붙여지며 마을 사람들의 신앙심이 더욱 공고해졌고, 그 역사가 오늘까지 이어졌다는 점입니다.

🔥 마을굿이 살아남은 비결은 '신들린 융화력'

1999년 서울시무형문화재로 지정된 남이장군사당제는 전통 마을굿의 틀을 유지하면서도 거리 구성을 유연하게 조정해 현대적 축제로 잘 계승한 사례입니다. 최근 연행된 제의를 살펴보면 이 굿이 어떻게 시대의 흐름을 받아들였는지 분명하게 드러납니다.

걸립 - 꽃등 행렬 - 당제 - 장군출진 - 당굿 - 사례제 - 대동 잔치

먼저 첫 번째 절차는 걸립(乞粒)입니다. 걸립패가 온 동네를 돌며 제례 비용을 마련하는데요. 주민들은 준비한 쌀, 돈, 식구 수만큼의 실타래 등을 소반 위에 정성껏 올리고, 걸립패는 그 집의 번영과 무병장수를 빌며 물품을 받아 갑니다.

다음은 전야제 성격의 꽃등 행렬입니다. 사당제가 열리기 하루 전 밤, 장군등을 선두로 약 100여 개의 꽃등 행렬이 남이장군사당부터 산천동부군당까지 이어집니다. 원래는 남녀신의 합일을 통해 풍요를 기원하는 목적에서, 따로 모셔져 있는 남이 장군의 부인을 장군의 사당으로 초대하는 의미가 있었다고 합니다. 그러나 지금은 거리 퍼레이드 형식으로 변형되며 마을의 기대와 참여를 모으는 역할을 하고 있습니다.

남이장군사당제 당일의 첫 순서는 당제(堂祭)입니다. 제관이 사당에 술과 음식을 차린 후, 유교식 절차에 따라 축문을 읽고 장군의 업적을 추모하는 유교식 제례이지요. 조선 시대 충신으로 기억되는 인물을 유교 형식으로 모시는 방식은 굿에 공적 권위를 더하는 역할을 해왔습니다.

〈제41회 남이장군사당제〉 중 '장군출진', 2023.

같은 시각, 사당 밖에서는 '장군출진' 행렬이 펼쳐집니다. 남이장군이 군병을 훈련시켜 적진에 나아가는 모습을 재현하는 행사입니다. 말을 탄 장군을 중심으로 군졸, 깃발을 든 사람, 군악대 등 200명 가까운 사람들이 긴 행렬을 이루어 말 그대로 장관을 이룹니다. 이 행사는 원래 마을 한 바퀴를 돌며 액운을 몰아내는 '유가돌기'에서 유래했는데요. 지금은 장군 복색을 갖추고 신의 위엄을 드러내는 동시에 긴 행렬로 볼거리를 제공하는 방식으로 변형되었지요. 형식은 달라졌지만 마을신이 액운을 막고 풍요를 돕는 존재라는 본래의 역할은 그대로 남아 있습니다.

당제 뒤에는 무당이 주관하는 당굿이 이어집니다. 다른 서울 지역 마을굿과 유사한 흐름을 따르지만, 오늘의 주인공이 장군신인 만큼 '장군신장'과 '대감거리'가 앞부분에 배치되는 특징이 있습니다. 다음 날에는 사례제(謝禮祭)가 따로 진행됩니다. 굿이 진행되는 동안 본의 아니게 빚을 수 있는 불경한 일을 사과하고, 제의가 무사히 마무리된 것에 대한 감사를 전하기 위해서지요. 이후에는 굿판에 참여한 모든 사람이 제의에 쓰인 음식을 나눠 먹으며 자연스럽게 축제처럼 마무리됩니다.

다소 길게 느껴질 수도 있는 절차들을 하나하나 짚어본 데는 이유가 있습니다. 우리 굿이 수많은 위기 속에서도 살아남을 수 있었던 강력한 비결이 이 안에 담겨 있기 때문이죠.

무속 신앙인 굿이 유교식 제의를 과감하게 도입했다는 사실은 충분히 주목할 만합니다. 그것도 유교적 질서가 강하게 작동하던 조선시대에 말입니다. 남이장군이 충신이라는 점이 굿을 이어 나가는데 도움이 되었으리라 예상되지만, 꼭 유교적 인물이 아니더라도 굿에 유교 형식을 덧입힘으로써 당시 관의 개입과 방해를 피할 수 있었던 것이지요. 신앙은 그대로 두고, 겉모습은 시대의 틀에 맞게 바꾸는 전략이 맞아떨어진 겁니다.

또한 1970년대 미신 타파 운동으로 단절되었던 마을굿이 1980년대에 다시 복원된 과정도 같은 맥락입니다. 예전 방식 그대로 되살린 것이 아니라, 꽃등 행렬이나 장군출진처럼 눈에 띄는 거리를 재편함으로써 사람들의 시선을 끌고 동참하게 만들었지요. 이처럼 굿은 유연하게 녹아들고, 사람 가까이에서 친화력을 발휘하는 방식으로 변화에도 잘 적응하고 살아남았습니다.

문득 '강한 자가 살아남는 것이 아니라 살아남은 자가 강한 것'이라는 말이 떠오릅니다. 부러지지 않으려면 휘어질 줄도 알아야 한다고도 하죠. 사람 사이의 처세술에만 통하는 말인 줄 알았는데 이렇게 보니 우리 삶과 문화 곳곳에도 스며 있었습니다. 한국의 굿이 전통문화의 명맥을 이으며 지금까지 이어져 온 이유, 오늘날 서울 한복판에서 장군신을 섬기는 행렬이 장관을 이룰 수 있는 이유는 바로 '신들린 융화력'에 있었다는 것을요.

칼럼 ❸
〚 무당은 어떻게 신의 뜻을 전하는가 〛

◆

1. 몸주신

무당은 '신과 사람 사이를 연결하는 사람'입니다. 중국에서 가장 오래된 자전인 『설문해자』에 따르면 '무(巫)'자는 무당이 소매를 흩날리며 춤추는 모습을 본떠 만들어졌다고 합니다. 하늘을 뜻하는 윗줄(一)과 땅을 뜻하는 아랫줄(一), 그 둘을 연결하는 가로줄(工) 가운데서 춤을 추는 사람(人)을 형상화한 글자입니다. 문자 하나에도 이 직업의 성격이 고스란히 담겨 있음을 알 수 있습니다.

무속 신앙에서는 세상 모든 일을 하나의 신이 다 다룰 수 없다고 합니다. 병을 다루는 굿, 재수를 비는 굿처럼 목적이 달라지면 그에 맞는 신을 따로 불러야 하죠. 무당은 그때마다 소환된 신의 복색으로 갈아입고 그 신의 말투와 몸짓, 성격까지 흉내 내며 신의 내력을 풀어냅니다. 일종의 상황별 캐스팅인 셈이죠.

강신무가 모신 여러 신 중에서도 중심이 되는 신을 몸주신이라 부릅니다. 신내림을 받을 때 가장 강하게 연결된 신으로 무당의 말과 행동을 이끌지요. 공수를 줄 때에도 몸주신의 뜻을 따릅니다.

무당이 모시는 몸주신에는 장군신·산신·선녀·보살·칠성신·신장 등 다양한 계열이 있는데요. 어떤 신을 중심에 두느냐에 따라 굿의 구성도 달라집니다. 굿판 한쪽에는 무당이 모시는 몸주신의 형상을 그린 무신도가 걸리고, 신마다 고유의 의복과 무구가 정해져 있습니다.[7]

무당의 이름은 그가 모시는 신과 관련됩니다. ㅇㅇ선녀, 별상대군, 칠성도령처럼 가장 밀접하게 연결된 몸주신의 이름이나 성격을 따온 경우가 많죠. 무업을 할 때에는 본명 대신 신명을 쓰고, 무당들끼리는 서로를 그 이름으로 부르기도 합니다. 이름을 통해 무당이 어떤 계열의 신을 받았는지 어느 정도 짐작할 수 있습니다. 예컨대 '선녀'는 고위 신을 보좌하는 여성 신령 계열, '별상'은 억울한 죽음을 맞은 역사적 인물이나 왕족이 신격화된 계열일 가능성이 크죠. 점을 위주로 보면 '보살', 굿을 주관하면 '법사'나 '도령' 같은 이름을 쓰기도 합니다.

결국 무당이 굿에서 어떻게 말하고 어떤 몸짓으로 움직이느냐는 모시는 신에 따라 달라집니다. 무당의 이름과 복장, 손에 쥔 도구, 굿판의 무신도까지 이 모든 요소는 몸주신을 중심으로 짜여 있지요.

2. 신을 모시는 도구

무구(巫具)는 무당이 굿에서 신을 맞이하는 도구이자 신의 뜻이 드나드는 통로, 때로는 신의 몸을 대신하기도 합니다. 무당이 처음 신의 길에 들어설 때 무구를 받는 꿈을 꾸거나 숨겨진 무구를 찾아냈다는 이야기도 전해집니다.

○ 신칼

무당이 굿할 때 빠질 수 없는 대표적인 무구 셋을 꼽자면 바로 신칼·

부채·방울입니다. 제주도 무속신화인 〈초공본풀이〉에는 신칼·방울·산판(점치는 도구)을 뜻하는 '삼멩두'가 등장하는데 여기도 신칼이 포함되어 있지요.

신칼은 보통 한 쌍으로 쓰이며, 의례 목적이나 모시는 신에 따라 대신칼, 신장칼, 별상칼 등 다양한 이름으로 불립니다. 이 중 대신칼은 칼날과 손잡이가 모두 쇠로 되어 있고 길이는 20~30cm 정도입니다. 손잡이에는 한지 술을 길게 다는 형태가 일반적이고요.

신칼은 무당이 신명을 내어 춤을 출 때뿐 아니라 악귀를 물리치고 나쁜 기운을 정화하는 데도 쓰입니다. 또 굿의 시작과 끝에는 신칼을 던져 칼날 방향으로 신의 출입 여부나 부정의 유무를 점치기도 합니다.

○ 부채

무당은 보통 오른손에 부채, 왼손에 방울을 들고 춤을 춥니다. 부채에는 무당이 모시는 여러 신격 또는 특정 신격만 따로 그려집니다. 그래서 공수를 할 때 무당은 부채에 그려진 신을 바라보며 정신을 집중합니다. 신의 복을 내리는 묘사를 할 때는 부채를 펼쳐 흔들고, 부인들은 치마폭을 벌려 그 복을 받는 장면이 굿의 일부로 연출되기도 하지요.

부채는 신의 강림과 출입을 상징하기도 합니다. 굿의 시작과 마무리에는 부채로 상 위를 부드럽게 훑어 제물을 신에게 바치고 의례의 문을 여닫는다는 뜻을 담습니다. 또 진오귀굿에서 넋전(망자의 영혼을 상징하는 종이 인형)을 집어 머리에 꽂을 때나 재가집과 접촉할 때도 무당은 손 대신 부채를 씁니다. 망자를 예우하기 위해 신의 손으로 모신다는 의미에서지요.

부채는 대나무 살에 한지를 바른 형태이며 베나 비단을 덧댈 때도 있습니다. 일반적인 길이는 36cm 정도인데 과거에는 '쉰대 한림'이라 불리는 크고 화려한 부채도 있었습니다. 이 부채는 살이 쉰 개나 될 만큼 컸지만 지금은 22·24·27개 등으로 작아졌습니다.

○ 방울

방울은 신을 부를 때, 공수를 받을 때, 혹은 굿 중에 신의 강림을 알릴 때 사용됩니다. 무령, 요령이라고도 불리는 이 방울은 전체가 놋쇠로 만들어졌으며 내부에는 놋구슬이 들어 있어 가볍게 흔들어도 맑은 소리가 멀리까지 울립니다. 이 소리로 신을 초청하거나 악귀를 쫓기도 하는데, 공수를 받을 때에는 신에게 정신을 집중하기 위해 귀 높이까지 들어 올려 방울을 흔드는 것을 볼 수 있지요.

무당이 사용하는 방울은 지역과 개인에 따라 모양이 조금씩 달라집니다. 가장 보편적인 것은 Y자형 구조에 한쪽에는 3개, 다른 쪽에는 4개의 방울이 달린 칠성방울인데 이름에서 알 수 있듯 칠성신을 상징합니다. 방울 2~3개가 달린 군웅방울, 굿판의 12거리를 상징하는 열두대신방울도 자주 쓰이며 이외에도 방울의 개수는 저마다 다양합니다. 황해도 무당들은 아흔아홉 상쇠방울을 사용했는데 숫자 99가 상징하는 충만함과 더불어 그들의 복색처럼 방울 또한 크고 화려한 것을 선호했음을 알 수 있습니다.

○ 종이 장식

굿에서 사용되는 종이 장식은 분위기를 돋울뿐더러 신을 모시고 보내는 데 꼭 필요한 요소입니다. 꽃·깃발·배·등·잉어·학 등 다양한 형태로 만들 수 있고 재료 특성상 형태 변형도 자유로워 제작이 비교적 쉽습니다. 계절과 관계없이 사용할 수 있어 실용성도 높지요.

　종이 장식의 기능은 의례의 전 과정을 아우릅니다. 동해안 굿에서는 반야용선이라는 자그마한 배를 만들어 넋을 실리게 하거나, 탑등을 만들어 무당이 손에 들고 춤을 추면서 굿판 참여자들을 축원하는 용도로 활용합니다. 황해도·충청도에서는 굿의 마지막 거리에서 종이 장식을 소각함으로써 신을 보내고 잡귀를 정리하는 의례가 진행됩니다. 호남의 넋당석은 망자의 넋이 머무는 자리를 시각적으로 표현하지요. 충청도 법사들은 환자 치유를 위한 독경 의식에서 종이로 만든 그물망을 설치해 잡귀를 몰아내기도 합니다.

　그런데 무당들 사이에도 세대 차이가 있는 걸까요? 원래 종이 장식은 굿 날짜가 잡히면 무당과 악사들이 틈틈이 모여 정성스럽게 직접 만드는 것이 관례였습니다. 그런데 요즘은 음식뿐 아니라 종이 장식도 무구 판매처에서 사서 쓰는 경우가 많다고 합니다.

　물론 예전에도 모든 무당이 종이 장식을 만들 수 있었던 것은 아닙니다. 굿판이나 신부모에게서 배운 고유 기술로 장식을 만들어 다른 무당에게 팔고 이를 주요 수익원으로 삼는 이들도 있었습니다. 그럼에도 대체로 굿을 위한 제물이나 무구 준비는 신을 위한 정성으로 생각하기 때문에 가능한 한 손수 만드는 일이 많았다고 합니다.

○ 작두

　작두는 모든 무당이 사용하는 도구는 아니지만 황해도 계열 강신무의 굿에서는 가장 시선을 끄는 장면을 연출하지요. 무당의 정체성과 신령함을 드러내는 상징적인 무구이기에 함께 소개하고자 합니다.

　보통 무당은 장군거리에서 장군신이 내렸음을 보여줄 때 작두를 탑니다. 장군 옷을 갖춰 입고 작두의 날카로움을 확인시키는데 우선은 종이, 그다음은 자신의 팔·다리·혓바닥 등에 연신 작두를 갖다 대며 찌르는 시늉을 합니다. 이렇게 사람들의 관심이 집중되었을 때 무당은 맨발로 작두 위에 올라서 춤을 추고 공수를 줍니다. 신이 깃들지 않고선 도저히 해낼 수 없다는 생각이 들면서 사람들은 무당이 신과 하나가 되었다고 믿게 됩니다.

무당의 작두는 두 개의 칼날이 나란히 선 쌍작두 형태가 일반적입니다. 칼날이 무뎌야 위에 올라서거나 뛰었을 때 안전할 것 같지만 오히려 날이 잘 들어야 춤추기 편하고 베이거나 다치는 일도 없다고 합니다. 그래서 굿을 준비할 때는 반드시 작두날을 갈아둡니다. 이때 행여 말로 인해 부정이 들까 염려해, 무당은 '하미'라는 한지를 입에 물고서 칼날을 간다고 합니다.

3. 무당이 인간 운명을 점칠 수 있게 된 까닭

사람들이 무당을 찾는 이유는 인생이 막막할 때 누군가 조언을 건네주길 바라서입니다. 앞날을 미리 알 수 있다면 더할 나위 없고, 오늘 하루를 어떻게 살아야 할지도 알고 싶은 거죠. 그런 마음을 잘 보여주는 이야기가 제주도의 무속신화 〈원천강본풀이〉입니다. 이 신화는 무당이 인간의 운명을 어떻게 읽어내는지를 흥미롭게 들려줍니다.

이야기의 주인공 오늘이는 자신을 버린 부모를 찾아 떠납니다. 고생 끝에 도착한 원천강[8]은 사계절이 동시에 존재하고 과거와 현재·미래가 겹치는 신비한 공간입니다. 사람은 태어난 시점에 따라 팔자가 갈린다고 하지요. 원천강은 그 모든 시점이 한데 겹쳐 드러나는 곳입니다. 그런 장소를 다녀온 오늘이는 시간과 운명의 비밀을 직접 보고 겪은 자가 됩니다. 이제 타인의 삶이 어떻게 흘러갈지도 꿰뚫어 볼 수 있는 힘을 얻었다는 뜻이죠.

오늘이는 여정 중 여러 고민을 듣습니다. 매일 똑같은 하루를 반복하며 지내는 매일이와 장상이, 맨 윗가지에만 꽃이 피는 연꽃, 여의주를 아홉 개나 지녔지만 용이 되지 못한 이무기까지. 그리고 오늘이는 원천강에서 모든 해답을 가져옵니다.

매일이와 장상이는 서로를 만나 부부가 되고 연꽃은 꽃 한 송이를 나누고 나서야 온 가지에 꽃을 피웁니다. 이무기는 여의주를 내려놓은 순간 하늘로 날아오르죠. 오늘이는 앞날을 예언하기보다 이야기를 찬찬히 듣고 그에 맞는 길을 조용히 짚어주는 사람입니다. 우리가 생각하는 이상적인 무당에 가까운 모습이네요.

오늘이가 알려준 '운명 바꾸는 법'에는 공통점이 있었습니다. 늘 머물던 자리를 벗어나고, 움켜쥔 것을 나누는 일 말입니다. 익숙함에서 한발 물러설 때 비로소 길이 보이기 시작합니다. 그렇다면 이제 운명을 고치고 싶을 때 무엇을 해야 할지는 확실해졌습니다. 어제와는 다른 오늘을 살아보는 거죠. 아주 작은 부분이라도요.

【 참고문헌 】

인용 자료

〈강령거첨 뱅인영감굿〉, 황해도굿 한뜻계 보존회, 『(사단법인 황해도한뜻계보존회 2006년도 학술대회)발표논문집 : 강령거첨뱅인영감굿의 종합적 고찰』, 2006.
〈내 복에 산다〉, 한국학중앙연구원 편, 『증편 한국구비문학대계 3-7, 충청북도 진천군』, 역락, 2018.
〈바리공쥬〉, 아카마쓰 지조·아키바 다카시 저, 심우성 옮김, 『조선무속의 연구』상, 동문선, 1991, 44쪽.
〈발원굿〉, 김헌선, 『동해안 화랭이 김석출 오구굿 무가 사설집』, 월인, 2006.
〈불도맞이-악심꽃 꺾음〉, 현용준, 『(개정판)제주도무속자료사전』, 각, 2007.
〈삼공본푸리〉, 아카마쓰 지조·아키바 다카시 저, 심우성 옮김, 『조선무속의 연구』 상, 동문선, 1991.
〈손님굿(변연호 구송)〉, 최정여·서대석, 『동해안무가』, 형설출판사, 1974.
〈심청굿〉, 한국정신문화연구원 어문학연구실, 『한국구비문학대계』 7-7, 한국정신문화연구원, 1981.
〈이공본풀이〉, 허남춘 외, 『양창보 심방 본풀이』, 보고사, 2010.
〈장자풀이(Ⅰ)〉, 임석재, 『줄포무악』, 문화재관리국, 1970.
〈장자풀이(Ⅱ)〉, 임석재, 『줄포무악』, 문화재관리국, 1970.
〈칠공주풀이〉, 홍태한, 『서사무가 바리공주 전집』 3, 민속원, 2001.

단행본

국립문화재연구소, 『인간과 신령을 잇는 상징, 巫具: 경상도』, 민속원, 2005.
국립문화재연구소, 『인간과 신령을 잇는 상징, 巫具: 서울시·경기도·강원도』, 민속원, 2005.
국립문화재연구소, 『인간과 신령을 잇는 상징, 巫具: 충청도』, 민속원, 2005.
국립문화재연구소, 『인간과 신령을 잇는 상징, 巫具: 전라남도·전라북도·제주도』,

민속원, 2008.

강정식,『제주굿 이해의 길잡이』, 민속원, 2015.

김선풍,『남해안 별신굿』, 박이정, 1997.

김진영 외,『서사무가 심청전집』, 민속원, 2001.

김태곤,『한국무속연구』, 집문당, 1981.

김태곤,『한국무속도록』, 집문당, 1982.

김태곤,『한국무가집』 1~4, 집문당, 1992.

김헌선,『동해안 화랭이 김석출 오구굿 무가 사설집』, 월인, 2006.

김헌선,『황해도 무당굿놀이 연구』, 보고사, 2007.

김헌선,『서울굿, 거리 거리 열두거리 연구』, 민속원, 2011.

김헌선,『서울 진오귀굿-바리공주 연구』, 민속원, 2011.

김형근,『남해안굿 연구』, 민속원, 2012.

무라야마 지준 저, 최길성·박호원 옮김,『조선의 무격』, 민속원, 2014.

문무병,『제주도 무속신화: 열두본풀이 자료집』, 칠머리당굿보존회, 1998.

문무병,『(바람의 축제 칠머리당)영등굿』, 황금알, 2005.

문화재관리국 문화재연구소 예능민속연구실,『한국민속종합조사보고서: 무의식 편』, 문화재관리국 문화재연구소, 1983.

문화재관리국 문화재연구소,『굿놀이』, 문화재관리국 문화재연구소, 1991.

박경신,『울산지방무가자료집』(1)~(5), 울산대학교 인문과학연구소, 1993.

박경신,『동해안 별신굿』, 화산문화, 2002.

서대석,『한국무가의 연구: 서사무가 제석본풀이 연구』, 문학사상사, 1980.

서대석, 박경신 역주,『한국고전문학전집 30-서사무가 I 』, 고려대학교 민족문화연구소, 1996.

서대석, 박경신 역주,『한국고전문학전집 37-서사무가 II 』, 고려대학교 민족문화연구소, 2006.

서울대학교 규장각 편,『무당내력』, 민속원, 1996.

손진태,『조선신가유편』, 향토문화사, 1930.

아카마쓰 지조·아키바 다카시 저, 심우성 옮김,『조선무속의 연구』상·하, 동문선, 1991.

윤동환,『동해안 무속의 지속과 창조적 계승』, 민속원, 2010.

이경엽,『씻김굿』, 한얼미디어, 2004.
이능화 저, 서영대 역주,『조선무속고: 역사로 본 한국 무속』, 창비, 2008.
이수자,『(제주도 무속을 통해서 본)큰굿 열두거리의 구조적 원형과 신화』, 집문당, 2004.
임석재,『줄포무악』, 문화재관리국, 1970.
임석재 외,『함경도 망묵굿 : 베를 갈라 저승길을 닦아주는 굿』, 열화당, 1985.
장주근,『한국민속논고』, 계몽사, 1986.
장주근·이보형 저, 김수남 사진,『제주도 영등굿』, 열화당, 1983.
장주근저작집간행위원회 엮음,『장주근저작집Ⅱ: 서사무가 편-제주도무속과 서사무가, 한국 신화의 민속학적 연구』, 민속원, 2013.
조흥윤,『한국의 巫』, 정음사, 1983.
조흥윤,『한국의 샤머니즘』, 서울대학교출판부, 1999.
제주도,『제주도 무형문화재 조사보고서』, 제주도, 1986.
제주도·제주전통문화연구소,『제주도큰굿자료: 1994년 동김녕 문순실댁 중당클굿』, 제주도·제주전통문화연구소, 2001
진성기,『남국의 전설』, 일지사, 1968.
진성기,『제주도무가본풀이사전』, 민속원, 1991.
최길성,『한국무속의 연구: 동해안지역을 중심으로 한 사회인류학적 연구』, 아세아문화사, 1978.
최길성,『한국의 조상숭배』, 예전사, 1986.
하효길,『한국의 풍어제』, 대원사, 1998.
하효길,『서해안배연신굿 및 대동굿』, 화산문화기획, 2002.
하효길 외,『한국의 굿』, 민속원, 2002.
하효길 저, 송봉화 사진,『서해안배연신굿 및 대동굿』, 화산문화기획, 2002.
한국무속학회,『무구의 이해』, 민속원, 2011.
현용준,『제주도무속연구』, 집문당, 1988.
현용준,『제주도 무속과 그 주변』, 집문당, 2002,
현용준, 현승환 역주,『한국고전문학전집 29-제주도 무가』, 고려대학교 민족문화연구소, 1996.
홍태한,『서사무가 바리공주 연구』, 민속원, 1998.

홍태한, 『서울의 마을굿』, 민속원, 2009.
황루시, 『한국인의 굿과 무당』, 문음사, 1988.
황루시 저, 임원순 사진, 『진도씻김굿』, 화산문화, 2001.
황해도굿 한뜻계 보존회, 『(사단법인 황해도한뜻계보존회 2006년도 학술대회)발표논문집 : 강령거첨뱅인영감굿의 종합적 고찰』, 2006.

연구논문

권선경, 「서울 마을굿의 특성과 계통」, 『실천민속학연구』 15, 실천민속학회, 2010.
권태효, 「무속신화에 나타난 죽음 인도신, 저승차사의 인물 형상화 양상」, 『일본학연구』 46, 단국대학교 일본연구소, 2015.
고은영, 「〈초공본풀이〉의 서사적·제의적 의미」, 『한국무속학』 40, 한국무속학회, 2020.
김은희, 「동해안과 함경도의 망자 천도굿」, 『한국학연구』 26, 고려대학교 한국학연구소, 2007.
김영희, 「아버지의 딸이기를 거부한 막내딸의 입사기(入社記)-구전이야기 〈내 복에 산다〉를 중심으로-」, 『온지논총』 18, 온지학회, 2008.
김창일, 「무속신화에 나타난 꽃밭의 의미 연구」, 『한국무속학』 11, 한국무속학회, 2006.
김헌선, 「함경도 무속서사시연구-〈도랑선배·청정각시노래〉를 중심으로-」, 『구비문학연구』 8, 한국구비문학회, 1999.
김헌선·시지은, 「경기도 남부 도당굿 화랭이·미지의 계보와 의미」, 『민속학연구』 21, 국립민속박물관, 2007.
김혜정, 「황해도 강령거첨 뱅인영감굿의 성격과 의미」, 『한국무속학』 22, 한국무속학회, 2011.
김혜정, 「자식 점지 기원 신화의 측면에서 살핀 〈이공본풀이〉신적 성격과 의미」, 『한국무속학』 38, 한국무속학회, 2019.
나경수, 「진도씻김굿의 연구: 제의적 구조」, 『호남학』 18, 전남대학교 호남문화연구소, 1988.

신동흔,「구비문학에 나타난 부녀관계의 원형-'집 나가는 딸' 유형의 설화를 중심으로-」,『구비문학연구』 28, 한국구비문학회, 2009.

신연우,「여성 담당층 관점에서의 〈초공·이공·삼공본풀이〉의 문학-사상의 의미망」,『한국고전여성문학연구』 21, 한국고전여성문학회, 2010.

양종승,「무당 귀물(鬼物) 연구 :『삼국유사』의 삼부인(三符印)과 무당의 거울·칼·방울을 중심으로」,『생활문물연구』 2, 국립민속박물관, 2001.

염원희,「질병과 신화: 질병문학으로서의 손님굿 무가」,『우리문학연구』 65, 우리문학회, 2020.

오문선,「서울의 마을굿에 대한 관(官)의 개입과 소통-용산구 용문동 남이장군 부군당제를 중심으로-」,『서울민속학』 6, 서울민속학회, 2019.

유영대,「진도씻김굿의 절차와 기능」,『어문논집』 37, 민족어문학회, 1998

윤동환,「동해안 무집단 지화(紙花)의 문화적 의미」,『한국무속학』 13, 한국무속학회, 2006.

윤동환,「거리굿의 전형성과 특징」,『한국민속학』 53, 한국민속학회, 2011.

윤준섭,「함경도 망묵굿 서사무가 연구」, 서울대학교 박사학위논문, 2019.

이두현,「마마배송굿」,『한국문화인류학』 41-2, 한국문화인류학회, 2008.

이수자,「한국문화에 나타난 〈불〉의 다층적 의미와 의의」,『역사민속학』 10, 한국역사민속학회, 2000.

이용범,「한국무속의 죽음이해 시론」,『한국학연구』 38, 고려대학교 한국학연구소, 2011.

정연식,「조선시대의 천연두와 민간의료」,『인문논총』 14, 서울여자대학교 인문과학연구소, 2005.

정제호,「〈도랑선비 청정각시〉에 나타난 고난의 의미와 제의적 기능」,『고전과 해석』 23, 고전문학한문학연구학회, 2017.

최성진,「동해안별신굿 무가의 전승현황 연구」,『한국무속학』 17, 한국무속학회, 2008.

최진아,「진도씻김굿의 '넋당석[龍船]' 연구」,『한국무속학』 8, 한국무속학회, 2004.

최진아,「무속의 물질문화 연구」, 한국학중앙연구원 박사학위논문, 2009.

한국무속학회,『무구의 이해』, 민속원, 2011.

홍태한,「심청굿 무가의 변이 양상과 형성과정 추론」,『한국무속학』 2, 한국무속학회, 2000.

홍태한,「서울 진오기굿 〈바리공주〉의 저승관과 그 의미」,『한국학연구』 27, 고려대학교 한국학연구소, 2007.

홍태한,「동해안굿 무가의 존재양상과 의미」,『한국무속학』 17, 한국무속학회, 2008.

황인덕,「〈내 복에 먹고 산다〉형 민담과 〈삼공본풀이〉 무가의 상관성」,『어문연구』 18, 어문연구학회, 1988.

기타

사단법인 제주칠머리당영등굿보존회(https://chilmeoridang.or.kr)

서울역사박물관(https://museum.seoul.go.kr) 〉유물〉 소장유물 검색 〉 무당부채(접선)

『한국구비문학대계』, 한국학통합플랫폼(https://kdp.aks.ac.kr/gubi)

『한국민족문화대백과사전』(https://encykorea.aks.ac.kr) 〉 무구(巫具)·무령(巫鈴)·신칼(神칼)·작두타기

도판

〈동해안별신굿〉 중 '소지태우기', 2002, 국가유산청 제공.
〈진도씻김굿〉 중 '길닦음', 2001, 국가유산청 제공.
〈광인굿〉에 사용된 '허재비', 2017, 김혜정 촬영.
〈서울새남굿〉 중 '호구신' 대목, 2015, 김혜정 촬영.
〈울진 구산리 별신굿〉 중 심청굿을 연행하는 무녀의 손대. 2006. 국가유산청 제공.
〈서해안배연신굿 및 대동굿〉 중 '뱅인영감굿'. 2002. 국가유산청 제공.
〈황해도대동굿〉 중 '뱅인영감굿', 2010, 김혜정 촬영.
〈제41회 남이장군사당제〉 중 '장군출진', 2023, 용산구청 제공.

4장 한국에 뿌리내린 불교·도교의 신

1
저승을 설계한 불교의 신

🔥 불교와 도교가 스며든 한국 신화의 풍경

절 곳곳을 가만히 둘러보면 산신이나 칠성 같은 이름이 보입니다. 부처님만 계실 줄 알았던 사찰 안에 다른 신들이 함께 모셔져 있죠. 따져보면 무언가 좀 이상한 듯도 하지만 사실 한국 사찰에서는 그리 낯선 풍경은 아닙니다.

한국 신화 속에는 불교나 도교에서 유입된 신[1]이 등장하는가 하면 토착신이 외래 종교의 영향을 받아 이름이나 성격이 달라진 경우도 많습니다. 불교와 도교, 민간 신앙이 뒤섞인 채 구분조차 어려운 신들도 있지요. 하나의 절대자를 중심으로 하는 방식이 아니라 서로 다른 사상과 문화가 뒤얽혀 공존하는 것이 한국적인 신 개념의 특징입니다.

이런 흐름에는 외래 종교가 들어온 방식도 한몫했습니다. 종교마다 유입된 시기도 다르고 유일신 체계가 아니다 보니 신들의 기원이나 서열을 명확히 정리하긴 어렵습니다. 영향을 주고받은 경로는 생각보다 복잡하거든요. 그렇다고 무작정 손 놓을 수는 없겠죠. 이 복잡함이 오히려 흥미롭기도 하니까요.

이 흐름을 더 잘 이해하려면 불교와 도교가 한국에 들어온 과정을 먼저 짚어볼 필요가 있습니다.

먼저, 불교는 긴 여정을 거쳤습니다. 기원전 6세기 인도에서 시작된 부처의 가르침은 실크로드를 따라 중앙아시아를 지나 중국을 거쳐 4세기경 고구려에 닿았습니다. 그 과정에서 여러 지역의 신앙과 섞였고 중국에선 도교와 민간 신앙의 색을 덧입으며 낯선 듯 익숙한 모습으로 바뀌었지요.

도교는 중국에서 자라난 종교입니다. 자연을 거스르지 않고 그 흐름에 따르라는 가르침 아래, 사람들은 무병장수를 넘어 영원한 삶을 꿈꿨습니다. 신선과 영약, 수련과 불사(不死)의 세계는 그 자체로 매력적이었고 그 덕분에 도교는 현지 민간 신앙과도 자연스럽게 어우러졌습니다. 2세기 무렵 종교로 조직을 갖춘 후에는 불교와 경쟁하듯 사원을 짓고 도사를 길렀고 제도화된 형태로 한국에도 들어오게 되지요.

이렇게 외래에서 들어온 두 종교는 한국의 민간 신앙과 만나면서 또 한 번 모습을 바꿉니다. 절 안에 부처와 함께 산신이 있고, 칠성을 모신 법당이 따로 마련된 이유도 그 때문입니다. 원래는 신의 이름도, 모시는 방식도 달랐지만 그 경계는 오래전부터 흐려져 지금은 한 공간 안에 공존하는 풍경이 자연스러울 정도가 되었습니다.

저승을 지배하는 열 명의 재판관, 시왕

이제 본격적으로 불교의 영향을 받은 신들, 그중에서도 저승과 관련된 신을 살펴보겠습니다.

불교가 전래되기 이전, 옛사람들은 죽은 자가 가는 세계를 저승 혹은 황천이라 불렀을 뿐 그 공간에 명확한 구획이 있다고 생각하지는 않았습니다. 저승은 다리나 강을 건너 가야 하는 '이승 너머의 공간'이었고 그 위치는 하늘일 수도 지하일 수도 있었습니다. 물론 이승과 철저히 분리된 세계라는 점에서 망자를 다시 볼 수 없다는 안타까움은 내재했지만 생전의 행위를 심판받고 징계받는 무서운 공간이라는 인식은 없었습니다. 오히려 그곳을 환상적인 꽃밭이나 기와집이 있는 공간으로 묘사하기도 했지요.

> "그 사람이 숨이 딱 끊어진께, 그 문턱 밑이 곧 저승이여. 정신을 차리고 보니 마당 끝에 큰 기와집이 딱 있드만, 거기서 한 영감님이 나타나더라네. …중략… 그리하여 따라간께 허허벌판이 펼쳐지고, 꽃밭도 있고 모래밭도 있고, 문짝이 열두 개나 달린 좋은 기와집도 있는데 거기가 다 저승이라고 하더래."
>
> 〈저승에 간 여인〉

그런데 불교가 전래되면서 우리 저승의 얼굴은 크게 달라졌습니다. 시왕이나 저승사자처럼 죽음을 다루는 신의 개념이 유입되며 그들이 머무는 지옥과 극락, 그리고 그 경계에 대한 상상까지 함께 전해졌지요.

하지만 이 책에서는 설화와 무속신화에 편입된 불교의 신들에

주목합니다. 흥미롭게도 이들 가운데 불교적 색채가 뚜렷한 경우는 대부분 '죽음'과 관련되어 있습니다.

사실, 죽음 이후 또 다른 세계가 있다는 믿음은 불교 이전에도 존재했습니다. 다만 그 구조나 통치자에 대한 상상은 막연했지요. 불교는 이 빈틈을 메우며 '지옥'이라는 서늘하고도 선명한 이미지를 남겼고, 그 세계는 설화와 굿을 통해 민간 신앙 안으로 자연스럽게 흡수되었습니다. 이는 '이승과 저승이 다른 세계'라는 인식이 이미 자리를 잡고 있었기에 가능한 일이었습니다. 불교의 사후 세계관은 기존 민간 인식과 크게 충돌하지 않았고, 오히려 익숙한 틀 안에 쉽게 받아들여졌던 것이지요.

그럼 이제 질문 하나 던져볼까요? 저승 세계의 법과 질서를 주관하는 신은 누구일까요? 많은 분들이 '염라대왕이지!' 혹은 '옥황상제 아닐까?' 하고 떠올릴지도 모르겠습니다. 하지만 정답은 열 명의 재판관, 바로 저승 시왕(十王)입니다.

이들은 지옥의 여러 공간을 나눠 맡아 망자의 생전 행적을 따져 죄를 묻고 형벌을 내립니다. 49일 동안 망자는 일곱 명의 시왕을 차례로 만나고, 이후 100일·1년·3년이 되는 날 나머지 세 명의 시왕에게서 마지막 심판을 받습니다. 각 시왕은 맡은 죄목이 다르며 심판 내용도 점점 무거워집니다. 이러한 구조[2]는 종교적 상징뿐만 아니라 오늘날까지 이어지는 49재·백재·탈상[3] 같은 의식의 뿌리이기도 합니다.

시왕 이름	심판 시기	대표 죄목	공간
1. 진광대왕	사망 후 7일	살생, 불효, 공덕 없는 삶	칼날이 몸을 찢는 도산(刀山)지옥
2. 초강대왕	14일	절도, 방화, 사기	쇳물이 끓는 확탕(鑊湯)지옥
3. 송제대왕	21일	간음, 배신	살을 에는 한빙(寒氷)지옥
4. 오관대왕	28일	과음, 불경, 불효	칼잎 달린 나무가 빽빽한 검수(劍樹)지옥
5. 염라대왕	35일	거짓말, 욕설	혀를 뽑는 발설(拔舌)지옥
6. 변성대왕	42일	살인, 강도 등의 중죄	온몸의 구멍을 파고드는 독사(毒蛇)지옥
7. 태산대왕	49일	상거래 속임수	몸을 토막내는 거해(鉅解)지옥
8. 평등대왕	100일	부정직, 불공정	쇠못에 박히는 철상(鐵床)지옥
9. 도시대왕	1주기	불륜, 자살, 방화	광풍이 부는 풍도(風途)지옥
10. 오도전륜대왕	3주기	진리 왜곡, 신성모독	빛이 없는 흑암(黑暗)지옥

시왕에 대한 기본 개념과 명칭은 불교 경전[4]에서 전해졌습니다. 하지만 이 체계는 한국에 들어오면서 달라졌습니다. 49재 같은 유교적 의례와 결합했고, 조선시대에 이르러 민간의 상상력이 더해지며 점점 더 구체적이고 시각적인 형태로 바뀌었지요.

〈시왕도〉, 19세기.

시왕도(十王圖)를 보면 마치 지옥의 법정이 그대로 눈앞에 펼쳐진 듯합니다. 그림 하단에는 죄의 경중을 따지는 관리들과 혀를 뽑는 형틀, 사람이 가득 담긴 채 끓고 있는 가마솥 같은 형벌 장면이 직설적이고 생동감 있게 표현되어 있습니다. 오늘날 우리가 떠올리는 생생한 지옥의 모습은 대부분 경전이 아닌 불화(佛畵)와 설화 속에서 정착된 이미지입니다. 이렇듯 시왕 개념의 뼈대는 경전에서 왔지만, 오늘날 우리가 아는 저승 체계는 그보다 훨씬 더 민속적인 상상에 가깝습니다.

🔥 이승의 도덕을 묻는 저승의 판결

시왕은 오직 죽은 이를 심판하는 재판관만은 아닙니다. 살아 있는 우리가 어떻게 살아야 할지를 끊임없이 되묻게 하는 도덕적 거울 같은 존재이죠.

사람이 죽으면 누구든 49일 동안 저승에서 재판을 받는다고 믿습니다. 불교 신자가 아니어도 유족들이 이 기간을 중요하게 여기는 건, 사람이 살아가며 지은 크고 작은 죗값을 저승에서 치러야 한다는 인식 때문입니다. 그래서 망자는 7일마다 한 명씩, 모두 일곱 시왕 앞에 나아가 심판을 받습니다. 그리고 49일이 되면 태산대왕의 심판에 따라 어느 길로 환생할지가 정해지지요.

천상도, 인간도, 아수라도[5]가 속한 삼선도(三善道)

지옥도, 아귀도[6], 짐승도가 속한 삼악도(三惡道)

이 모두를 통틀어 육도(六道)라고 부릅니다. 49재는 망자가 삼선도의 길로 다시 태어나길 바라는 마음에서 올리는 의식이며, 동시에 남은 사람들이 스스로의 삶을 돌아보게 만드는 장치이기도 합니다. 언젠가는 나도 같은 심판을 받게 될 거라는 생각에 이 의례를 진지하게 마주합니다.

그렇다면 이 시왕이라는 개념은 어디서 비롯되었을까요? 사실 그 시작은 고대 인도 경전 『리그베다』에 등장하는 야마(Yama)로, 인간 가운데 가장 먼저 죽은 자이며 사후세계를 주관한다고 여겨졌습니다. 이 야마가 불교 경전에 흡수되면서 죽은 자의 업을 심판하는 판관인 염마(염라)로 재해석되었고, 이후 중국으로 전해지며 또 다른 변화를 겪게 됩니다. 중국에는 이미 도교와 민간 신앙 속에 태산부군, 성황과 같은 인간의 수명과 저승을 관장하는 신이 존재하고 있었습니다. 염라의 개념은 자연스럽게 이들과 융합되며 그 결과 저승의 판관 역할을 하는 다양한 신격들이 생겨났습니다. 이 과정에서 중국 관료제의 영향이 더해지면서 지옥 세계도 마치 하나의 행정 조직처럼 상상되어, 죄를 심판하고 공간을 관장하는 인물이 있을 것이라 인식되었죠.

이 흐름 속에서 싹튼 것이 바로 열 명의 시왕 개념입니다. 각 시왕은 맡은 죄목과 담당 지옥이 다르며 저마다 고유의 심판 역할을 수행합니다. 다만 이 체계는 권력의 서열보다는 기능 분화에 가까워서 누가 우두머리이고 누가 부하인지를 규정하지는 않았습니다. 태산부군 같은 도교 계열의 신들도 이 체계 바깥에서 함께 언급되거나 지역에 따라서는 시왕과 뒤섞여 나타나기도 했지요.

이 구조는 한국에 전해지며 다시 한번 변화를 겪습니다. 불교뿐 아니라 무속·도교·유교의 장례 관념이 덧붙으면서 시왕 체계는 한국식 저승관으로 정착하게 되었지요. 이 과정에서 특이한 변주는 염라대왕이 시왕 가운데 으뜸으로 인식되기 시작했다는 점입니다. 또 하나, 49재, 천도재 같은 망자를 위한 의식뿐만 아니라 생전에 스스로 업을 지우고 참회하는 생전예수재(生前豫修齋)가 널리 행해졌습니다.

'나는 어떤 죄를 지었고, 시왕 앞에서 무엇을 말할 수 있을까?'

불교의 장례 의식은 일견 망자를 위한 듯하지만 실은 살아 있는 이들에게 화두를 던집니다. 그래서 사람들은 생각하게 됩니다. 사소한 말과 행동에도 죄가 깃들 수 있고 그 죄가 저승에서 어떤 대가로 되돌아올지는 누구도 장담할 수 없지요. 시왕을 무서워하는 마음은 죽은 뒤를 걱정하는 공포라기보다는 지금 현재를 조심하며 살아가게 만드는 내면의 규율처럼 작동합니다. 삶을 조금 더 바르게 만들기 위한 최소한의 긴장감이랄까요.

법이 없는 사회가 불가능하듯, 시왕은 보이지 않는 도덕의 기준선이 되어왔습니다. 그런 점에서 그들은 지금도 우리를 말없이 심판하고 있다고 할 수 있습니다.

 ## 염라는 왜 저승의 대표가 되었을까

염라대왕은 불교 경전에서 열 명의 시왕 가운데 다섯 번째일 뿐입니다. 망자는 49일 동안 일곱 시왕에게 심판을 받고 마지막에는 태산대왕에게 최종 판결을 받는다고 전해지지요. 그런데도 '저승의 최고신' 하면 염라대왕만 떠오르는 데는 그만한 이유가 있습니다.

하나는 이 신의 뿌리가 인도 고대 신화의 야마(Yama)에서 비롯되었기 때문입니다. 불교 전승 이전부터 야마는 인류 최초로 죽어서 명계로 가는 길을 개척한 자이자, 저승의 왕으로 널리 퍼져 있었고 이 개념이 불교에 흡수되며 '염라'라는 이름 자체가 저승의 대명사처럼 굳어진 셈입니다.

또 하나는 이야기의 힘입니다. 경전과 달리 소설이나 설화에서는 모든 심판을 맡는 인물로 염라대왕 하나만 기억됐고, 사람들은 그 이름 하나로 저승 전체를 상상하게 됐습니다.

· 이 죄인을 압송하여 풍도(지옥)에 가 염라대왕께 보내라! (김만중, 『구운몽』)
· 같이 죽어 한데 묻히자 하더니 염라국이 어디라고 날 버리오. (작자 미상, 「심청전」)

이 흐름은 시각 자료에도 반영되어 무신도 속 시왕 그림에서는 열 명의 시왕이 한 폭에 함께 그려질 때마다 염라대왕이 정중앙에 배치되는 경향을 보입니다. 문학과 시각문화가 함께 작용하며, 염라대왕은 점차 '저승의 왕'이라는 이미지로 대중에게 자리하게 되었습니다.

🔥 내 잘못까지도 품어줄 것 같은 신

명부전(冥府殿)은 사찰 안에서도 독특한 분위기를 지닙니다. 죽은 이를 위한 기도를 올리는 이 전각에는 저승의 재판관인 시왕들이 줄지어 서 있고 그 중심에는 지장보살이 자리잡고 있지요. 이 구도를 보면 의문이 피어납니다. 지장보살이 누구길래 한가운데 있을까 하고요.

지장시왕도를 찬찬히 들여다보면 인물들의 배치와 표정, 손에 든 물건 하나하나에 담긴 뜻이 전해집니다. 시왕은 임금의 면류관을 쓰고 홀(笏), 또는 인간의 업을 기록하는 붓과 책을 든 근엄한 모습으로 그려지는 반면 지장보살은 민머리에 손에는 염주를 들고 있습니다. 지장보살은 중생과 비슷한 눈높이에서 마주보는 듯한 자세로 표현됩니다. 이런 시선과 태도는 그가 심판자라기보다 삶과 죽음의 경계에서 마지막까지 함께 있어 줄 것이라는 인식을 불러일으킵니다.

지장보살은 석가모니가 열반한 뒤, 미륵불이 세상에 나타나기 전까지 중생을 돌보는 보살로 알려져 있습니다. 특히 지옥에 떨어질 이들을 교화하며 시왕의 심판을 받기 전 망자가 처음 마주하게 되는 이로 등장합니다. 지장보살의 자비로운 가르침에 따라 망자는 죗값을 덜거나 경우에 따라 다시 인간 세상으로 돌아올 기회를 얻기도 한다고 전해지는데요. 그는 반드시 뜻을 이루겠다고 마음속으로 맹세했습니다.

〈해인사 국일암 지장시왕도〉, 1904.

"지옥이 텅 비기 전에는 결코 성불하지 않으리라(衆生度盡 方證菩提 地獄未空 誓不成佛)."

누구 하나라도 빠짐없이 구하고 싶다는 이 다짐은 지장보살 신앙의 핵심을 보여줍니다. 불교에서는 이처럼 망자의 심판뿐 아니라 구제의 가능성까지 함께 알리며 대중의 관심과 호감을 동시에 끌어냈습니다. 신라에서는 지장보살에게 참회 기도를 올리는 풍습이 퍼졌고, 고려시대에는 사후세계를 관장하는 저승 신앙의 중심으로, 조선에 이르러서는 전국 곳곳에 명부전이 세워지고 지장시왕도가 활발히 제작되며 널리 모셔졌습니다. 이런 배경에는 '포교 전략'만으로는 설명할 수 없는 공감대와 현실적인 감정이 자리하고 있었습니다.

사랑하는 이가 떠나고 나면, 그에게 더 잘해주지 못한 기억이 떠오르고 이제라도 무언가를 해주고 싶은 마음이 피어납니다. 또 사람이 살면서 단 한 번의 실수도 하지 않고 살기는 쉽지 않지요. 그런데 만약 저승의 신이 인정사정 없이 단죄만 하는 존재였다면 사람들은 그 앞에서 등을 돌렸을지도 모릅니다. '이미 한 번 틀어졌으니 될 대로 돼라. 어차피 난 지옥 갈 텐데 뭐…' 하는 마음으로요.

지장보살은 그럴 때 마지막 희망이 되었습니다. 사람들은 삶을 포기하기보다 이 신의 자비와 은총에 기대 다시 살아 나갈 힘을 마련하려 했지요. 지장보살 신앙은 죽음 이후의 세계를 막연한 공포가 아니라 구원의 기회로 바라보게 했습니다.

🔥 인간 편에 선 마지막 희망, 지장보살

불교에서 모시는 지장보살이 한국에서 토착화되어 널리 믿음의 대상이 되었다는 점은 무속 의례인 굿판에서도 확인할 수 있습니다. 서울 지역에서 오랫동안 이어진 새남굿에서 무당은 망자의 혼이 이승을 완전히 떠나 저승으로 들어갈 수 있도록 기도하며 지장보살의 이름을 간절히 부릅니다.

> 슬프다 오늘 가는 이 망자
> 정성 받으신 연유로 바리공주가 천도하여 줄 것이니
> 저승 가는 배 위에 올라
> 아미타불 지장보살님 염불 받아
> 극락세계 서방세계 연화대(蓮花臺)로
> 극락왕생 하소서.
>
> 〈바리공주〉

이 무가에는 망자가 무사히 극락에 이르길 바라는 기원과 함께 그 여정을 도와줄 신들의 이름이 나란히 등장합니다. 무당은 바리공주의 힘으로 망자가 저승으로 향하게 된다고 말하면서,

마지막엔 지장보살에게 망자를 잘 받아 극락으로 데려가 달라고 청하지요. 망자의 길을 여는 존재로서 지장보살이 호명되는 것입니다. 이는 지장보살에 대한 신앙이 무속 의례 속에서 실질적인 기능을 하며 민간에 깊이 뿌리내렸음을 보여줍니다.

　서울 새남굿에서 무당은 노래만 부르지 않습니다. 굿판 한가운데 저승으로 통하는 문을 상징하는 시왕문이나 가시문을 세워두고 그 주위를 팔자걸음으로 돌며 춤을 춥니다. 이 절차를 도령돌기라 하는데, 여기서 도령은 원래 부처나 보살이 도를 닦는 불교의 수행 공간인 도량(道場)에서 유래한 말입니다. 무속의 공간이 불교의 상징 체계를 받아들이면서 지장보살이 자연스레 등장할 수 있는 무대가 된 것이죠. 실제로 이 춤에서도 지장보살의 이름은 여러 차례 불립니다. 무당은 그 공간에서 망자를 저승으로 이끌며 지장보살에게 연신 잘 받아달라고 기도합니다. 무속과 불교는 각자의 방식으로 한 사람의 마지막 여정을 함께 완성해 갑니다.

　한편 지장보살은 설화나 소설 등 이야기판으로 들어오면서 보다 다양한 얼굴로 그려집니다.『삼국유사』에는 신라 경덕왕(723-765) 대의 고승 진표가 지장보살을 만나고, 그로부터 가르침과 신통력을 전해 받은 이야기가 전해지지요.

　　진표법사는 "지장과 미륵 두 보살 앞에서 정성을 다해 참회한 뒤
　　계법을 직접 받아 세상에 널리 전하라"는 계시를 듣고 수행에 몰

두했다. 그러나 3년이 지나도록 성불하지 못하자 낙심한 그는 바위 아래로 몸을 던졌다. 그 순간, 푸른 옷을 입은 동자가 나타나 그의 몸을 손으로 받들어 돌 위에 올려놓았다. 진표법사는 다시 마음을 다잡고 21일 기도를 기약한 뒤 밤낮으로 수행하고 바위를 두드리며 참회하였다. 사흘째가 되자 손과 팔이 꺾여 떨어지는 고통을 겪었고, 일곱째 밤이 되었을 때 지장보살이 쇠로 만든 지팡이를 흔들며 기도를 올리자 그의 손과 팔은 예전처럼 온전해졌다. 지장보살은 그에게 가사와 바리때를 전해주었고, 진표는 그 은혜에 깊이 감동하여 더욱 정진하였다. 마침내 21일을 채우는 날, 그는 천안(天眼)[7]을 얻어 도솔천에서 신중들이 내려오는 광경을 보게 되었다.

『삼국유사』 권4 진표전간

고통의 극한에 다다른 인간에게 다시 나아갈 길을 열어준다는 점에서 이 일화는 오랫동안 기억될 만합니다. 진표가 떨어진 신체를 되살리고 천안을 얻게 되는 순간마다 지장보살이 곁에 있었지요. 지장보살이 참회하는 이에게 새로운 세상을 선사하는 존재임을 상징적으로 보여줍니다.

조선 후기 김만중의 『구운몽』에서도 지장보살은 중요한 권한을 쥐고 있습니다.

불가에서 수행하던 성진은 계율을 어긴 죄로 스승에게 추방당했습니다. 팔선녀들 또한 수행자의 본분을 벗어난 행동으로 함께 내쳐졌지요. 성진은 용궁에 들렀다가 술을 마시고, 돌다리 위에서 선녀들과 서로 희롱하며 색욕을 억누르지 못했습니다. 속세에 대한 마음을 품은 순간 이미 수행자의 자격을 잃은 거나 다름없죠. 그들이 추방되어 도착한 곳은 귀졸이 문 앞을 지키고 황건역사가 들고나는 공간이었습니다.

염라대왕은 지장보살에게 그 사정을 보고한 뒤 아홉 사자를 시켜 이들을 인간 세상으로 보냅니다.

> 염라대왕이 즉시 지장왕께 보고하고, 아홉 사자에게 명하여 성진과 팔선녀를 이끌고 인간 세상으로 보냈다.

이 장면에서 눈에 띄는 건 심판을 맡은 염라와 새로운 가능성을 여는 지장보살의 역할 분담입니다. 염라대왕이 단독으로 결정할 수도 있지만 이 경우에는 그렇지 않습니다. 명부에서도 각자 맡은 역할이 나뉘어 있다는 설정에 따라 주인공들은 지장보살의 판단을 거쳐 속세로 가게 되죠.

지장보살은 죄를 짓고 지옥에 가게 된 이들에게도 기회를 허락하는 신으로 그려집니다. 『구운몽』의 이 장면은 그가 죽음 너머의 가능성을 결정하는 주체임을 상징적으로 보여줍니다.

이처럼 다양한 이야기를 살펴보면 지장보살이 왜 사람들에게 오랫동안 사랑받아 왔는지 짐작할 수 있습니다. 그는 죽은 이를 저승으로 인도할 뿐만 아니라, 생과 사의 경계에서 마지막 기회를 건네는 존재였으니까요. 죄 앞에서도 한 번 더 문을 열어주는 자비의 신. 그런 지장보살을 누가 쉽게 잊을 수 있을까요.

칼럼 ❹

〚 저세상 말단 공무원, 저승차사 〛

◆

죽음 이후의 세계를 다룰 때, 한국인의 상상력은 아주 섬세하고 구체적입니다. 불교의 지옥관이 전래된 이후 한국에서는 시왕이 저승의 재판관으로 자리를 잡고, 그 위에 총괄자 염라대왕이, 아래에는 망자의 구제를 담당하는 지장보살이 배치되었습니다. 그리고 이 체계 속에서 마지막으로 등장하는 인물이 있습니다. 바로 저승차사입니다. 누가, 언제, 어떻게 죽는지 알고 있고 실제로 영혼을 저승으로 데려오는 존재이지요. 저승의 질서를 지키는 '현장 집행자'인 이들은 저승의 분업 시스템에서 결코 빠질 수 없습니다.

1. 왜 한국에서는 '세 명'인가

저승차사는 한국 민간 신앙과 불교 세계관을 연결하는 매개입니다. 불교 경전에서는 이들을 사자(使者)라고 표현합니다. 말 그대로 '누군가의 명을 받아 움직이는 자'입니다. 하지만 민간에서는 차사(差使)라는 표현도 널리 쓰이는데, 이는 본래 관아에서 죄인을 잡으러 보내던 하급 관리의 의미에서 비롯된 말입니다. 결국 이름만 조금 다를 뿐, 이들이 수행하는 임무는 같습니다.

경전과 민요, 무가에 따라 다양한 호칭이 등장하지만 한국 민간에서 주로 나타나는 구성은 '삼차사'입니다. 여러 기록을 종합하면, 이들은 다음과 같은 세 명으로 분류됩니다.

> 강림차사: 염라대왕의 명을 받고 저승 업무를 실행하는 차사. 망자 인도를 총괄하는 실무 책임자
> 월직차사: 태어난 달(月)을 기준으로 망자의 생애를 기록하고 이승에서 활동하는 차사. 무속 신화에서 전해지는 이름은 이덕춘이다.
> 일직차사: 태어난 날(日)을 기준으로 죄업을 정리해 시왕의 심판을 돕고 저승에서 활동하는 차사. 무속 신화에서 전해지는 이름은 해원맥이다.

망자의 기일에서 특히 중요하게 여겨지는 '월'과 '일'을 담당하는 두 차사에, 이를 총괄하는 강림차사를 더해 삼차사 체계를 구성한 것입니다. 숫자 '3'에 특별한 의미를 부여하던 민간의 인식도 이 구성을 굳히는 데 영향을 미쳤습니다.

2. 한국 저승차사의 인간미

저승차사는 망자의 명(命)을 집행한다는 점에서 냉정한 존재처럼 느껴집니다. 하지만 그들이 항상 냉철하게 임무를 수행했던 건 아닙니다. 무속 신화 〈차사본풀이〉에서는 저승차사가 명부를 잃어버리는 바람에 원래 죽을 운명이었던 사람이 목숨을 부지하게 됩니다. 〈사만이본풀이〉에서는 사만이의 대접에 감복한 차사가, 명부에 적힌 '삼십삼(三+三)'

이라는 수명을 '삼천삼(三千三)'으로 고쳐주는 장면도 등장하지요. 이와 유사한 내용은 다른 전승에서도 확인됩니다.

> 갑자기 푸른 도포를 입은 노인이 무릎을 치면서 "이거 큰일 났다. 박부자네 아홉 살 먹은 삼대 외동아들이 오늘 저녁에 죽을 운명인데, 우리가 그 술을 마셨으니 일이 커졌네." …중략… 그러자 붉은 도포를 입은 노인이 묻는다. "우리가 그걸 마셨다고 해도 하늘의 뜻을 거스를 수 있겠나?" 푸른 도포의 노인이 답한다. "그럴 게 아니라 우리가 수명을 고쳐줍시다. 구(九)에다 구(九)자를 하나 더 보태서 구십구로 만들지요." 그리하여 아홉 살에 단명할 운명이던 아이는 아흔아홉까지 사는 것으로 바뀌었다고 한다.
> 〈뇌물 먹고 명(命)을 연장시켜 준 저승 사자〉

이처럼 저승차사는 절대적 운명을 집행하면서도 동시에 그 운명을 조율할 수 있는 여지의 상징이기도 합니다. 인간에게 정을 느끼고, 때로는 실수도 하며, 무엇보다도 받은 정은 반드시 되갚아야 한다는 나름의 윤리를 지닌 이들입니다.

3. 저승차사는 늘 검은 옷을 입었을까?

현재 우리가 떠올리는 저승차사의 전형적인 복장은 대개 이렇습니다. 검은 도포를 입고, 검은 갓이나 중절모를 쓰고 있으며 손에는 쇠사슬이나 방망이를 들고 험악한 분위기를 풍기지요. 그런데 이 이미지가 생긴 건 생각보다 오래되지 않았습니다.

실제로 조선 후기 설화나 무속 신앙 속 저승차사는 훨씬 다양한 복장을 하고 등장하는데요. 붉고 푸른 도포를 입은 노인, 또는 신선처럼 단정한 차림으로 나타나는 경우도 적지 않았습니다. 강림차사가 저승으로 출근할 준비를 하며 알록달록 멋을 낸 복장을 갖춰 입는 장면을 함께 보시죠.

> 강림이 저승에 보내려 할 때 차사 복장을 갖추어간다.
> 귀에 7진 겹저고리 지어간다. 벌통 행전 버선코 나온 버선 지어간다.
> 남색 바지에 적색 쾌자 지어간다. 한삼모시 두루마기 지어간다.
> 흑색 머리 전립 지어간다. 앞에는 임금 용(龍)자, 뒤에는 임금 왕(王)자 새겨 간다.
> 죄인을 묶는 홍사줄을 옆에 찬다. 관장패를 등에 진다.
> 적패지 옷고름에 품고 강림이 이제 저승 갈 채비를 갖췄다.
>
> 〈차사본풀이〉

그런데 20세기 중반, 이들의 이미지가 점차 바뀌기 시작합니다. 지금 우리가 떠올리는 '검은 옷의 사신' 이미지는 서구에서 건너온 것입니다. 중세 유럽에서는 흑사병 이후 '검은 망토에 낫을 든 저승사자'가 등장했습니다. 19세기에는 빅토리아 여왕이 남편을 잃은 뒤 평생 검은 상복만 입으면서 검정은 애도와 죽음의 색이라는 인식이 확대됩니다. 이 이미지가 메이지 유신 이후 서구 문물을 적극 수용하던 일본에 전해졌고, 20세기 들어서는 대중문화에 '검은 망토를 두른 시니가미(死神)'의 형상이 자리 잡았습니다.

이후 일제강점기를 거치며 일본의 시각 문화가 한국 사회에도 영향을 미쳤고, 특히 1977년부터 방영된 TV 드라마 〈전설의 고향〉은 '검은 옷의 저승사자'를 대중적으로 고착시키는 데 결정적 계기가 되었습니다. 이 드라마를 연출한 최상식 PD는 훗날 방송에서 "죽음의 이미지를 강조하기 위해 도포는 새카맣게, 얼굴은 하얗게, 입술은 악센트를 주어 새까맣게 설정했다"고 회상했습니다.

물론 우리 전통에서도 검정색은 오행에서 죽음을 상징하는 북쪽과 연결되어 있었습니다. 서울 도성의 시신을 내가는 수구문이 북쪽에 있었던 것도 그 영향이라 할 수 있죠.

하지만 실제 장례 풍경은 흰 베옷과 꽃상여가 중심이었고, 저승차사 역시 검은 옷 대신 색색의 복장을 갖춘 모습으로 등장하곤 했습니다. 옛이야기 속에서는 능청스럽고 인간미 넘치는 인물로 그려지기도 했고요. 그렇다면 오늘날 저승차사를 콘텐츠화할 때도 꼭 한 가지 이미지를 고집할 이유는 없습니다. 이제는 저승차사의 복장도 그가 등장했던 이야기들만큼이나 다채로워져도 좋지 않을까요?

2

자연을 품은 도교의 신

🔥 도교와 한국 민간 신앙의 접점

한국 민간 신앙에는 유난히 공간을 수호하는 신이 많습니다. 부엌에는 조왕신, 대문에는 문신, 우물에는 용왕, 마을에는 성황신이 있고 하늘과 땅에도 각기 신이 존재하지요. 이처럼 특정한 장소마다 신이 배치되어 있다는 생각은 민속 전반에 깊게 뿌리내려 있습니다.

이러한 관점은 도교와도 맞닿아 있습니다. 도교는 '자연스럽게 흐르라'는 무위자연과 불로장생의 사상을 기본으로 하면서도 다양한 신들을 인정하고 흡수해 온 종교입니다. 도교의 신들 또한 그저 상징적인 존재가 아니라, 매우 구체적인 공간을 다스린다는 점에서 한국 민간 신앙과 궤를 같이하죠.

도교는 불교처럼 공식적으로 국가 종교로 채택된 적도 없고 명확한 전래 경로도 남아 있지 않습니다. 본래 중국에서 다양한 민간신과 풍습을 포섭해 형성된 종교였던 만큼, 한국에 들어와서도 자생적인 민간 신앙과 자연스럽게 뒤섞이며 자리를 잡았던 까닭이지요.

그런데 영향 관계를 정확히 밝힐 수 없는 것치고는 의외로 여러 곳에서 도교의 흔적이 발견됩니다. 조선의 관청인 소격서에서 도교신에게 제사를 올리거나, 굿판에서 옥황상제를 부르고, 민담에 용왕이 등장하는 경우가 그 예이지요. 이는 도교신이 지닌 다양한 매력과 본래 우리의 신앙 체계에 자연스럽게 스며들 수 있는 성질 때문일 것입니다.

이 장에서는 이러한 흐름을 염두에 두고 도교에서 기원했거나 유사한 구조를 지닌 '공간의 최고신'들을 중심으로 소개하려 합니다. 이 신들은 외래 종교의 일방적 잔재가 아니라, 한국의 신앙이 외래 사상과 어떻게 섞이고 재해석되었는지를 보여주는 중요한 지표이기도 합니다.

하늘을 다스리는 천신 옥황상제

도교 신 가운데 가장 널리 알려진 존재는 단연 옥황상제입니다. 이름만 들어도 하늘을 다스리는 신이라는 점을 짐작할 수 있지요. 오늘날에는 '하늘의 황제'라는 뜻 그대로 이해되지만, 중국 도교에서는 처음부터 가장 높은 신으로 인식되지는 않았습니다. 5세기에는 노자(태상노군)[8], 6세기에는 원시천존[9]이 최고신으로 떠올랐고 10세기 무렵부터는 옥황상제가 그 자리를 차지합니다. 송나라 진종(968~1022)이 국가 제사의 대상으로 옥황상제를 올리면서 그 권위는 확고해졌지요.

사실 그가 이렇게 급부상한 데에는 한 가지 이유가 더 있었습니다. 옥황상제는 인간의 선악을 판단해 수명을 늘이거나 줄일 수 있다고 믿었기 때문인데요. 착한 일을 많이 하면 자신도 언젠가 옥황상제 같은 신선이 될 수 있다는 믿음도 이들의 인기를 부추겼습니다.

게다가 『서유기』, 『봉신연의』, 『요재지이』 같은 명·청대 고전 소설 속 묘사는 옥황상제를 하늘의 군주로 각인시키며 그의 대중적 인기를 확산시키는 데 힘을 실었습니다.

세상의 모든 것을 다스리는 하늘의 옥황상제 앞으로 동해 용왕의 상소가 도착했다. "화과산에 사는 손오공이 신의 용궁에 침입해, 법술로 위협하며 병장기를 빼앗아갔습니다. 흉포한 기세에 신하들이 흩어지고, 사해의 용왕들조차 속수무책이었습니다. 신이 정중히 예물을 바쳤으나 그는 오히려 신통력을 과시하며 행패를 부리고는 '폐를 끼쳤다'는 말만 남기고 사라졌습니다. 바라옵건대 이 요마를 무찌르시어 천지의 질서를 바로잡아 주시옵소서." 이후에는 염라대왕의 상소문도 도착하는데, 역시 손오공의 죄상을 고발하는 내용이었다.

『서유기』

『서유기』의 옥황상제는 동해 용왕이나 염라대왕에게 손오공의 죄상을 보고받는 인물로 그려집니다. 이 설정은 옥황상제를 하늘뿐 아니라 바다, 저승까지 아우르는 최고 통치자로 상정한 것입니다. 민간에서도 조왕신이나 북두칠성이 한 해 동안의 일을 옥황상제에게 아뢰면 그에 따라 사람들은 이듬해 응당한 대가를 치른다고 여겼지요. 즉 옥황상제는 모든 자연신과 가신보다 높은 최고신으로 인정받았으며 이런 인식은 한국에서도 그대로 굳혀졌습니다.

 자, 다시 공간 개념으로 넘어와 볼까요? 옥황상제가 다스리는 공간은 하늘입니다. 하늘은 곧 인간의 운명과 연결되며, 옥황상제는 이를 꿰뚫고 바꾸는 힘을 가졌다고 여겨졌습니다. 본래 하느님, 천제(天帝), 천자(天子) 등 여러 이름으로 불리던 천신의 역할을 '옥황상제'라는 고유 명칭이 대표하게 되면서 신에 대한 신뢰감과 친숙함도 높아졌습니다. 누군가 "하늘을 다스리고 인간의 운명을 주관하는 신이 있다"고 말할 때, "그거 옥황상제 이야기잖아"라고 답한다면, 신의 성격이 구체화되면서 사람들의 집중도도 달라졌을 터입니다.

 한 가지 흥미로운 점은 옥황상제가 대단한 권위자임에도 불구하고 그리 무섭게 그려지지 않았다는 사실입니다. 〈심청전〉에서는 옥황상제가 용왕에게 명하여, 인당수에 빠진 이 효녀를 정성껏 모시게 합니다.

> 옥황상제가 인당수 용왕과 사해용왕 지부왕에게 일일이 명을 내리셨다. "내일 하늘이 내린 효녀 심청이가 그곳에 갈 것이니 몸에 물 한 점 묻지 않게 하라. 만일 모시기를 실수하면 사해용왕은 천벌을 주고 지부왕은 파문을 내릴 것이니, 수정궁으로 모셔와 3년 받들고 단장하여 세상으로 돌려보내라." －『심청전(완판본)』

이처럼 민간에서는 '착한 일을 하면 옥황상제가 반드시 알고 복을 내린다'는 인식이 널리 퍼져 있었습니다. 〈사슴 도와주고 옥황상제 딸을 색시로 얻은 난수〉, 〈옥황상제께 복 타러 간 이야기〉처럼 보은과 보상의 구조를 가진 설화도 다수 전해집니다.

무당의 굿판에서도 옥황상제는 이러한 능력으로 매우 귀하게 대접받습니다. 안택굿 중에는 무당이 "어머님이 착한 일을 많이 한다는 말이 옥황상제님께도 당도하여, 할아버지 병이 나을 것입니다"라고 말하는 대목이 있지요.

옥황상제는 민간과 궁중을 막론하고 널리 숭배받았습니다. 농경사회에서는 마을 단위로 하늘에 제사를 올릴 때, 궁중에서는 국가 차원의 제천의식에서 모셨습니다.

그림 속 옥황상제의 모습에서도 특유의 온화함이 드러납니다. 길게 드리운 수염 아래 인자한 미소를 머금은 얼굴은, 인간의 운명을 관장하는 천신으로서의 위엄을 지니면서도 한국적 정서 속에서 한층 친근하게 토착화된 '우리 옥황상제'의 모습을 보여줍니다.

별의 흐름으로 운명을 다스리는 북두칠성신

"올해 운이 괜찮대!"

신점이든, 사주든, 타로든 우리는 살아가며 한 번쯤 이런 말을

《옥황상제도》, 19세기 후반.

듣고 또 믿어보고 싶어집니다. 굳이 점을 보지 않더라도 신문 한 구석의 별자리 운세쯤은 누구나 지나치듯 읽어봤을지도 모르지요. 이런 다양한 방식의 운세는 원리도 다르고 연원도 다르지만, 그 인기를 떠받치는 공통된 감각이 있습니다. '인생에는 흐름이 있다'는 겁니다. 세세한 것까지 다 맞추지는 못해도 운이 술술 풀리는 순간, 또 때로는 흐름이 막히는 순간이 있다는 걸 우리는 경험으로 압니다.

옛사람들도 그랬습니다. 진로, 결혼, 건강처럼 인생의 큰 문제를 결정해야 할 때 그들은 별을 보며 미래를 점치려 했습니다. 한국 민간 신앙에도 별을 향한 기원의 풍습은 오래전부터 자리잡고 있었습니다. 장독대나 우물가에서 어머니가 별을 바라보며 가족의 건강과 자식의 출세를 비는 모습은 우리에게도 익숙한 장면이죠.

그런데 도교 전파 이후 별에 대한 신앙이 칠성신이라는 형태로 포괄되었음을 짐작할 수 있습니다. 실제로 고려 조선 시대 도교 사원들(복원궁, 신격전, 소격서)에서는 칠성신이 늘 함께 모셔졌고, 도교의 주요 제의인 초제(醮祭, 별에 올리는 제사) 역시 궁중 차원에서 주관하거나 후원되었습니다. 제도적 기반을 통해 칠성신 신앙이 빠르게 확산되었죠. 그렇다면 수많은 별들 가운데 왜 북두칠성이 중심 신격으로 자리 잡았을까요?

북두칠성은 오랫동안 특별한 의미를 지닌 별자리였습니다. 눈에 잘 띄고, 형태가 분명한 데다 시간과 방향을 재는 기준이 되었기 때문이지요. 사람들은 이 별자리에 친숙함과 동시에 신비함을 느꼈고 자연스럽게 신적인 힘을 부여했습니다. 그 결과 북두칠성은 인간의 운명과 수명을 관장하는 존재로 신격화되었고 설화와 무가 속에도 자주 등장합니다. 대표적인 예가 〈북두칠성과 단명소년〉 설화입니다.

> 어느 날, 소년의 얼굴을 본 신승(神僧: 신령한 기운을 지닌 승려)이 '이 아이는 열아홉을 넘기지 못할 것'이라 말한다. 놀란 아버지가 간청하자, 신승은 북두칠성을 찾아가 보라고 일러주었다. 북두칠성은 처음에는 소년의 수명을 고쳐달라는 간청을 매몰차게 거절한다. 하지만 옆에서 함께 바둑을 두고 있던 남두칠성이 이를 지켜보며 조용히 거들자, 끝내 마음을 돌려 생명록을 꺼내고 소년의 수명을 열아홉에서 아흔아홉으로 바꾸어 주었다. 소년은 신에게 깊이 감사하며 자리를 떠났다. 사람의 생명은 북두칠성이 관장하는 일이다.
>
> 〈북두칠성과 단명소년〉

설화에서 북두칠성은 이미 별자리를 넘어 인간의 운명을 주재하는 신으로 묘사됩니다. 특히 간청에 응한 북두칠성이 마음을 바꾸는 장면은, 운명이 고정된 것이 아니라 인간의 정성과 기원에 따라 조정될 수 있다는 민간 신앙의 세계관을 반영하지요. 하늘을 올려다보며 별에게 빌던 행위가 점차 칠성신에게 기원하는 일로 받아들여졌음을 짐작할 수 있습니다.

🔥 다른 종교에도 스며든 칠성신 신앙

북두칠성이 가진 능력에 대한 믿음은 무속과 불교에서도 발견되는데, 대표적인 예가 한국 전역에 전해지는 무가 〈칠성풀이〉입니다.

천하궁 칠성님이 지하궁의 매화부인과 혼인하여 아들 일곱을 낳는다. 그런데 한꺼번에 너무 많은 아이를 낳았다는 이유로 칠성님은 불만을 품고 혼자 천상국으로 돌아가 버린다. 아이들이 일곱 살이 되자, 서당에 다니던 중 '아비 없는 자식'이라는 놀림을 듣고는 어머니에게 아버지의 행방을 묻는다. 아이들은 아버지를 찾아 천하궁으로 떠나지만 칠성님은 이미 옥녀부인과 새 가정을 꾸린 상태다.
일곱 형제는 몇 번의 시험을 거쳐 겨우 아버지에게 아들로 인정받는다. 하지만 새어머니는 전처 자식들을 시기하여 병든 척하고, 점쟁이를 매수해 아들들의 간을 먹어야 낫는다는 거짓말을 유도한다. 이를 간파한 친어머니가 금사슴으로 변해 후실 부인의 계략을 밝히고 아들들을 살려낸다. 후실 부인을 벌하고 전실 부인을 살린 칠성님은 일곱 아들의 소원을 들어준다. 아들들은 하늘의 칠성신이, 그들의 부모는 각각 견우성과 직녀성이 되어 칠월칠석마다 하늘에서 만난다고 전해진다.

〈칠성풀이〉

  이 설화는 자식을 위한 어머니의 희생과 정성을 통해 수명이 연장되고 신격화가 이루어지는 과정을 담고 있습니다. 도교 전파 이전부터 어머니들이 정화수를 떠놓고 별에 자식의 안녕을 빌던 풍습에, 도교의 칠성신앙이 결합되어 오늘날 우리가 아는 '칠성풀이'가 형성된 것으로 이해할 수 있지요.
  하지만 이 이야기에는 양가적인 감정이 깔려 있습니다. 어머니의 희생과 지혜로 아이들이 목숨을 구하고 출세하는 장면은 분명 감동적입니다. 그렇지만 만일 좋은 결과가 따르지 않았다면요? 그 책임이 고스란히 '어머니의 정성이 부족했다'는 말로 돌아가지 않았을까요. 그래서 이 이야기는 재미있기도 하지만 지금의 눈으로 보면 어딘가 씁쓸한 여운이 남습니다.
  한편, 칠성신에 대한 신앙은 불교에서도 확인할 수 있습니다. 사실 불교 교리나 경전 어디에도 칠성신은 등장하지 않지만 민간 신앙과 불교가 현실 속에서 자연스럽게 맞물리며 칠성신은 불교 사찰 안으로 자리를 옮겼습니다. 그 결과 많은 사찰에 '칠성각'이라는 별도의 공간이 세워졌고 오늘날까지도 수많은 신도들의 발길이 이어지고 있지요.
  특히 칠성각에 바쳐지는 기도 내용을 보면 이 신앙이 얼마나 현실적 소망에 뿌리를 두고 있는지를 알 수 있습니다. 관세음보살이나 지장보살 앞에서는 해탈과 천도를 비는 전통 불교식 발원문이 많은 반면, 칠성각에는 '우리 아이 대학 붙게 해주세요', '건강하게 오래 살게 해주세요' 같은 기복적 청원이 주를 이루기 때문이지요.

초파일이나 백중같은 불교의 큰 행사에는 대웅전보다도 먼저 외진 칠성각에 들러 연등을 다는 이들도 적지 않습니다. 민간 신앙으로서의 강력한 생명력을 보여주는 대목인데요. 이렇게 칠성신은 한국 도교와 불교, 민간 신앙의 결합이라는 독특한 위치를 차지하게 되었습니다.

🔥 모든 물길의 통치자 용왕

비를 내리게 하고 하늘을 날며 바다를 지배하는 힘. 사람들은 이 모든 능력을 하나의 관념으로 모았습니다. 바로 용입니다.

비늘로 덮인 긴 몸통과 구불구불한 움직임은 뱀을 떠올리게 하지만 그보다는 훨씬 크고, 짧은 다리 네 개를 지닌 모습이 명확히 다릅니다. 머리에는 사슴뿔이 솟아 있고, 얼굴엔 사자 같은 갈기가 흩날리며, 양옆으로는 흰 수염이 길게 늘어져 위용을 더합니다. 하지만 사람들은 이 모든 형상보다도 하늘과 땅 사이를 자유롭게 날며 비를 부르는 능력을 특별히 여겼습니다. 이런 상상이야말로 용을 '자연의 흐름을 다스리는 신'으로 격상시킨 원동력이었지요. 그래서 사람들은 이 동물을 용신이라 부르기도 하고 용왕이라고도 했습니다.

용왕은 물과 관련된 모든 것을 관장하는 신입니다. 특히 바다의 통치자로 널리 인식되었고, 때로는 비를 내려주는 신으로도 불렸는데요. 사람들은 그가 바닷속 궁전에 살며 온갖 수중 생물을 신하처럼 거느린다고 믿었습니다. 그러니 용왕이 다스리는 바다는 그저 자연의 일부가 아니라, 질서와 위계가 작동하는 또 하나의 왕국인 셈입니다.

그런 점에서 용왕은 도교에서 말하는 '공간의 통치자' 개념에 잘 들어맞습니다. 도교에서는 하늘·땅·바다처럼 각각의 영역을 주재하는 신이 있으며 이들은 해당 공간의 질서를 유지하지요. 한국의 전통 신앙에서도 이런 구조 속에서 용왕의 위상이 뚜렷하게 자리 잡았습니다.

한편, 불교 문화권에서도 용왕은 자주 등장합니다. 동아시아에는 용왕이 불경이나 절을 수호하는 서사로 전해지고, 인도 신화의 나가(Nāga)[10]와의 연관성도 종종 언급됩니다.[11]

그렇다면 옛사람들은 용왕을 어떤 모습으로 그렸을까요? 문헌과 그림은 그의 형상을 더 생생하게 보여줍니다. 먼저, 김시습의 『금오신화』 중 「용궁부연록」에는 주인공 한생이 처음 용궁에 들어서는 장면이 나옵니다.

그들은 눈 깜짝할 사이에 용궁 문 앞에 도착했다. 말에서 내리자 문지기들이 나타났는데, 모두 방게·새우·자라의 갑옷을 입고 창을 들고 서 있었다. 눈자위는 한 치쯤 되어 위용이 느껴졌고, 한생을 보자마자 모두 고개를 숙여 절했다. 이미 한생을 기다리고 있었던 듯했다. …중략…
한생이 문 안으로 들어서자, 용왕이 절운관을 쓰고 칼을 차고 홀을 든 채 뜰 아래로 내려왔다. 그는 한생을 수정궁 안 백옥상으로 안내하여 함께 앉기를 청했다.

〈용궁부연록〉,『금오신화』

    문지기들은 방게, 새우, 자라의 갑옷을 입고 창을 들고 서 있습니다. 갑각류의 딱딱한 외피를 갑옷에 빗댄 상상도 어딘가 귀엽지요? 그 사이로 복색을 갖춘 용왕이 모습을 드러내어 한생을 맞이합니다. 조정에서 사신(使臣)을 접견하듯 예우를 갖춘 태도입니다. 이처럼 용궁은 환상 공간을 넘어 질서와 위계가 살아 있는 정치 세계로 그려졌습니다. 그 중심에 선 용왕은 인간 왕권을 투영한 통치자처럼 묘사되었죠.
    하지만 용왕은 늘 인간의 기대에 부응하는 신은 아니었습니다. 그래서 옛사람들은 용왕을 잘 달래고 대접해야 한다는 인식을 가지고 있었고, 특히 비가 오지 않아 애를 먹을 때는 기우제를 지내며 용왕의 환심을 사려고 온갖 노력을 기울였습니다.

임인년 정주(현재의 충북 괴산 인근) 배 위에서 용왕도량을 열고 비를 내려달라고 7일간 기도하였다.

『고려사』

고려사에 남겨진 이 한 줄 기록에는 간절한 마음이 묻어납니다. 농업을 삶의 기반으로 삼는 이들은 비에 민감할 수밖에 없었지만 기후를 예측하는 건 당시로서는 불가능에 가깝죠. 그러니 오직 신에게 기도하는 방법밖에는 없었던 겁니다.

애타는 호소는 때로 용왕의 마음을 움직였나 봅니다. 기후를 다룰 수 있는 도구를 인간의 손에 직접 쥐여주기도 했으니까요. 신라의 전설인 〈만파식적 이야기〉가 그 예입니다.

왕이 그 대나무로 피리를 만들어 월성의 천존고에 간직하였다. 이 피리를 불면 적병이 물러가고 병이 나으며, 가뭄에는 비가 오고 장마는 개며, 바람이 잦아들고 물결이 평온해졌다. 이를 만파식적으로 부르고 국보로 삼았다.

『삼국유사』권2 만파식적

이 피리를 불기만 하면 숙원이었던 가뭄과 장마가 해결되는 것은 물론, 역병과 전쟁까지도 사라졌다고 전해집니다. 용왕이 내려준 다시없을 선물이지요.

비록 만파식적은 전설로 남았지만 용왕에게 기대는 마음은 사라지지 않았습니다. 사람들은 여전히 바다 앞에 서서 이 강력한 신의 기분을 살피고, 그의 힘을 빌리기 위해 노래하고 춤춥니다.

🔥 물길 따라 흐르는 소망: 용왕 풍습의 의미

불교나 도교가 전래되기 훨씬 이전부터 민간에서는 용왕에게 제를 올렸습니다. 집 안 우물과 장독대, 샘터 같은 자리에 주부들이 간단한 제물을 차리고 아픈 이 없이 살아가길, 먹을 것 걱정 없는 한 해가 되길 기원했지요. 물은 식수일 뿐 아니라 논밭과 마을의 운명을 좌우하는 귀한 자원이었습니다. 그런 만큼 수신 용왕에 대한 사람들의 신앙은 아주 단단했습니다.

특히 정월에 처음으로 드는 진일(辰日), 곧 용의 날에는 용알뜨기라 하여 마을 우물의 첫물을 길어 밥을 짓는 풍습이 있었습니다. 남보다 먼저 물을 떠야 그해 복도 먼저 따라온다고 믿었죠.

해안 지역에서는 용왕을 향한 기원이 집안 고사를 넘어 마을의 공동 제의로 확대됩니다. 갯가나 바닷가에 나가서 지내는 용왕제가 대표적인데요. 정초에 이뤄지는 이 제사에서는 가족의 운수와 함께 먼 바다에 출항한 이들의 무사 귀환과 만선(滿船)의 꿈을 빌었습니다.

이때 바치는 제물은 쌀과 떡처럼 일반적인 고사 음식일 때도 있지만, 물의 신에게 바치는 제사답게 미역과 김 같은 수산물이 함께 올라가는 것이 특징입니다. 제의 마지막에는 '용왕 먹이기'라 하여 제물 일부를 조금씩 떼어서 주먹 크기로 뭉치고 한지나 김으로 감싼 용왕밥을 만들어 바다에 띄웁니다. 이 용왕밥이 가라앉는 모양이나 물길 따라 흘러가는 모습을 보고 정성이 제대로 닿았는지를 가늠하며 한 해의 운을 점치기도 했습니다.

이렇게 생활 가까이 있는 용왕은 특히 부인들에게 친근하게 느껴졌나 봅니다. 용왕을 용왕할머니, 용신할머니, 용궁마나님처럼 여성형 호칭으로 부르기도 했는데 바다를 다스리는 강력한 신이면서도 일상의 소망을 들어주는 존재라는 점에서였지요.

한편, 무속 신앙에서도 용왕은 중요한 신으로 모셔져 왔습니다. 다만 이 경우에는 제의를 주관하는 이가 주부가 아니라 무당이며, 육지에서만 열리는 것이 아니라 배를 타고 바다로 나가기도 했다는 점에서 차이를 보입니다.

동해안 별신굿·서해안 배연신굿·위도 띠뱃놀이·제주 영등굿 등에서는 용왕만을 위한 제의가 펼쳐집니다. 굿판 중앙에는 무당이 차린 크고 화려한 용왕상이 놓이고 그 주변에는 각 가정에서 따로 마련해 온 소박한 상들이 함께 진설됩니다. 용왕 앞에 무엇이든 빌고 싶은 마음을 품고 이 자리에 나온 이들이지요. 무당은 그 앞에서 한 집 한 집 대표자의 이름을 불러가며 기도를 이어갑니다. 뱃일은 여럿이 함께 하지만 그 바다에서 무엇을 겪는지는 저마다 다른 만큼, 마을 전체가 굿을 열면서도 각자의 운명을 기원하는 이 풍경은 공동체와 개인의 소망이 어떻게 나뉘고 또

〈동해안별신굿〉의 용왕상, 2002.

겹치는지를 보여줍니다.

　이 과정에서 지역에 따라 용떡이라는 독특한 제물을 함께 차리는 경우도 있습니다. 이 떡은 굵직하고 길게 늘여 빚은 용의 몸통 끝에 눈코입을 덧붙여 완성합니다. 동해안 별신굿이나 마포나루굿에서는 상 위에서 똬리를 튼 채 머리를 치켜든 모습으로 놓입니다. 제사상 전체가 이야기 속 한 장면처럼 느껴질 만큼 시선을 단단히 붙들어 두지요.

　무속 신앙에서 용왕은 바다의 수호신이자 풍어의 신입니다. 한편으로는 물에 빠져 죽은 이나 비명횡사한 망자의 넋을 달래고, 또 한편으로는 살아 있는 이들의 건강과 장수를 보살피는 신으로도 여겨졌습니다. 이렇듯 생사 모두를 아우르는 용왕은 용왕굿이나 용궁맞이 같은 단독 제의를 통해 소환되곤 했습니다.

〈영덕 구계리 별신굿〉 중
'용떡만들기', 2007.

용궁맞이는 정월 14일 낮부터 밤까지 한강변의 용궁당과 강 위에서 펼쳐지는 행사이다. 이날 강물 위에는 수많은 작은 배들이 뜨고, 그 안에는 손자뻘 되는 사내아이를 데리고 탄 할머니들이 보인다. 이들은 용신께 바치는 공물을 강물에 던지며 소지를 올린다. 용궁당은 가족을 동반하고 와 기원하는 사람들로 가득 차고 무녀들은 축원에 여념이 없다. 기도에 참여한 이들은 자손의 장수를 빌며 명다리 명실(아이의 이름과 생년월일을 적은 명주천과 실)을 바친다. 아이를 용신의 가호 아래 두겠다는 마음이 담긴 명다리 명실은 당 안에 듬뿍 쌓여 있다.

〈용왕제〉

용왕은 시대와 지역, 그리고 각자가 마주한 상황에 따라 전혀 다른 모습으로 호출되었습니다. 누군가에게는 바다의 풍요를, 또 누군가에게는 자손의 장수와 망자의 평안을 기원하는 대상이었죠. 그런 면에서 용왕은 인간의 욕망과 상상이 담긴 상징으로 이해할 수 있습니다. 신화란 언제나 그렇듯 우리네 삶을 거울처럼 비추는 이야기니까요.

〈강릉단오제〉에 걸린 용선, 2018.

칼럼 ❺
〚   한국 신화, 어디서부터 공부해야 할까요?   〛

◆

'한국 신화'를 검색하면 위키백과, 블로그, 유튜브, 생성형 AI까지 무수한 정보가 쏟아집니다. 겉보기엔 손쉽게 접근할 수 있지만, 정작 어떤 정보가 믿을 만한지는 구별하기 어렵습니다. 출처가 불분명하거나 실제 연구자들의 견해와는 전혀 다른 경우도 적지 않기 때문이죠. 그래서 이 칼럼은 한국 신화를 체계적으로 공부하고자 하는 분들을 위해 네 단계로 기초 접근법을 정리했습니다. 정보 습득은 물론, 스스로 해석하고 콘텐츠로 확장하는 힘을 기르려는 분들께도 도움이 될 것입니다.

1. 개념부터 잡고 시작합시다

신화를 공부할 때 가장 먼저 해야 할 일은 개념 정리입니다. '신화는 무엇이며, 전설이나 민담과는 어떻게 다른가?' '무속 신화, 시조 신화, 구비와 문헌의 차이는 무엇인가?' 이런 기본 구분 없이 시작하면 자칫 방향을 잃기 쉽지요.

입문자에게는 다음 책들을 권합니다. 신화의 의미와 유형·전승 방식·사회적 맥락을 체계적으로 설명해 주는 자료들입니다.

· 강등학 외, 『한국구비문학의 이해』(신수판), 월인, 2016.
· 김열규, 『한국의 신화』, 일조각, 1977.
· 김익두, 『이야기 한국 신화』, 한국문화사, 2007.
· 서대석, 『한국 신화의 연구』, 집문당, 2001.
· 신동흔, 『살아있는 한국 신화』, 한겨레출판사, 2014.

2. 용어를 알아야 서사가 보입니다

'주몽은 해모수와 하백의 사위다.' 이 구절에서 하백이 누구인지 몰라 검색해 본 적 있다면 이미 한국 신화 공부의 첫 관문에 돌입한 셈입니다. 인물·지명·의례·시대가 서로 얽힌 한국 신화는 용어 하나만 놓쳐도 전체 흐름이 흐릿해지기 쉽죠.

그래서 용어 정리는 때론 서사의 실마리를 푸는 핵심 도구가 됩니다. 이럴 때 가장 유용한 것이 바로 사전입니다. 단, 사전마다 역할이 다르니 아래처럼 구분해서 활용해 보세요.

· 표준국어대사전(stdict.korean.go.kr): 기본 어휘나 의미의 범위를 확인할 때 가장 먼저 참고할 수 있습니다.
· 한국민족문화대백과사전(encykorea.aks.ac.kr): 신의 계보, 의례의 구조, 인물 간의 관계 등 한국학 전반을 다룬 사전입니다.
· 한국민속대백과사전(folkency.nfm.go.kr): 설화, 세시풍속, 민속 신앙 등 '신화의 주변 맥락'을 이해할 수 있는 사전입니다.

팁 1

표준국어대사전은 '언어의 의미'를, 민족문화대백과와 민속대백과는 '문화사적 층위'를 읽는 데 각각 유리합니다. 사전마다 초점이 다르므로 비교해보며 읽는 습관이 중요합니다.

팁 2

백과사전의 설명은 대부분 논문과 단행본을 요약해 정리한 것이므로, 본격적으로 파고들고 싶다면 '참고문헌' 항목을 추적하세요.

3. 디테일은 원전에서 나옵니다

요약본만 읽어서는 신화의 생생한 감각이 잘 잡히지 않습니다. 디테일을 살려 읽고 쓰려면 원전으로 직접 들어가는 수밖에 없습니다. 채록된 설화나 문헌 기록은 텍스트의 뼈대이자 상상력의 기반이 됩니다. 다음 자료들을 참고해 보세요.

- 한국구비문학대계(gubi.aks.ac.kr): 전국의 구비문학을 집대성한 한국학중앙연구원 자료. 신화, 무가, 전설, 민담 등을 유형·지역별로 검색할 수 있고, 일부는 음성 파일도 제공됩니다.
- 임석재, 『임석재전집 1-12 한국구전설화』, 평민사, 2011.: 지역과 주제별로 정리된 방대한 구전 설화집. 같은 신의 다양한 전승형을 비교하기에 적합합니다.
- 손진태, 『손진태선생전집 3』, 태학사, 1981: 1930년대 채록 자료. 초기 수집 방식과 고전적 문체를 통해 당시 전승 감각을 파악할 수

있습니다.
- 문헌 신화: 『삼국유사』, 『삼국사기』, 『동국이상국집』은 시조 신화와 불교 신화의 주된 원천 자료입니다. 한국사데이터베이스(db.history.go.kr)에서 원문과 현대어 번역을 함께 열람할 수 있습니다.

> **팁 1**
>
> 『구비문학대계』는 워낙 방대하니, '영등', '성주', '산신'처럼 신 이름으로 검색해 보는 게 실용적입니다. 지역마다 다른 변이형이 쏟아집니다.

4. 해석은 하나가 아닙니다

같은 신화를 두고도 해석은 천차만별입니다. 어떤 연구자는 주몽을 민족 영웅으로 읽고, 또 다른 연구자는 국가 이데올로기의 산물로 분석합니다. 중요한 건 해석의 정답을 찾는 게 아니라, 하나의 텍스트를 놓고 어떤 다양한 관점으로 풀어냈는지를 살피는 일입니다. 이런 '다른 눈'을 기르기 위해 학술논문은 좋은 자극이 됩니다.

- RISS(riss.kr): 한국의 석사·박사 논문, 학술지를 종합적으로 검색할 수 있습니다. 주제어 또는 인물명 검색이 유용합니다.
- KCI(kci.go.kr): 인용 기준으로 연구 흐름을 추적할 수 있어, 최신 연구 경향을 파악하기에 적합합니다.
- DBpia(dbpia.co.kr): 민속학·국문학 기반 논문이 풍부하며, 참고문헌을 따라가면 더 깊이 있는 자료를 찾을 수 있습니다.

이 외에도 '국립중앙도서관'이나 '국회도서관'처럼 오래된 단행본이나 고문헌, 절판 자료를 열람할 수 있는 기관에 직접 방문해 보는 것도 추천할 만합니다. 전자도서관에 등록되지 않은 자료를 찾는 데 큰 도움이 됩니다.

> **팁 1**
>
> 논문 제목에는 해석의 방향이 담겨 있습니다. '여성성', '국가', '신화적 구조' 같은 키워드를 눈여겨보세요.

> **팁 2**
>
> 논문을 읽을 때는 질문에 대한 저자의 답을 자신의 생각과 비교해 봅니다. 이런 과정을 거쳐야 비로소 '나의 이야기, 나만의 콘텐츠'를 만들 수 있습니다.

【 참고문헌 】

인용 자료

〈뇌물 먹고 명(命)을 연장시켜 준 저승 사자〉, 한국정신문화연구원 어문학연구실, 『한국구비문학대계』 8-3, 한국정신문화연구원, 1981.
〈바리공주〉, 김태곤, 『한국무가집』 1, 원광대학교 민속학연구소, 1971.
〈북두칠성과 단명소년〉, 손진태 저, 최인학 역편, 『조선설화집』, 민속원, 2009.
〈용왕제〉, 이필영 외, 『민간신앙: 산신과 성주 그리고 경쟁이』, 민속원, 2011.
〈저승에 간 여인〉, 한국정신문화연구원 어문학연구실, 『한국구비문학대계』 6-6, 한국정신문화연구원, 1985.
〈차사본풀이〉, 현용준·현승환 역주, 『한국고전문학전집 29-제주도 무가』, 고려대학교 민족문화연구소, 1996.
〈칠성풀이〉, 임석재, 『줄포무악』, 문화재관리국, 1970.

단행본

김만중 지음, 정규복 외 역주, 『구운몽』, 고려대학교 민족문화연구소, 1996.
김성순, 『불교문헌 속의 지옥과 아귀, 그리고 구제의식』, 역사산책, 2022.
김시습 지음, 이지하 역주, 『금오신화』, 민음사, 2009.
김정희, 『조선시대 지장시왕도 연구』, 일지사, 1996.
김헌선, 『서울 진진오기굿 무가 자료집』, 보고사, 2007.
김현준, 『지장신앙·지장기도법』, 효림, 2000.
노승대, 『사찰에는 도깨비도 살고 삼신할미도 산다』, 불광출판사, 2019.
노승대, 『(잊혔거나 알려지지 않은) 사찰 속 숨은 조연들』, 불광출판사, 2022.
대한불교조계종 포교원 포교연구실 엮음, 『생전예수재』, 조계종출판사, 2012.
마노 다카야 지음, 이만옥 옮김, 『도교의 신들』, 들녘, 2001.
손진태, 『한국민족설화의 연구』, 을유문화사, 1979.
손진태 저, 최인학 역편, 『조선설화집』, 민속원, 2009.

아카마쓰 지조, 아키바 다카시 저, 심우성 옮김, 『조선무속의 연구』 상, 동문선, 1991.
오승은 지음, 홍상훈 외 역주, 『서유기』, 솔, 2019.
이필영 외, 『민간신앙: 산신과 성주 그리고 경쟁이』, 민속원, 2011.
임석재, 『줄포무악』, 임석재, 문화재관리국, 1970.
임석재·장주근, 『관북지방무가』, 문화재관리국, 1965.
작자 미상, 정하영 역주, 『심청전』, 고려대학교 민족문화연구소, 1995.
정재서, 『한국 도교의 기원과 역사』, 이화여자대학교출판부, 2006.
주강현, 『우리 문화의 수수께끼』, 서해문집, 2018.
최길성, 『한국무속론』, 형설출판사, 1981.
최인학, 『최인학할아버지의 옛이야기 괴나리봇짐』 4, 문예원, 2016, 103쪽.
혜일명조, 『예수재 : 견기이작형 재 의식 절차(見機而作刑 齋 儀式 節次)를 중심으로』, 에세이퍼블리싱, 2011.
홍윤식, 『한국불화의 연구』, 원광대학교출판국, 1980.

연구논문

강진옥, 「바리공주의 불교제재 수용양상」, 『비교한국학』 18, 국제비교한국학회, 2010.
강진옥, 「바리공주와 지장보살의 제의적 기능과 인물형상 비교-서울지역 진오기·새남굿을 중심으로-」, 『구비문학연구』 35, 한국구비문학회, 2012.
권선경, 「서울 마을굿의 계열과 의미구조」, 고려대학교 박사학위논문, 2011.
김정희, 「조선시대 명부전 도상의 연구」, 한국정신문화연구원 박사학위논문, 1992.
김헌선·시지은, 「무속의 일생의례와 세계관」, 『비교민속학』 39, 비교민속학회, 2009.
김형근, 「서울 새남굿 도령돌기의 의미와 위상」, 『한국무속학』 24, 한국무속학회, 2012.
서경전, 「한국의 칠성신앙 연구: 특히 문헌자료를 중심으로」, 『논문집』 14, 원광대학교, 1980.

송미경,「사령형(使令型) 인물의 형상화 양상 및 전형성」,『구비문학연구』32, 한국구비문학회, 2011.

이지은,「조선시대 명부계 불화의 使者 圖象 연구」, 원광대학교 석사학위논문, 2021.

조보윤,「서울지역본〈바리공주〉에 나타난 불교소의 양상과 무불결합의 원리」, 고려대학교 박사학위논문, 2022.

조흥윤,「한국지옥 연구: 巫의 저승」,『민족과문화』7, 한양대학교 민족학연구소, 1998.

기타

『삼국유사』, 한국사데이터베이스(https://db.history.go.kr)
『한국구비문학대계』, 한국학통합플랫폼(https://kdp.aks.ac.kr/gubi)
〈유 퀴즈 온 더 블럭〉제96화, tvN, 2021년 9월 15일 방영분.

도판

작자 미상,〈시왕도〉, 19세기, 국립민속박물관 소장.
작자 미상,〈해인사 국일암 지장시왕도〉, 1904, 국가유산청 제공.
작자 미상,〈옥황상제도〉, 19세기 후반, 국립중앙박물관 소장.
〈영덕 구계리 별신굿〉중 '용떡만들기', 2007, 국가유산청 제공.
〈동해안별신굿〉중 마을사람들이 각자 준비한 용왕상, 2002, 국가유산청 제공.
〈강릉단오제〉에 걸린 용선, 2018, 김혜정 촬영.

【 주 】

1장 우리 신의 세계에 온 여러분께

1   구비(口碑)는 '비석에 새긴 말처럼 오래도록 전해진 이야기'라는 뜻으로 구전신화(口傳神話)와 같은 의미다. 학계에서는 '구비'라는 용어를 더 많이 사용한다.

2   구비 신화는 조선 후기에 '야담(野談)' 형태로 문집에 수록되었고, 일제 강점기부터 한국전쟁 이후까지는 한국과 일본의 신화·민속학자들에 의해 기록되었다. 1980년대부터는 한국정신문화연구원(현 한국학중앙연구원)을 중심으로 신화, 전설, 민담, 민요, 무속신화까지 전국 단위의 현지 조사가 이루어졌다. 보다 자세한 내용은 『우리 신, 우리 괴물』 2권 46쪽 참고.

2장 비나이다, 비나이다-일상을 함께하는 민간신

1 신의 내력을 가사가 긴 노래 형태로 읊은 것이다. 신의 유래와 근본을 풀이하기 때문에 본풀이라고도 한다.

2 민간에서는 일월신을 부부신으로 인식하며 남녀 한 쌍으로 설정한 경우가 많다. 다만 관련 기록은 많지 않아 구전 신화나 문헌, 혹은 풍속과 속담의 흔적으로만 남는 경우도 있다. 굿판에서 불릴 때는 독자적인 내력이 부여되곤 하며, 우리 책에서는 민간신의 특성을 설명할 수 있는 단서를 무속 신화에서 찾을 수 있을 경우 이를 적극적으로 활용하였다. 본문에서는 〈일월노리푸념〉을 근거로 신의 성격을 설명하였다.

3 큰 줄거리는 같지만 세부 내용이 조금씩 다른 이야기는 '각편'이라 하며 영어로는 '버전(version)'에 해당한다. 이러한 각편들을 아우르는 공통 구조는 '유형' 또는 '타입(type)'이라고 부르기도 한다.

4 음력 2월 1일~15일, 3일~20일인 경우도 있다.

5 여러 신화를 살펴보면 신앙의 대상이 자연물에서 인간으로 옮겨가는 흐름을 확인할 수 있다. 초기에는 자연물을 신격화해 숭배했으나, 이후에는 특별한 능력을 지닌 인간이 신으로 격상되는 경우가 늘어난다. 이를 '자연신'에서 '인격신'으로의 변화라고 하며, 두 유형은 이후에도 완전히 대체되기보다는 공존해 왔다.

6 원래 '무당'의 개념이지만 여기서는 신을 믿고 따르며 제사를 지내주는 후손을 의미한다.

7 두꺼비는 쥐를 잡아먹는 습성은 없지만 강한 번식력과 통통한 외형 때문에 재물신으로 인식되기도 한다. 또한 다리가 세 개인 두꺼비가 부를 가져다준

다는 중국 전설이 한국 민간 신앙에 영향을 미쳤을 가능성도 제기된다.

8 무속 신앙에서는 '대주(大主)'를 집안의 남성 가장을 가리키는 표현으로 사용한다. 일부 학자는 이를 '가장'이라는 의미의 '대주(垈主)'로 쓰기도 한다. 대주는 제의를 주관하거나 의뢰하는 여성인 '기주(祈主)'와 짝을 이루어 표현한다.

9 땅, 돌, 나무 따위를 잘못 건드려 지신(地神)을 화나게 한 탓에 재앙을 받는 일

10 민간신앙과 관련된 이야기는 같은 인물을 다루더라도 각편끼리 충돌하거나 한 맥락으로 이어지지 않는 경우도 있다. 하지만 이는 오랜 시간 여러 사람을 거치며 전승된 구비문학의 특성상 자연스러운 일이다.

11 성주의 이름은 대부분 '황우양'으로 드러나고 그의 아내는 '부인'으로만 지칭되는 경우가 많은데, 각편에 따라 '막막부인'으로 명시된 경우도 있다.

12 길에서 집으로 들어오는 길목에 대문 대신 가로 걸쳐 놓는 길고 굵직한 나무

13 문배도는 원래 정월 초하루 궁궐 정문에 붙이던 그림으로, 조선 후기부터 민간에 퍼지며 세시풍속으로 자리 잡았다. 『열양세시기』, 『동국세시기』 등 조선 시대 문헌에 언급되지만 구체적 도상은 알려지지 않았다. 이후 국외소재문화유산재단이 19세기 말 광화문에 문배도가 붙은 사진을 확인했고, 사진만으로는 재현이 어려워 안동 풍산류씨 가문의 유물을 참고해 다시 제작하였다.

14 종규는 당나라 현종 때 사람인데 추하게 생겼다는 이유로 과거 시험에 합격하지 못한 채 한을 품고 죽었다. 그의 추한 외모가 귀신을 물리친다는 전

설이 생겨 후세에는 재앙을 막고자 그의 형상을 그려 붙이는 풍습이 유행했다고 한다.

15 '삼신할머니'는 흔히 한 명의 여신으로 인식되지만 어원에 대해서는 여러 견해가 있다. '삼신(三神)'이라는 표기는 밥·국·물을 각각 세 그릇씩 올리는 상차림을 보아 '세 명의 신'을 의미한다는 학설이 있으며, '삼'이라는 글자가 본래 '잉태'를 뜻했다는 점에서 임신과 태아의 성장을 관장하는 신으로 보는 해석도 있다. 또한 '산신(産神)할머니'의 이칭으로 이해하여 출산에 특화된 능력을 강조하는 학설도 제시된다.

16 물건을 얹어 놓기 위하여 방이나 마루 벽에 두 개의 긴 나무를 가로질러 선반처럼 만든 것.

17 이 무가는 주인공의 이름을 따서 〈당금애기〉, 혹은 당금애기의 아들 이름을 따서 〈제석본풀이〉라고도 한다. 지역에 따라 세부 내용에 차이는 있지만 줄거리와 결말은 대체로 유사하며, 여기서는 동해안 지역 전승본을 바탕으로 내용을 요약·정리하였다. (김진영 외, 『서사무가 당금애기 전집』 2, 민속원, 1999; 홍태한, 『서사무가 당금애기 연구』, 민속원, 2000.)

18 스님이 친자를 확인하는 방식은 이본마다 다르며 다음과 같은 다양한 시험이 등장한다. 예컨대 모래밭을 다녀와도 발자국이 남지 않아야 하거나, 종이옷을 입고 물에 들어가도 젖지 않아야 하며, 석 자 세 치 높이의 모래성을 넘나들되 모래 한 알도 흘리지 않아야 하는 식이다. 또는 아흔아홉 개의 고깔 중 자신의 고깔을 정확히 골라 머리에 써야 하고, 삼 년 묵은 소뼈로 산 소를 만들어 거꾸로 타고 와야 하며, 짚으로 만든 북과 닭에서 각각 소리가 나고 닭이 울어야 하기도 한다. 붕어를 먹고 다시 살려내야 하는 시험도 있다. 이처럼 수많은 시험을 통과하더라도 스님은 곧바로 친자라 인정하지 않으며, 피를 섞어 하나로 합쳐지는 것을 보고서야 혈육이라 인정한다.

19 서낭신에게 침을 뱉는 기원에는 다음과 같은 각편도 전해진다. 소금과 멸치 등 귀한 물건을 팔던 장수가 있었는데, 딸에게 아무것도 먹이지 못해 결국 굶어 죽게 되었다. 이를 안타깝게 여긴 이들이 무덤 위에 돌을 쌓아 서낭으로 모셨고, 나쁜 기운을 막기 위해 그 앞에 침을 뱉었다는 것이다. 이러한 치성은 '제물 공헌'보다는 '벽사(辟邪)'의 의미에 가깝다. 같은 행위라도 해석은 사람마다 다를 수 있어, 납득할 수 있는 설명을 덧붙이며 여러 각편이 생겨났다고 볼 수 있다.

20 『임경업전』에는 용산에서 출발한 것으로, 인조실록 47권, 24년 6월 17일 기사에는 마포에서 출발한 것으로 되어 있다.

21 한국해양수산개발원이 2024년 4월에 실시한 국민 인식 조사에 따르면 국민이 가장 좋아하는 수산물은 고등어(14.0%)였다. 그 뒤를 오징어(12.9%), 김(10.4%), 광어(7.8%), 새우·갈치(각 6.5%), 연어(3.7%)가 이었다.

22 임경업 장군을 모신 사당은 연평도의 충민사는 물론 시흥 새우개, 서산 황금산, 부안 치도리 등지에 현재까지 남아 있다. 주강현에 따르면 어청도, 백령도, 장산곶, 몽금포, 용호도 등에도 장군당이 있었다고 한다. 황해도와 연평도 일대에서 해마다 열리는 배연신굿 역시 그를 수호신으로 모신다.

23 한국은행 관계자에 따르면, 물가지수를 기준으로 환산할 경우 1945년의 1만 원은 2004년 말 기준 약 10억 7,196만 2,617원의 가치에 해당한다고 한다. 이는 화폐단위 절하와 물가상승률 등을 반영한 수치상 비교이다(『경향신문』, 2005.1.2.).

24 세계보건기구(WHO)는 1979년 천연두의 박멸을 공식 선언했다. 그러나 백신이 개발되기 전까지 천연두 감염자 중 20~60%가 사망했고, 특히 아동의 경우 사망률이 80%에 이르렀다. 생존자도 얼굴에 흉터가 남거나 사지 변형이 발생하는 경우가 많았다.

25 천연두를 앓은 뒤 얼굴에 마맛자국이 남은 사람을 '마자(麻子)'라 불렀다는 기록은 조선 숙종 대의 병적기록부와, 1798년(정조 22)에 정약용이 편찬한 의학서 『마과회통(麻科會通)』 등에서 확인된다.

26 신화에서 유래한 영웅 서사의 전형적 구조는 다음과 같다. ①고귀한 혈통 또는 특수한 출신 배경을 가짐, ②비정상적 방식으로 출생함, ③시련을 겪음, ④구출자에 의해 양육됨, ⑤투쟁을 통해 위업을 이룸, ⑥고귀한 지위를 얻고 귀향함, ⑦신비한 방식으로 죽음을 맞음. 조동일, 『한국소설의 이론』, 지식산업사, 1977. ; 서대석, 『군담소설의 구조와 배경』, 이화여자대학교출판부, 1985.

27 삼성신화의 문헌 전승은 크게 세 가지로 나뉜다. 첫째, 『고려사』 「지리지」에 수록된 〈고려사〉 계열, 둘째, 『영주읍지』에 나타나는 〈영주지〉 계열, 셋째, 이 둘의 내용을 절충한 혼합형 계열이다. 이 중 본문에서는 세 신인의 출현 순서와 혼인 상대에 관한 정보가 더 구체적으로 서술된 〈고려사〉 계열을 기준으로 서사를 정리하였다.

28 〈영주지〉 계열에서는 여인들의 출신을 '벽랑국'이라 하였으나, 〈고려사〉 계열에서는 '일본'으로 바꾸어 전승되었다. 또 세 신인의 출현 순서도 두 계열이 달라, 표현의 차이는 전승자들이 신성성·사실성·환상성에 두는 무게의 차이에서 비롯된 것으로 해석된다.

29 〈소학교 2학년 국어, 14과 '그림속의 룡마'〉-대한민국 통일부 공식 블로그 (원 출처: 임창호, 「북한 소학교 국어교과서에 나타난 김일성 부자의 우상화 개념과 서술에 관한 연구」, 2012. ; 정유사, 「남북한 초등학교 국어 교과서 구조 및 내용 연구」, 중국문화대학 석사학위논문, 2013.)

3장 울고 웃는 굿판에서 모시는 신

1   우리 무속신화에는 부부 중 한 사람이 공을 세우면 결국 부부 모두 신으로 대접받는 경우가 많다.

2   무라야마 지준(村山智順, 1891~1968)은 일본의 민속학자이다. 일제강점기 조선총독부 촉탁(계약 조사원)으로 일하며 조선의 민간 신앙과 무속을 조사·보고하였다.

3   굿거리의 구성은 규모와 연행 주체, 지역, 시대에 따라 달라지는데 대체로 다음의 순서를 따른다. '①부정굿, ②청좌굿, ③당맞이굿, ④하회굿, ⑤조상굿, ⑥세존굿, ⑦중도둑잡이, ⑧성주굿, ⑨지신굿, ⑩산신굿, ⑪심청굿, ⑫천왕굿, ⑬원님놀이, ⑭군웅장수굿, ⑮손님굿, ⑯제면굿, ⑰탈굿, ⑱용왕굿, ⑲꽃노래, ⑳뱃노래, ㉑등노래, ㉒거리굿'(윤동환,『동해안 무속의 지속과 창조적 계승』, 민속원, 2010.)

4   '큰굿'은 보통 하루 이상 진행되는 대규모 굿을 말하며, 12거리 이상의 굿거리를 포함하고 복수의 무당이 참여한다. 절차가 정교하고 제물이 풍성해 '굿의 격식'을 갖춘 의례로 여겨진다. 서울 지역 재수굿의 대표적인 제차 순서는 다음과 같다. '①부정거리, ②가망거리, ③말명거리, ④상산거리, ⑤별상거리, ⑥대감거리, ⑦제석거리, ⑧호구거리, ⑨군웅거리, ⑩성주거리, ⑪창부거리, ⑫뒷전거리'(김태곤,『한국무가집』1, 집문당, 1992.)

5   제주도 큰굿의 대표적인 제차 순서는 다음과 같다. ①초감제, ②초신맞이, ③초상계, ④추물공연, ⑤석살림, ⑥보세감상, ⑦불도맞이, ⑧일월맞이, ⑨초공본풀이, ⑩초공맞이, ⑪이공본풀이, ⑫이공맞이, ⑬삼공본풀이, ⑭제상계, ⑮시왕맞이, ⑯세경본풀이, ⑰삼공맞이, ⑱세경놀이, ⑲문전본풀이, ⑳본향드리, ㉑각도비념, ㉒물놀이, ㉓도진, ㉔가수리 (장주근저작집간행위원회 엮음,『장주근저작집Ⅱ: 서사무가 편-제주도 무속과 서사무가, 한국 신화의 민속학적 연

구』, 민속원, 2013.)

6 제주 신화에서 '불'이란 아기, 혹은 인간의 생명을 뜻한다. 아기의 생명과 관계된 신을 '생불신', 생명을 탄생시키거나 죽은 생명을 살리는 꽃을 '생불꽃', 아기 탄생을 기원하며 드리는 제의를 '원불수륙'이라고 부르는 것을 통해 알 수 있다.

7 무당은 강신무와 세습무로 구분된다. 강신무는 소위 신이 실린 무당, 세습무는 선대의 무업을 이어받은 무당이다. 세습무가 진행하는 굿에서는 굿거리마다 옷을 갈아입는 경우가 드물지만, 강신무는 굿거리마다 모시는 신의 모습을 무복과 무구의 변화로 시각화하는 경우가 많다.

8 무속 신화에 등장하는 원천강은 고유명사이지만 각편에 따라, 또는 한 이야기 안에서도 서로 다른 의미로 쓰이기 때문에 주의가 필요하다. 〈원천강본풀이〉에서는 신비로운 공간을 가리키지만 관상과 사주팔자에 능한 중국 명리학자 원천강(袁天綱)의 이름이기도 하다. 조선 시대에는 점칠 때 참고하던 문서를 뜻했고, 특히 제주도 무속에서는 원천강을 『원천강화주역(袁天綱畫周易)』의 준말로 사용해 점술서를 지칭했다. 이런 점에서 〈원천강본풀이〉는 신화인 동시에 점술서 혹은 점술의 기원을 설명하는 이야기로도 읽힐 수 있다. 이 글에서는 공간으로서의 원천강을 살펴보려 한다.

4장 한국에 뿌리내린 불교·도교의 신

1   유교도 중국에서 전래된 사상이지만 조선시대 이후엔 생활 규범으로 기능했을 뿐 신앙의 체계로 보기 어렵다. 조상 제사는 가정 단위의 효 실천이었고, 큰 공을 세워 신격화된 인물도 민간 신앙의 영향에 가깝기 때문에 이 장에서는 다루지 않기로 한다.

2   '열 명의 저승왕' 개념은 대체로 공통되나 불교 경전이나 문헌에 따라 시왕의 이름, 순서, 지옥의 명칭과 묘사 등은 조금씩 다르게 전해진다. 여기서는 독자의 이해를 돕기 위해 주요 선행 연구를 바탕으로 정리하였다.

3   49재는 사망 후 49일간 매 7일마다 치르는 천도 의식이며, 백재는 100일째, 소상재와 대상재는 각각 1주기·2주기에 치러진다. 3주기에는 불교 의례는 없으나, 민간에서는 탈상 의식을 통해 상을 마무리하고 죽은 이와의 관계를 정리해 왔다.

4   저승 시왕에 관한 자료로 많이 활용되는 경전은 『불설예수시왕생칠경(佛說五修十王生七經)』과 『불설지장보살발심인연시왕경(佛說地藏菩薩發心因緣十王經)』이 있다.

5   아수라는 원래는 신과 유사한 성격을 지녔으나 분노와 경쟁심에 휩싸여 끊임없이 싸움을 벌인다. 악행이 아닌 투쟁심과 집착이 문제시된 경우로, 수행으로 개선될 가능성과 이성적 판단력이 남아 있어 지옥·아귀·축생보다 나은 단계인 삼선도에 포함된다.

6   아귀는 생전의 탐욕으로 인해 죽은 뒤에는 아무리 먹으려 해도 먹을 수 없는 형벌을 받는다. 욕망이 강하지만 스스로 벗어날 수 없어, 수행이 어렵다고 판단되어 삼악도에 포함된다.

7   불교에서 고도의 수행을 통해 얻는 여섯 가지 초월적 능력 중 하나. 이 가운데 천안은 과거·현재·미래의 모습을 꿰뚫는 초월적 통찰력을 상징한다.

8   노자는 『도덕경』을 남긴 철학자이다. 이후 도교에서는 그를 신격화하여 '태상노군(太上老君)'이라 부르며 신선계의 고위 신으로 숭배했다.

9   원시천존(元始天尊)은 도교의 최고신 계열인 삼청(三淸: 원시천존, 영보천존, 도보천존) 중 위계가 가장 높은 신으로, 우주 창조 이전의 '도(道)'를 상징한다.

10 인도 신화에 등장하는 신적 존재로, 뱀과 인간의 형상을 한 반인반수이다. 주로 물과 땅을 수호하며 불교와 힌두교에서 신성하게 여겨진다.

11 용왕의 기원이나 역할을 불교적으로 해석하는 시각도 있으나, 이 책에서는 외래 종교 기반의 신을 '망자를 심판하거나 인도하는 불교 신'과 '자연 공간을 관장하는 도교 신'으로 구분한다. 이에 따라 바다를 다스리는 용왕은 도교 계열의 신으로 분류하였다.

부록
〖 굿도 보고 떡도 먹는 전국 굿판 정보 〗

굿을 실제로 한 번 보고 싶어도 정보를 찾기 어렵거나 외부인이 참여해도 되는지 망설여집니다. 그러나 개인굿과 달리 마을굿은 축제 성격이 강해 누구라도 볼 수 있습니다. 이 부록에서는 오늘날에도 활발히 전승되고 있는 주요 굿 중 국가무형유산, 시도무형유산 위주로 정리해 소개합니다. 단, 굿판이 열리는 시기는 가변적이니 아래의 정보를 참고하되 더 정확한 일정을 알기 위해서는 보존회 또는 지자체 담당 부서에 문의하는 것이 좋습니다.

1. 강릉단오제

국가무형유산이며 유네스코 인류무형문화유산으로도 등재된 대표적인 마을굿입니다. 굿판 외에도 관노가면극, 농악대 공연, 신주 빚기, 수리취떡 맛보기, 창포물에 머리 감기 등 다양한 전통 체험을 함께 즐길 수 있습니다.

- 일정: 음력 5월 5일경
- 장소: 강원도 강릉시 남대천 일대
- 주최: (사)국가무형유산 강릉단오제보존회(033-643-1301)
  https://www.danojefestival.or.kr

2. 경기도도당굿

마을의 안녕과 복을 빌기 위해 무당패를 초청해 마을 공동으로 치르는 굿입니다. 한강을 기준으로 북부는 강신무가, 남부는 화랭이라고 부르는 남자 무당이 굿을 주관합니다. 이 독특한 음악적 특색은 현대 예술 창작에도 밑바탕이 되고 있습니다.

- 일정: 양력 1월 초 혹은 음력 10월경
- 장소: 경기도 일대(부천 장말, 수원 평동·고색동·영동시장, 시흥 군자봉 등)
- 주최: (사)국가무형문화재 경기도도당굿보존회(031-429-1423)

3. 경산자인단오제

신라시대부터 전승되어 온 국가무형유산으로, 경북 경산시 자인면 주민들이 마을 수호신인 한 장군에게 지내는 제례입니다. 단오 때마다 사당 앞에서 제사를 지낸 후 그가 왜병을 꾄 방법 그대로 높이 3미터 정도의 화관을 쓰고 추는 여원무가 독창적입니다.

- 일정: 음력 5월 5일경
- 장소: 경상북도 경산시 자인면 계정숲 일대
- 주최: (사)경산자인단오제보존회(053-856-5765)
  jaindano.or.kr

4. 남이장군사당제

서울 도심에서 주민 주도로 지속되고 있는 마을굿입니다. 전통 절차를 유지하면서도 현대적 축제 형식으로 잘 전환되어 있으며, 남이장군사당에서 산천동부군당까지 이어지는 꽃등행렬과 장군출진이 주요 볼거리입니다.

- 일정: 음력 10월 초
- 장소: 서울시 용산구 남이장군사당
- 주최: 남이장군사당제보존회, 용산구청 문화진흥과(02-2199-7245)

5. 남해안별신굿

국가무형유산이며 마을의 평안과 풍어, 구성원들의 장수를 기원하는 남해안 지역의 대표적인 마을굿입니다. 굿은 마을마다 열리는데 1년, 2년, 10년 등 연행 주기가 다르게 전해집니다. 세습무에 의해 전통이 오랜 기간 유지되어 온 만큼 규모가 크며 주민들의 신앙이 깊습니다.

- 일정: 음력 1월경
- 장소: 경상남도 통영시, 거제도 일대
- 주최: (사)국가무형유산 남해안별신굿보존회(055-648-3951)
  http://남해안별신굿.com

6. 동해안별신굿

강원도에서 부산까지 이어지는 동해안 남쪽 지역에서 마을의 안녕과 풍농·풍어를 기원하며 지내는 마을굿입니다. 세습무가 주관하며, 깊은 신앙심을 바탕으로 하면서도 심청굿·손님굿·용왕굿 등 오락성과 연희성이 강한 굿거리들이 함께 연행됩니다.

- 일정: 양력 3-5월, 9-10월경
- 장소: 부산시 기장군 일대
- 주최: (사)국가무형유산 동해안별신굿보존회(051-724-8201)

7. 법성포단오제

뱃사람들의 안전을 비는 용왕제를 중심으로, 부녀자들이 즐기던 선유놀이와 숲쟁이공원에서 열리는 예인 경연 행사 등이 함께 어우러지는 지역 굿입니다.

- 일정: 음력 5월 5일경
- 장소: 전라남도 영광군 법성포단오제 전수교육관
- 주최: (사)국가무형문화재 법성포단오제보존회(061-356-4331)
  http://bspdanoje.or.kr/

8. 서울새남굿

서울 지역에서 망자의 넋을 달래고 극락왕생을 기원하며 행하던 천도굿입니다. 상류층 중심으로 연행되었으며, 유교·불교·도교 사상이 융합되고 조선시대 궁중 문화 요소가 반영되어 규모와 형식이 화려한 것이 특징입니다.

- 일정: 양력 10-11월경
- 장소: 서울시 일대
- 주최: (사)국가무형문화재 서울새남굿보존회(02-568-9786)

9. 서해안배연신굿 및 대동굿

황해도 해주·옹진·연평도 지방에서 마을의 평안과 풍어를 기원하는 의례입니다. 이후 월남한 무당들이 서해안 지역에서 다시 연행하며 전승하였습니다. 배연신굿은 선주가 배를 띄우며 지내는 굿으로 놀이성이 강하고, 대동굿은 마을 가정을 돌며 치르는 세경굿, 바닷가에서의 강변용신굿, 지역에 따라 뱅인영감굿 등이 이어집니다. 최근에는 '서해안 풍어제'라는 이름으로 정기적으로 열리고 있습니다.

- 일정: 양력 7월경(변동)
- 장소: 인천시 남동구 소래포구 일대
- 주최: (사)국가무형유산 서해안배연신굿 및 대동굿보존회(032-425-2692)

10. 양주소놀이굿

멍석 등으로 소의 형상을 만든 후 무당과 마부가 재담과 소리를 주고받으며 진행하는 굿입니다. 연극적 요소가 강하며, 소의 상징성을 바탕으로 설이나 입춘 무렵 가족의 번창과 풍년을 기원하며 지내왔습니다. 마부타령의 가사는 문학적 완성도가 높아 민속 의례가 예술로 승화된 사례로도 주목됩니다. 현재는 정기 일정 외에도 수시로 개최됩니다.

- 일정: 양력 4-5월경
- 장소: 경기도 양주시 일대
- 주최: (사)국가무형문화재 양주소놀이굿보존회(031-879-5969)

11. 위도띠뱃놀이

수호신을 모신 당에서 굿을 지낸 뒤 마을의 산을 돌고, 바닷가에 '띠배'를 띄우며 용왕굿으로 마무리하는 풍어제입니다. 띠배에는 오색기와 허수아비 일곱 개, 어선 모양의 제물 등이 실리며 칠산 바다의 풍어를 기원하는 위도 지역 고유의 의례로 전승되고 있습니다.

- 일정: 양력 1월경
- 장소: 전라북도 부안군 위도면 일대
- 주최: (사)국가무형문화재 위도띠뱃놀이보존회(063-581-2208)

12. 은산별신제

백제 군사들의 넋을 위로하고 마을의 풍요와 평화를 기원하는 굿으로 유교·불교·무속 의례가 결합된 형태입니다. 말 탄 군사 행렬, 1,200송이 종이꽃, 흰 천으로 입을 가린 채 음식을 다루는 의식 등 절차를 정성스럽게 이어갑니다. 마을 구성원 모두 금기를 지키며 참여하는 이 행사는 오늘날까지도 강한 생명력을 지닌 향토 문화유산입니다.

- 일정: 음력 2월경
- 장소: 충청남도 부여군 은산면 별신당
- 주최: (사)국가무형문화재 은산별신제(041-834-0892)

13. 제주칠머리당영등굿

바람의 신 영등할미를 맞이하고 떠나보내며 풍어와 평안을 기원하는 제주의 대표 굿입니다. 신을 맞는 환영제와 보내는 송별제로 나뉘며, 그중 요왕맞이와 짚배 띄우기(배방선) 등이 포함된 송별제가 가장 성대하게 치러집니다. 유네스코 인류무형문화유산으로도 등재된 이 의식은 제주 곳곳에서 활발히 전승되고 있으며, 관광객이 참여할 수 있는 상설 공연도 수시로 마련됩니다.

- 일정: 음력 2월 1일-음력 2월 15일
- 장소: 제주도 제주시 일대(제주시 수산업협동조합 어판장, 칠머리당 등)
- 주최: (사)국가무형문화재 제주칠머리당영등굿보존회(064-753-7812)
  https://chilmeoridang.or.kr

14. 제주큰굿

　제주도의 굿 가운데 연행 기간과 규모 면에서 가장 큰 종합 제의로, 짧게는 7일에서 길게는 보름간 이어집니다. 모든 무구를 갖추고 5명 이상의 무당이 참여해 굿법에 따라 진행하며 수많은 신을 불러 대접하고 돌려보내는 청신·오신·송신의 구성이 특징입니다. 열두본풀이로 전해지는 서사무가를 통해 제주도 사람들의 삶과 죽음, 천지창조에 대한 관념을 확인할 수 있습니다.

- 일정: 변동
- 장소: 제주도 제주시 일대(칠머리당영등굿전수관, 4.3역사관 등)
- 주최: (사)국가무형유산 제주큰굿보존회(064-702-2188)

15. 진도씻김굿

　죽은 이의 원한을 씻어 극락으로 보내는 의례로, 정화의 행위에서 '씻김굿'이라는 이름이 유래되었습니다. 진도 지역에서 전통적으로 전승되어온 대표적인 천도굿이며 현재는 국가무형유산으로 지정되어 공연 형태로도 전해지고 있습니다. 망자의 천도와 산 자의 복덕을 함께 비는 이 굿은 전반적으로 불교적 성격이 강합니다. 현재는 진도 외 지역에서도 종종 접할 수 있습니다.

- 일정: 변동
- 장소: 전라남도 진도군 일대
- 주최: (사)국가무형유산 진도씻김굿보존회(061-542-4717)

16. 충청도앉은굿

고깔을 쓰고 한복을 차려입은 법사가 북과 징을 두드리며 '옥추경(玉樞經)' 같은 경전을 읊는 굿으로, 독경의 힘으로 재앙을 막는 의례입니다. 무당이 서서 신을 불러 모시는 선굿과 달리 법사가 앉은 자세로 경을 읽으며 치르는 '앉은굿'은 지금은 충청 지역에서만 전승되고 있는 드문 형태입니다.

- 일정: 양력 4월경
- 장소: 충청북도 청주시 상당구 문의문화재단지 내 노현리 고가
- 주최: 충청북도 청주시 문화유산과 (043-201-2437)

17. 황도붕기풍어제

뱀신을 수호신으로 모시는 마을굿이기에 제물로는 뱀과 상극인 돼지 대신 소를 잡아 고사를 지냅니다. 가장 먼저 당집에 깃발을 꽂는 선주가 올해 만선을 이룬다는 '뱃기경주'가 이색적이며, 굿 마지막에는 어민들이 흥겹게 풍어타령을 부르며 참가자들과 함께 제물로 쓴 소를 나눠 먹습니다.

- 일정: 음력 1월 2-3일
- 장소: 충청남도 태안군 안면읍 황도리 일대
- 주최: 충청남도 태안군 문화예술과 (041-670-5963)

18. 황해도평산소놀음굿

황해도 평산 출신 무당이 월남해 강화도에 전한 굿놀이로, 소로 분장한 무당이 밭을 갈며 풍요와 다산을 기원합니다. 본래는 칠성제석거리의 일부였으나, 농경의례적 의미와 연희성이 뚜렷한 굿으로 전승되고 있습니다. 현재는 정기 공연과 공개 행사로 연중 수시로 접할 수 있습니다.

- 일정: 변동
- 장소: 인천시 일대(인천무형유산 전수교육관, 화도진 공원, 월미도 갈매기홀 등)
- 주최: (사)국가무형문화재 황해도평산소놀음굿보존회(032-772-4331)

편집자의 말

 총기 있는 여성들과 둘러앉아 이야기 나눌 수 있기를 오랫동안 바라왔다.
 너는 요즘 어디에 가장 열을 올리는지, 최근엔 무엇이 가장 좋아 보였는지, 어떤 성과를 이뤄내고 싶은지, 이 문장을 어떻게 바라보았는지 같은 대화들 말이다. 수없이 되새겨왔으나 쉽게 꺼낼 데 없는 생각, 신념을 담고 반짝반짝 빛나는 단어는 얼마나 귀한가.
 어느 영험한 신이 이 소원을 들어주셨나 보다. 곧 원하던 대로 되었다. 두 작가와 나, 일러스트레이터와 디자이너까지 다섯 명의 여성이 한자리에 모였다. 무척 기뻤다. 그러나 역시 우리 신은 괴팍하기도 해서 우리를 여기에 아주 오래도록 묶어 두셨다. 2022년 8월에 계약서를 썼고 2025년 8월에 크라우드 펀딩을 시작했으니 딱 3년이다. 이렇게나 길게 이야기하고 싶은 건 아니었는데!

∴

 경영학과를 졸업하고 광고회사에 입사했다. 재미있었다. 하지만 곧 '내 물건'을 팔고 싶어졌다. 대학원 전공으로 구비문학을 택한 것은 그 때문이다. 모든 콘텐츠의 원천이자, 쉬지 않고 변주되는 힘이 있다고 판단했기에. 얼굴도 못 본 증조할머니가 동네 사람들을 모아놓고 〈바리공주〉며 〈임장군전〉을 그렇게나 재미있게 이야기하셨다

던데 '나도 핏줄 따라 제 자리를 찾아가는 건가' 하는 생각도 잠시 들었다.

회사까지 그만두며 팔고 싶었던 '내 물건'은 뭐였을까. 썩 새로운 도전은 아니었다. 공부를 마치고 기껏 차린 것이 출판사였으니. '사람이 뉴스를 봐야지!' 하는 아버지의 템플릿처럼, 갓 창업한 나 역시 '사람이 인문학을 해야지!' 따위의 생각을 품고 있었다. 기획서를 썼다. 세 장이나 되는 구상을 다시 한 장으로 줄였다. 이걸 들고 대학원 송소라 선배에게 전화를 했다(소라는 나와 동갑내기다.). 내가 이런 책을 내고 싶은데, 너는 할 수 있을 것 같다고. 혼자가 내키지 않는다면 마음 맞는 한 명 더 끌고 오라고. 그렇게 김혜정 선배가 합류했다. 든든한 출발이었다.

∴

두 선배가 보내온 초고는 연구실 시절의 논문처럼 여전히 어려웠다. 나는 전문 지식 없는 일반인과 고작 책 몇 권 읽은 전공생 사이에서 열심히 줄을 탔다. 주인공이 왜 이래야 하는지 더 설명해 주실 수 있나요, 생략이 많아서 무슨 뜻인지 잘 모르겠습니다, 이 자료가 먼저 나와야 하지 않을까요, 이건 학계에서만 쓰는 단어 아닌가요... 어느새 넘버링을 포기한 메모들, 몇 번째 버전인지도 모를 수정본들이 수없이 오고 갔다. 아마 둘이었으면 판이 나도 진작에 났을 것이다. 세 다리 달린 솥처럼, 삼국지의 위·촉·오처럼 우리는 적당히 균형을 잡고 가끔은 술도 마시며 긴 시간을 이겨나갔다. 그런 건 인문학 공부하는 사람들이 가장 잘하는 짓이다. 우리가 대학원에서 배운 건 논문만이 아니다. 바리공주는 저승에서 물도 긷고 나무도 하며 석삼 년을 버티지 않았던가. '고전으로 인생 리허설'이라는 카피는 그렇게 떠올랐다.

∵

원고를 완성하며 친구 둘을 떠나보냈다. 한동안 열심히도 붙어 다녔으나 이제는 소원해진, 그래도 어딘가에서 제 몫 하며 잘 지내겠지 싶던 사람들이다. 망묵굿, 삼설양굿 같은 '망자를 위한 의식'을 편집할 때는 끝내 눈물을 참을 수 없었다. 그러나 한편으로는 우리 신의 품에서 그들이 평온할 것이라는, 그래야만 한다는 믿음도 생겨났다.

가는 이가 있으면 오는 이도 있다. 그것이 세상 섭리다. 이 책은 크라우드 펀딩에 함께한 수백여 후원자의 지지와 응원에 힘입어 펴낼 수 있었다. 나 혼자만의 상상 속에서 뭉툭하게 그려내던 신과 괴물들을 눈앞에 현현하게 보여주신 홍선주 일러스트레이터, 온갖 예쁘고 영롱한 것들을 다듬고 또 다듬어 책에 넣어주신 인수정 디자이너도 참 고맙고 소중한 인연들이다. 그리고 흔들림 없이 옛이야기를 붙들고 놓지 않은 김혜정·송소라 작가 덕에 이렇게나 긴 편집후기를 써 내려갈 명분을 갖게 되었다. 이제 안심하고 진짜_최종_끝이다.

우리 신, 우리 괴물 1
신과 인간의 이야기, 神話

1판 1쇄 펴냄 2025년 9월 26일

지은이 김혜정
그린이 홍선주
디자인 인수정
펴낸이 김은선
펴낸곳 페이퍼타이거

등록 제 25100-2021-000032호
전화 02-6928-5040 **팩스** 02-6280-5045
메일 es01@papertiger.co.kr
인스타그램 @book_papertiger

ISBN 979-11-90466-09-7 04810
ISBN 979-11-90466-11-0 (세트)

ⓒ 김혜정, 2025

· 이 책의 내용은 저작권법으로 보호받고 있습니다.
· 이 책의 일부 또는 전부를 재사용하려면 반드시 사전에 저자와 출판사의 동의를 받아야 합니다.
· 잘못된 책은 구입하신 곳에서 바꾸어 드립니다.